KB133824

다문화사회 대한민국

아이들에게 무엇을 가르쳐야 할까?

다문화사회 대한민국
아이들에게 무엇을 가르쳐야 할까?

초판 1쇄 인쇄 2023년 11월 15일
초판 1쇄 발행 2023년 11월 25일

지은이 장한업
펴낸이 김종길
펴낸 곳 글담출판사 **브랜드** 아날로그

기획편집 이경숙·김보라 **디자인** 손소정
영업 성홍진 **홍보** 김지수 **관리** 이현정

출판등록 1998년 12월 30일 제2013-000314호
주소 (04029) 서울시 마포구 월드컵로8길 41 (서교동 483-9)
전화 (02) 998-7030 **팩스** (02) 998-7924
블로그 blog.naver.com/geuldam4u **이메일** geuldam4u@geuldam.com

ISBN 979-11-92706-16-0 (03330)

* 책값은 뒤표지에 있습니다.
* 잘못된 책은 구입하신 곳에서 바꾸어 드립니다.

만든 사람들
책임편집 김보라 **디자인** 에피소드 **교정교열** 오지은

글담출판에서는 참신한 발상, 따뜻한 시선을 가진 원고를 기다리고 있습니다.
원고는 아래의 투고용 이메일을 이용해 보내주세요. 여러분의 소중한 경험과 지식을 나누세요.
이메일 to_geuldam@geuldam.com

다문화사회 대한민국 아이들에게 무엇을 가르쳐야 할까?

Intercultural Education

차이로 차별하지 않는 사회를 꿈꾸는 상호문화교육

장한업 지음

아날로그

다문화/상호문화교육은
아이들의 미래를 위한 교육입니다

세계 인구는 계속 늘고 있습니다. 유엔인구기금에 따르면, 2100년에는 세계 인구가 109억 명에 이를 것이라고 합니다. 이는 향후 80년간 30억 명이 더 늘어난다는 이야기인데, 한정된 자원을 가진 지구가 이런 변화를 어떻게 견딜지 큰 걱정입니다.

이와는 달리 인구가 급격하게 줄어드는 나라도 있습니다. 한국이 그 대표적인 예입니다. 통계청에 따르면, 한국의 인구는 2020년 5,184만 명에서 2070년에는 3,766만 명으로 감소할 것이라고 합니다. 이런 감소의 가장 큰 원인은 매우 낮은 합계출산율입니다. 한국의 합계출산율은 2018년부터 1.0 이하인데, 이 수치는 정상적인 나라에서는 나올 수 없는 수치입니다. 합계출산율 저하는 생산연령인구(15~64세)의 감소로 이어지고 궁극적으로는 '대한민국의 붕괴'를 초래할 것[1]이라는 전망도 있습니다.

이런 일을 막으려면 합계출산율을 높여야 하는데 이 문제는 육아, 교육, 취업, 주거, 문화 등과 관련된 복합적인 문제라 우리 스스로가 해결하기는 매우 어려워 보입니다. 남아있는 가장 현실적인 방법은 외국인을 더 많이 들여오는 겁니다. 실제로 외국인주민은 점증하고 있습니다. 통계청에 따르면, 외국인노동자, 결혼이민자와 자녀, 유학생, 동포 등으로 구성되는 외국인주민은 2022년 기준 4.4퍼센트에서 2040년에는 6.9퍼센트(352만 명)로 늘어날 것이라고 합니다.

만약 이런 외국인주민의 증가가 우리의 '예정된 미래'[2]라면 우리 모두가 이런 미래를 철저히 준비해야 합니다. 교육도 여기서 예외일 수 없습니다. 교육은 미래 사회의 주역이 될 학생들에게 "문화와 언어가 다른 사람들과 효과적이고 적절하게 상호작용할 수 있는 능력", 즉 상호문화 역량을 길러주어야 합니다.

교육부도 2006년부터 매년 다문화교육 대책을 내놓고 있지만 이 교육은 여러 가지 한계를 보입니다. 철학도 분명치 않고, 이론도 편향적이며, 용어도 혼란스럽고, 방법도 추상적입니다. 그래서 여전히 많은 교사들은 다문화교육을 오해하거나 어떻게 해야 하는지 잘 모르고 있습니다. 그 대표적인 오해는 다문화교육은 '다문화학생만을 위한 교육', '한국어교육과 기초학습지원', '많은 문화를 가르치는 교육', '다문화 담당교사나 사회 교사가 하는 교육'이라고 생각하는 것입니다.

이 책은 이런 오해를 줄이고 상호문화교육을 하나의 현실적 대안으로 제안하기 위해 쓰였습니다. 상호문화교육은 앞서 언급한 다문화교육과 그 출현 배경, 목표, 내용, 방법 등에서 다릅니다. 다문화교육이 1960년대 미국에서 흑인이 백인에게 평등을 요구하는 과정에서 생겼다면, 상호문화교육은 1970년대 이주배경학생의 언어 및 학업 지원 차원에서 생겼습니다. 다문화교육이 흑백 간의 평등을 강조한다면, 상호문화교육은 정주자와 이민자의 상리공생을 강조합니다. 다문화교육이 다양한 문화의 공존을 가르친다면, 상호문화교육은 문화가 다른 사람과의 만남을 가르칩니다.

일반적으로, 다문화교육은 미국, 캐나다, 호주, 뉴질랜드처럼 국가 출범 초기부터 다민족이었고 영토가 넓어 각 민족이 자기들만의 공동체를 형성해 살아갈 때 실시하는 교육이고, 상호문화교육은 독일, 프랑스, 스위스, 아일랜드처럼 어느 정도 안정된 국가 정체성을 가진 나라가 이민자를 대거 수용해 이들과 섞여 살아갈 때 실시하는 교육입니다. 한국은 전자보다는 후자에 속하고, 따라서 상호문화교육으로부터 더 많은 것을 얻을 수 있습니다.

이런 차원에서 이 책의 앞부분에는 다문화교육이나 상호문화교육의 필요성, 이주배경학생의 현황과 차별의 유형, 교육부의 기존 다문화 대책들, 다문화교육과 상호문화교육의 비교 등을 다루었고, 뒷부분에는 상호문화교육을 교과 및 창의적 체험활동과 연계하는 방법, 이주배경학생을 위한 이중언어 교육과 수준별 교육의 필요성, 다문화 친화적 교육환경을 조성하는 방법, 다문화 선진국의 상호문화교실 만들기 사례를 소개하였습니다.

비록 이 책은 교사와 관리자를 주된 대상으로 하지만, 지역사회의 문화센터나 비영리단체에서 종사하는 분, 나아가서 한국의 미래와 교육을 걱정하는 모든 분을 위한 것이기도 합니다. 앞서 말씀드렸듯이 21세기 다문화사회는 내국인과 외국인 사이의 원만한 관계 형성과 상리공생相利共生을 요구합니다. 이 책이 이런 사회를 구현하는 데 작은 도움이라도 된다면 저에게는 더할 수 없는 큰 보람이 될 것입니다.

2023년 가을

장한업

• 차례 •

| 제6부 | 이주배경학생을 위한 맞춤형 교육

제1부

다문화사회 이해하기

"다문화사회의 가장 큰 특징은 '문화적 차이cultural difference'가
매우 두드러진다는 점입니다. 따라서 다문화사회에서는
모든 사람이 서로의 차이를 존중하는 것이 핵심입니다.
이렇게 차이를 존중해야 한다는 신념이 곧 '다양성diversity'입니다.
차이는 우리가 처한 현실이고 다양성은 우리가 추구해야 할 가치'입니다."

제1장

다문화/상호문화교육이 필요한 이유

'왜'라는
질문이 중요한 이유

　　　　　　　　　　세계 최고 싱크탱크 중 하나인 랜
드RAND연구소의 객원연구원이자 전략 커뮤니케이션 전문가인 사이넥S.
Sinek은 2012년에 『나는 왜 이 일을 하는가?Start with why』라는 책을 냈습니다.
그는 이 책에서 '골든 서클Golden Circle' 이론을 제시했습니다.

　골든 서클은 사람들이 어떤 일을 할 때 하게 되는 세 가지 질문을 뜻하
는데, 무엇을what, 어떻게how, 왜why라는 세 개의 영역으로 이루어져 있습니
다. 이 중에서 '무엇을'은 일의 내용에 해당하며 가장 명료하게 답할 수 있
는 질문입니다. 대부분의 사람들은 자기가 무슨 일을 하고 있는지 알고 있
으니까요. 다음으로, '어떻게'는 방법에 해당하며 '무엇을'보다는 덜하지
만 '왜'보다는 훨씬 명료하게 답할 수 있는 질문입니다. 방법을 잘 아는 일
부 사람은 이 질문에 잘 대답할 수 있지요. 마지막으로, '왜'는 목적에 해

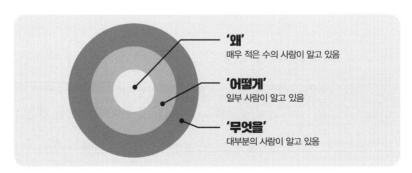

사이넥이 제시한 골든 서클 이론

당합니다. 그런데 이 질문은 꽤 애매해서 정확히 답할 수 있는 사람이 생각보다 많지 않습니다. 사이넥에 따르면, 평범한 사람들은 가장 명료한 '무엇을'에서 출발해 가장 애매한 '왜'로 나아가지만, 탁월한 기업가나 지도자들은 '왜'에서 출발해 '어떻게'를 거쳐 '무엇을'로 나아가며 다른 사람들을 설득하고 이끈다고 합니다. 이것이 바로 골든 서클 이론의 핵심입니다.

사이넥의 이 이론은 기업 경영과 관련이 있지만, 학교 수업에도 적용할 수 있습니다. 실제로 모든 교사는 그날 가르칠 내용을 잘 알고 있습니다. 일부 교사는 가장 효과적으로 가르치는 법도 알고 있지요. 그런데 가르치는 목적까지 잘 알고 있는 사람은 생각보다 적습니다. 예를 들어 수학 교사는 미분에 대해서 잘 알고, 미분을 효과적으로 가르치는 방법도 거의 다 알고 있습니다. 그런데 "학생들에게 미분을 왜 가르쳐야 하나요?"라고 물으면 그에 대해 설득력 있게 설명할 수 있는 교사는 그리 많지 않습니다.

그럼 다문화/상호문화교육을 담당하는 교사들은 어떨까요? 제 경험에 비추어보면 무엇을, 어떻게, 그리고 왜 가르쳐야 하는지 제대로 아는 교사는 그리 많지 않은 것 같습니다. 무엇을 가르치느냐고 물어보면 "여러 나라의 문화를 가르친다"라고 대답하고, 어떻게 가르치냐고 물어보면 "동영상을 같이 보거나 문화 체험을 시킨다"라고 대답하며, 왜 가르치냐고 물어보면 "다문화 학생이 많아서요"라고 대답하는 교사들이 여전히 많습니다. 아주 틀린 답은 아니지만 대학교 학점으로 치면 B나 C 정도의 미흡한 답입니다. 그럼 A학점 대답은 무엇일까요? 이 질문에 답하려면 먼저 미래가 어떤 사회일지부터 생각해봐야 합니다. 교육은 미래를 준비하는 행위니까요.

인간과 사물이 지능을 통해 연결된 지능정보사회

미래 사회에는
어떤 역량이 중요할까?

먼저 교육의 일반적인 정의부터 알아봅시다. 교육^{education}을 네이버 사전에서 찾아보면, "지식과 기술 따위를 가르치며 인격을 길러줌"이라고 나옵니다. 지식과 기술을 가르치니까 '교^敎'이고, 인격을 길러주니까 '육^育'이라는 것이지요. 그렇다면 이 지식, 기술, 인격은 언제 필요한 걸까요? 과거나 현재와 어느 정도 다 관련이 있지만 그래도 가장 많이 관련 있는 것은 미래입니다. '미래교육'이라는 말이 익숙한 것도 다 이런 이유 때문입니다. 이런 의미에서 교육은 '학생들이 살아갈 미래 사회에 필요한 지식, 기술, 인격을 길러주는 일'이라 할 수 있어요.

그렇다면 미래 사회는 어떤 사회일까요? 가장 많이 하는 대답은 '지능정보사회'와 '다문화사회'일 겁니다. 먼저 지능정보사회Intelligence Information Society는 "인간과 사물이 지능을 통해서 연결된 사회"를 말합니다. 좀더 자세히 설명하면, 최첨단 정보통신기술Information Communication Technology, ICT로 생성·수집·축적된 데이터와 인공지능Artificial Intelligence, AI이 결합한 지능정보기술이 노동, 교육, 국방, 복지 등 다양한 분야에 보편적으로 활용되면서 새로운 가치를 창출하고 발전하는 사회를 말하지요.

제4차 산업혁명[1]과 맞물린 이 사회는 이미 시작되었고 사회 모든 분야에서 큰 변화를 일으키고 있습니다. 우리의 관심 영역인 교육 분야도 예외가 아닙니다. 지능정보사회는 학생들에게 암기력 대신 창의력을 요구합니다. 과거에는 지식을 저장할 곳이 머리밖에 없어 암기력이 중요했지만, 이제는 그것을 손(휴대전화)에도 저장할 수 있으니 암기력은 그리 중요하지 않게 된 것이지요. 계산기가 나오면서 암산의 중요성이 줄어든 것과 같은 이치입니다.

그런데 창의력은 차이를 허용할 때 생깁니다. 차이를 부정적으로 보고 그것을 없애려는 사회에서는 생길 수가 없습니다. 그런데 한국 교육계는 어떤가요? 말로는 창의력이 중요하다고 하지만 여전히 암기력을 중요하게 여기고 창의력을 무시합니다. "만약 우리가 어제 가르치듯이 오늘 가르친다면 우리는 학생들로부터 내일을 빼앗는 것이다"라는 듀이J. Dewey의 말을 떠올려보세요. 교육은 이제부터라도 창의력에 초점을 맞춰야 합니다.

다음으로 다문화사회multicultural society에 대해 생각해봅시다. 네이버 사전 정의에 따르면 "이질적인 여러 문화가 섞여 있는 사회"를 뜻합니다. 이 정의대로라면 한국 사회도 오래전부터 다문화사회였다고 할 수 있습니다. 한국은 천 년 넘게 중국으로부터 영향을 받았고, 35년간 일본의 식민지로 살았으며, 해방 이후부터는 미국의 영향을 지대하게 받아서 지금 우리 사회에는 중국 문화, 일본 문화, 미국 문화 등 다양한 문화들이 혼재합니다.

하지만 본격적인 다문화사회는 1990년대에 중국과 동남아로부터 많은 외국인이 들어오면서부터 시작되었다고 할 수 있습니다. 이 같은 다문화사회의 가장 큰 특징은 문화적 차이cultural difference가 매우 두드러진다는 점입니다. 따라서 다문화사회에서는 모든 사람이 서로의 차이를 존중하는 것이 핵심입니다. 이렇게 차이를 존중해야 한다는 신념이 곧 '다양성diversity'입니다. 이는 네이버 사전에 따르면 "모양, 빛깔, 형태, 양식 따위가 여러 가지로 많은 특성"이라는 뜻이지만, 서로의 차이를 존중해야 한다는 신념이기도 합니다. 요컨대 '차이는 우리가 처한 현실이고 다양성은 우리가 추구해야 할 가치'라 할 수 있습니다.

이처럼 지능정보사회는 차이를 허용하라고 요구하고, 다문화사회는 차이를 존중하라고 요구합니다. 다문화교육이나 상호문화교육은 이런 시대적 요구에 부응하려는 교육입니다. 유네스코는 이런 교육을 변혁적 교육transformative education이라고 부릅니다. 그럼, 이 교육을 우리 학교에서 왜 해야 하는지 좀더 자세히 알아보도록 합시다.

학교에서 다문화/상호문화교육을
해야 하는 이유

우리가 학교에서 다문화/상호문화교육을 해야 하는 이유는 크게 두 가지로 정리할 수 있습니다. 첫 번째 이유는 차이를 가지고 차별하는 것을 막기 위해서입니다. 한국은 차이를 가지고 심하게 차별하는 나라입니다. 그 기원은 1950년대로 거슬러 올라갑니다. 1957년 역사 교과서에 처음 '단일민족'이라는 표현이 등장했고(백성현, 2016), 이후 많은 교과목에 이 표현이 사용되었습니다. 이러한 경향은 2007년 유엔인종차별철폐위원회의 권고로 이 표현이 삭제될 때까지 이어졌습니다. 이 같은 차별 의식은 1968년에 반포하고 모든 학생에게 암송하게 한 국민교육헌장에도 담겨 있습니다. 이 헌장은 어떤 의도 없이 그냥 태어난 사람에게 '민족중흥'이라는 거대한 사명을 부여하고, "나라의 발전이 나의 발전의 근본"이니 "스스로 국가 건설에 참여"하라고 강요했습니다. 마지막 부분에서는 "투철한 애국애족이 우리의 삶의 길"임을 재차 강조하고 "민족의 슬기를 모아 줄기찬 노력"을 다하라고 요구했습니다. 이 헌장은 사람들을 민족이라는 집단 속으로 몰아넣고, 국가가 시키면 시키는 대로 하는 '국민'으로 만들었습니다. 이 교육을 받은 사람들은 —국가가 시킨 행동이 부당하면 저항하는— '시민'으로 성장할 수 없었고, 다른 민족을 '양놈', '떼놈', '왜놈' 등으로 부르며 배타적으로 대하는 '우물 안의 개구리'가 되어버렸습니다. 1972년부터는 국기에 대한 맹세를 통해

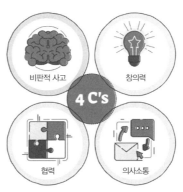

비판적 사고   창의력

4 C's

협력   의사소통

지능정보사회가 요구하는 4가지 학습 역량

"조국과 민족의 무궁한 영광을 위하여 몸과 마음을 바쳐 충성을 다할 것"을 강요했습니다. 일제의 황국신민서사를 연상시키는 이 무시무시한 맹세는 2007년에 많이 순화되었지만 여전히 한국인의 뇌리에 남아 있습니다.

이 같은 민족주의 교육은 1960~1970년대 한국의 경제 발전에는 일조했을지 몰라도 외국인 주민 수가 200만 명이 넘는 오늘날에는 위험한 교육입니다. 이제는 지나친 민족주의를 완화하는 교육이 필요하며, 그것이 바로 다문화/상호문화교육입니다. 이런 의미에서 다문화/상호문화교육은 일종의 결자해지結者解之의 교육이라고 할 수 있습니다.

다문화/상호문화교육을 해야 하는 두 번째 이유는 차이를 가지고 창의력을 길러주기 위해서입니다. 첫 번째 이유가 소극적인 이유라면, 두 번째 이유는 적극적인 이유라 할 수 있습니다. 앞서 언급한 것처럼 21세기 지능정보사회는 지금까지와는 완전히 다른 역량을 요구합니다. 애플, 마이크로소프트, 미국 교육부를 비롯한 20여 개 단체와 교육전문가들은 그 역량으로 4C, 즉 의사소통^{Communication}, 협력^{Collaboration}, 비판적 사고^{Critical thinking}, 창의력^{Creativity}을 제안했습니다.

의사소통은 생각, 질문, 발상, 해결책을 공유하는 능력을 말하고, 협력은 목표에 달성하기 위해 함께 일하는 능력을 말합니다. 비판적 사고는 문제를 새로운 방식으로 살펴보는 능력이고, 창의력은 혁신이나 발명처럼 일을 새롭게 접근하는 능력입니다. 이 중에서 비판적 사고와 창의력은 새로운 방식이나 접근을 요구하는데, 이렇게 하려면 자신과 다른 관점을 존중할 줄 알아야 합니다. 하지만 이것은 결코 쉬운 일이 아닙니다. 모든 사람은 자기중심적, 민족중심적 사고를 하기 때문입니다. 따라서 자신과 다른 관점을 존중하는 교육을 아주 어려서부터 체계적으로 실시해야 합니다.

특히 오늘날 한국 학생들은 대개 아이가 하나 아니면 둘인 가정에서 자라 상당히 자기중심적이고, 민족중심적인 부모의 영향으로 민족주의적 경향을 보이는 데다 교과서와 참고서를 유일한 정답으로 여기는 교육 풍토 때문에 비판적 사고력이나 창의력이 많이 부족합니다. 타인과 역지사지^{易地思之}하는 능력을 특히 강조하는 다문화/상호문화교육은 이런 단점을 보완해줄 매우 중요한 교육입니다.

제2장

다름을 차별하는 사회

세계는 어떻게
다문화사회가 되었을까?

다문화사회는 '다문화'와 '사회'를 붙여 만든 합성어로, "이질적인 여러 문화가 섞여 있는 사회"를 말합니다. 이러한 정의에 따르면, 다문화사회의 역사는 아주 오래되었다고 말할 수 있습니다. 기원전 중국의 춘추전국시대도 다문화사회였고, 비슷한 시기 고대 로마도 다문화사회였기 때문입니다. 따라서 "동일한 공간에 다양한 민족과 문화가 혼재하는 것은 역사적으로 볼 때 전혀 새로운 현상이 아닙니다. 현대 사회를 특징짓는 것은 변화의 속도가 너무 빠르고 변화의 범위도 매우 넓다는 점이다"[2]라는 지적은 타당해 보입니다. 여기서 말하는 '현대 사회'는 20세기 중반에 시작된 사회를 가리킵니다.

우리가 '다문화'로 번역하는 영어 'multicultural'도 이 시기에 출현했습니다. 온라인 어원사전Online Etymology Dictionary에 따르면 이 단어는 1941년에 "다양한 문화집단들로 구성된"이라는 의미로 처음 사용되었습니다. 이는 사전에서 따로 밝히지는 않았지만, 미국의 사상가 하스켈E. Haskell이 같은 해에 출간한 『랜스: 다문화 사람들에 관한 소설Lance: A Novel about Multicultural Men』이라는 책과 관련 있어 보입니다. 이 책에서 하스켈은 multicultural을 "교통과 통신이 발달한 현대 시대에 개별 국가, 하나의 언어, 단일 종교의 한계를 초월한 소수의 뛰어난 사람들의 선구자적 자질"이라고 했습니다.

이렇게 개별 국가, 단일 언어, 단일 종교를 초월하려면 무엇보다도 교통

하스켈과 그의 소설 「랜스」

수단이 발달해야 했는데 이는 1950년대에 대중화된 대형 제트 여객기와 관련이 있습니다. 그전까지 사람들은 기차나 범선을 타고 시속 25킬로미터를 이동했지만, 이 시기에는 비행기를 타고 시속 500킬로미터를 이동할 수 있었습니다. 단숨에 20배나 빨리 이동하게 되었으니 가히 '교통수단의 혁명'이라 부를 만했지요. 이는 곧 이동성의 증가로 이어졌습니다. 1975년에 비행기로 이동한 사람은 4억 명에 불과했지만 1990년에는 10억 명으로 늘어났습니다. 사람들이 가장 많이 드나든 지역은 북미, 유럽 그리고 동북아시아였고, 이 증가는 곧 문화적 차이의 부상으로 이어졌습니다. 인간은 문화를 꼭 가지고 돌아다니는 동물이기 때문입니다. 외모, 언어, 의상 등 수많은 문화적 차이가 이제는 예외가 아니라 하나의 규범이 되었습니다. 이처럼 문화적 차이가 일상화된 사회가 바로 다문화사회입니다.

다문화주의는 바로 이런 다문화사회와 관련된 철학입니다. 먼저 다문화주의의 어원부터 살펴봅시다. 온라인 어원 사전에 따르면 multiculturalism

은 1965년에 처음 캐나다에서 사용되었습니다. 당시에는 "한 사회 내 다양한 문화의 공존"이라는 의미였습니다. 알다시피 캐나다는 영국계와 프랑스계가 만든 나라입니다. 그래서 오랫동안 영국 문화와 프랑스 문화라는 이중문화주의, 영어와 프랑스라는 이중언어주의를 고수해왔습니다. 이러다가 1960년대 초반 퀘벡주가 분리를 주장하자 캐나다 연방정부는 1963년 국립이중언어주의·이중문화주의위원회Royal Commission on Bilingualism and Biculturalism를 만들어 캐나다의 문화 및 언어 상황을 살펴보고 보고하게 했습니다. 이 위원회는 1965년 예비보고서를 통해 캐나다에는 영어와 불어라는 두 개의 언어가 존재하지만, 문화는 영국과 프랑스뿐만 아니라 독일, 이탈리아, 중국, 우크라이나 등 여러 민족 문화가 존재한다고 말하며 다문화주의라는 용어를 사용하자고 제안했습니다. 캐나다 연방정부는 1971년에 이 제안을 수용했고, 1982년에는 권리와 자유 헌장의 형태로 헌법에 명시했습니다. 이후 이 다문화주의는 미국, 오스트레일리아, 뉴질랜드 같은 영어권 국가에 널리 확산되었습니다. 유럽에서도 스웨덴, 핀란드, 영국, 벨기에 등이 이 주의를 표방하고 있습니다.

그렇다면 이제 한국의 다문화사회는 어떻게 출현했는지 살펴봅시다.

한국은 어떻게
다문화사회가 되었을까?

미국, 캐나다, 오스트레일리아, 뉴질랜드는 영국계가 원주민을 몰아내고 나라를 만든 '전통적 이민국가'이고, 프랑스, 독일 등은 1950년대부터 이민자를 대대적으로 받아들인 '선발 이민국가'입니다. 한국, 대만, 이탈리아, 아일랜드 등은 본래 이민을 보내다가 비교적 최근에 이민을 받는 나라가 된 '후발 이민국가'입니다.

한국인이 다른 나라에 살기 시작한 때는 1860년대로, 이 시기 함경도 사람들은 조정의 학정과 가난을 피해 두만강 너머 지린성으로 이주했습니다. 1890년대부터는 항일투사, 상인 등이 일제의 압력을 피해 러시아 연해주로 이주했지요. 1937년 이들은 한 번 더 이주합니다. 일본군의 첩자 노릇을 할 것을 우려한 스탈린이 중앙아시아로 강제이주시킨 것입니다.[3]

1900년대 초에는 한인 노동자들이 미국 하와이 사탕수수 농장으로 일하러 나갔습니다. 하와이에 처음 도착한 때는 1903년 1월 13일로, '미주 한인의 날'은 이 날에서 기원했습니다. 대부분 독신이라 1910년부터 고국에서 '사진신부'들을 불러들였습니다. 세월이 흘러 생활이 안정된 이들은 일제강점기와 한국전쟁을 거치며 빈곤해진 고국을 위해 대학 하나를 짓기로 뜻을 모읍니다. 그 대학이 바로 1954년에 개교한 인하공과대학입니다. 여기서 인仁은 인천仁川에서, 하荷는 하와이에서 따온 글자입니다.

1950년 한국전쟁이 발발하자 미군이 들어왔고, 미군과 한국 여성 사이

〈외국인주민 유형별 현황〉

(단위: 명)

구분	외국인주민 합계			한국 국적을 가지지 않은 자						한국 국적 취득자	외국인주민 자녀(출생)
	계	남	여	계	외국인 근로자	결혼 이민자	유학생	외국국적 동포	기타 외국인		
'20년	2,146,748	1,112,552	1,034,196	1,695,643	455,287	173,756	142,569	345,110	578,921	199,128	251,977
구성비	(51.8%)	(48.2%)	(79.0%)							(9.3%)	(11.7%)

에 많은 혼혈아동이 태어났습니다. 이승만 대통령은 일국일민주의를 내세워 이들 중 많은 수를 미국으로 입양 보냈습니다. 1960년대에는 경제 개발 원조 및 외화 획득을 목적으로 1963년에는 광부가, 1966년에는 간호사가 서독으로 건너갔습니다. 1965년에 미국 이민법이 완화되자 1970년부터 많은 사람이 아메리칸 드림을 품고 미국으로 나갔습니다. 이렇게 여기저기로 나간 재외동포의 수는 2021년 기준으로 732만 명에 이르는데, 이는 남북한 인구의 10퍼센트 정도에 해당하는 대단한 수치입니다.

한편, 한국은 1990년대 이후 외국인을 받아들이기 시작했는데 여기에는 나름대로의 이유가 있었습니다. 1960년대 경제개발을 위해 대도시와 그 인근에 공단을 세우고 필요한 인력을 농촌에서 데려왔는데, 이때 여성이 남성보다 훨씬 더 많이 올라왔습니다. 공단의 주 업종이 주로 경공업이어서 여성 노동자를 많이 필요로 한 데다가 여성은 어차피 출가외인이라 여겨 고향을 떠나는 게 비교적 자유로웠기 때문입니다. 반면에 남성은 선산을 지키고 부모를 모셔야 한다는 유교적 사고 때문에 농촌을 쉽게 떠날 수가 없었습니다. 이런 상황이 20여 년간 이어지자 1980년대 말 농촌에서는 노총각 문제가 심각한 사회문제로 떠올랐습니다. 이 문제를 해결하기 위해 시작한 것이 결혼이민자를 데려오는 것이었습니다. 처음에는 연변에 있는 중국동포 여성을 데려왔습니다. 이후 국제결혼 대상이 한족으로 확대되었고, 다시 동남아 여성으로 확대되었습니다.

한편, 1980년대에는 노동운동, 민주화운동의 결과로 임금이 상승해 중소기업이 심각한 인력난을 겪게 되었습니다. 이 문제를 해결하기 위해 1991년 산업연수생제도를 만들어 외국인노동자를 받아들였습니다. 이 제도는 현대판 노예제도라는 비판을 받았고, 마침내 2004년에 고용허가제로 변경되었습니다. 산업연수생제도는 출입국관리법에 따라 중소기업협동중앙회가 사용자의 의사나 결정과 관계 없이 외국인력을 수입하여 배정하는 제도이고, 고용허가제는 외국인근로자고용에 관한 법률에 의거해 노동부가 직접 사용자가 제시하는 근로조건에 적합한 외국인력을 수입하고 배정하는 제도입니다.

이렇게 국내에 들어온 외국인주민은 2020년 기준 215만 명에 이릅니다. 요컨대, 외국인주민은 한국 사회의 구조적 공백을 메우기 위해 '궁여지책'으로 받아들인 사람들입니다. 따라서 이들은 한국 사회에 일정 부분 기여하는 사람들이라 할 수 있습니다. 선진국의 사례를 보면, "시간이 지날수록 이민자들은 정부의 사회복지 정책에 따라 받는 혜택보다 노동력과 소득세 등을 통해 정부 재정에 더 많이 기여한다"[4]라고 합니다. 지금부터라도 외국인주민과 관련해서는 '기여'라는 단어를 많이 떠올렸으면 합니다.

외국인주민은
어떤 사람들일까?

외국인주민은 "90일을 초과하여 거주하는 등록외국인, 국내거소신고를 한 외국국적동포, 한국 국적을 취득한 자(귀화자) 및 그 자녀"(2010, 행정안전부)를 말합니다. 여기에서 등록외국인은 외국인근로자, 결혼이민자, 외국국적동포, 유학생, 기타이고, 외국인주민 자녀는 결혼이민자 및 국적취득자의 자녀입니다. 하지만 '외국인주민'이라는 용어는 지역사회에서 자치단체의 지원 및 관리가 필요한 대상, 범위를 정한 것일 뿐 법률상 용어는 아닙니다.

2020년 기준 국내 체류 외국인주민은 215만 명입니다. 이는 충청남도 도민(212만 명)보다 많고, 대구시 시민(241만 명)보다 조금 적은 수입니다. 남한 인구의 4.1퍼센트에 해당합니다. 일반적으로 외국인주민이 5퍼센트가 넘으면 다문화국가 또는 다문화사회로 분류하는데, 이 기준으로 보면 한국 사회는 다문화사회 진입 직전입니다. 하지만 그동안 단일민족이라고 굳게 믿어온 한국인의 체감도는 이 비율보다 훨씬 크고, 이런 의미에서 한국은 이미 다문화사회에 진입했다고 할 수 있습니다.

외국인주민을 유형별로 나누어보면, 한국 국적이 아닌 사람은 170만 명(79.0%), 한국 국적을 취득한 사람은 20만 명(9.3%), 외국인주민 자녀는 25만 명(11.7%)으로 분류할 수 있습니다. 한국 국적이 아닌 사람들은 기타(58만 명), 외국인근로자(46만 명), 외국국적동포(35만 명), 결혼이민자

(17만 명), 유학생(14만 명) 순입니다. 결혼이민자 중에는 한국 국적을 취득한 사람이 많은데, 이들까지 포함하면 37만 명[5](행정안전부, 2020년 11월 기준) 정도입니다. 외국인주민 자녀 25만 명 중에서 초·중·고에 다니는 학생은 16만 명 정도입니다.

외국인주민을 시·도별로 나누어보면, 경기도 72만 명(33.3%)으로 가장 많고, 그다음은 서울시 44만 명(20.6%), 인천시 13만 명(6.1%), 경상남도 12만 5천 명(5.9%) 순입니다. 외국인주민이 많은 시·군·구는 안산시 9만 4천 명으로 가장 많고, 그다음은 수원시 6만 6천 명, 화성시 6만 3천 명, 시흥시 6만 2천 명, 구로구 5만 5천 명 순입니다.

외국인주민을 국적별로 살펴보면, 중국 출신이 가장 많고(44.2%), 그다음은 베트남(11.9%), 태국(9.8%), 미국(3.5%) 순입니다.

이렇게 다양한 출신이, 다양한 형태로, 다양한 지역에 거주하고 있지만, 외국인주민은 한국 사회에서 여전히 소수자입니다. 그러다 보니 여러 가지로 차별을 받기 쉽습니다. 이들은 어떤 차별을 받고 있을까요?

외국인주민은 어떤 차별을 받고 있을까?

한국이주여성인권센터는 2020년 외국인주민 310명을 대상으로 인종차별 실태를 조사한 바 있습니다. 이

경기도청 앞 '이주민 배제한 경기도 재난기본소득' 규탄 기자회견

조사에서 우리가 주목할 점은 68.4퍼센트(212명)의 외국인주민이 차별을 받은 적이 있다고 대답했다는 것입니다. 외국인주민이 생각하는 차별의 이유로는 '한국어 능력 부족'(62.3%)이 가장 많았고, 그다음은 '한국인이 아니라서'(59.7%), '출신 국가'(56.8%), '억양(말투)'(56.6%), '민족'(47.7%), '의식주 등 문화적 차이'(45.4%), '인종'(44.7%) 순이었습니다. 이상의 대답을 종합하면 외국인주민은 언어, 국적, 민족, 문화적 차이를 이유로 차별을 받는다고 볼 수 있습니다. 그런데 이런 점들은 그들이 외국인이기에 당연히 다를 수밖에 없습니다. 이런 자연스러운 이유로 외국인주민을 차별하는 것은 온당치 않습니다.

그럼 차이는 언제 차별이 될까요? 여기에는 세 가지 요건이 있습니다. 첫째, 비교 대상이 있어야 합니다. 만약 회사 내에 여성이나 남성만 있다면 성차별은 존재할 수 없지요. 둘째, 불평등한 대우가 있어야 합니다. 만약 월급으로 여성 직원에게는 64만 원을 주고 남성 직원에게 100만 원을 준다면 이것은 불평등한 대우입니다. 셋째, 불평등한 대우에 합리적 이유가 없어야 합니다. 만약 여성 직원과 남성 직원의 직급이 같고, 같은 시간 동안 같은 양의 일을 했다면 월급을 다르게 주는 것은 명백한 차별입니다.

이런 세 가지 요건을 적용해 외국인주민에 대한 차별 사례를 살펴봅시다. 2020년 3월 경기도는 결혼이민자와 영주권자 10만 9천 명에게는 재난 기본소득을 주고, 외국인노동자 등 50만 명에게는 주지 않았습니다. 참고로, 재난기본소득은 "재난 상황에서 위기 가구의 소득을 보전하고 위축된 경기를 극복하기 위해 국민 모두에게 조건 없이 지급하는 급여"입니다.

먼저, 결혼이민자·영주권자와 외국인노동자라는 비교 대상이 존재합니다. 다음으로, 전자에게는 10만 원을 주고 후자에게는 주지 않는 불평등한 대우를 했습니다. 마지막으로, 외국인노동자도 주민세, 자동차세, 소득세, 지방세, 부가가치세 등 세금을 내고 있으므로 불평등한 대우를 받을 합리적인 이유가 없습니다. 따라서 이것은 명백한 차별입니다.

그러니 10년 넘게 경기도 한 공장에서 일해온 외국인노동자가 "지금은 코로나19 때문에 다들 힘들어하시는데, 경기도 도청에서 외국인들은 빼고 10만 원씩 준다고 하는데 우리도 한국에서 살면서 세금을 다 내고 한국 사회에서 필요한 사람이 됐는데, 이게 외국인들은 빼고 한국인들만 보장해주는 거 이해가 안 됩니다. 우리도 지방세 내고, 자동차세 내고, 내는 걸 다 내고 있는데 왜 지원을 안 해줍니까?"[6]라고 항의한 것입니다.

또 다른 사례도 있습니다. 2021년 3월 서울시는 외국인노동자에게 2주 내 코로나 진단검사PCR를 의무적으로 받으라는 행정명령을 내립니다. 이에 주한영국대사 등은 이 명령이 외국인에 대한 차별이라고 주장하고 항의했습니다. 여기에도 차별의 세 가지 조건을 대입해 생각해봅시다. 먼저, 한국인과 외국인이라는 비교 대상이 존재합니다. 둘째, 한국인은 임의로 검사를 받고 외국인은 의무적으로 검사를 받는다면 이것은 불평등합니다. 셋째, 코로나 바이러스가 내국인과 외국인을 가리지 않는다는 점을 감안하면 이런 불평등한 대우는 불합리합니다. 따라서 이것 역시 명백한 차별입니다. 다행히도 서울시는 얼마 후 이 행정명령을 철회했습니다. 하지만 외국인노동자들이 입은 마음의 상처는 그렇게 빨리 아물지 않았을 것입니다.

차별의 유형에는
어떤 것이 있을까?

차별은 "다른 사람들에게는 인정된 권리 또는 이점을 일부 사람에게는 거부하는, 객관적으로 정당화되지 않은 구분하는 태도"[7]입니다. 이런 차별에는 직접차별, 간접차별, 차별교사, 괴롭힘 등 다양한 유형이 있습니다.

① 직접차별

직접차별 direct discrimination 은 "인종, 민족, 종교, 신념, 장애, 나이, 성적 성향을 이유로 어느 한 사람을 동등한 상황에서 다른 사람보다 불리하게 처우하는 것"을 말합니다. 예를 들어, 채용 공고를 낼 때 60세도 충분히 할 수 있는 일인데 40세 이하의 사람만 지원할 수 있게 하면 이것은 60세 이상의 사람들을 직접차별하는 것입니다. 또한 흑인이라는 이유로 주점 출입을 금지하거나 함부로 이름으로 부르거나 근거 없이 의심하면 이들에 대한 직접차별이 됩니다.

② 간접차별

간접차별 indirect discrimination 은 "표면상으로는 중립처럼 보이지만 인종, 민족, 종교, 신념, 장애, 나이, 성적 지향을 이유로 사람들을 실제로는 불리하게 하는 처분이나 적용을 실행하는 것"을 말합니다. 예를 들어 백화점에서 직원을 모집할 때 근무 중에는 모자를 착용할 수 없다는 조항을 포함하면 이것은 무슬림 여성처럼 히잡을 계속 써야 하는 사람들은 아예 지원도 못하게 하는 간접차별입니다.

③ 차별교사

차별교사 incitement to discrimination 는 다른 사람에게 차별하라고 부추기는 것을 말합니다. 예를 들어, 본사가 대행사에 외국인을 고용하지 말라고 지시하거나 집주인이 부동산 중개인에게 외국인에게는 세를 주지 말라고 요구하면 차별교사에 해당합니다. 차별교사는 불법이기에 차별교사를 하는 사람은 그것을 실행하는 사람과 함께 모두 처벌의 대상이 됩니다.

괴롭힘 harassment 은 "한 사람의 민족, 인종, 종교, 신념, 나이, 장애, 성적 성향, 성[을 이유로] 그 사람의 존엄성을 해치고 품위를 떨어뜨리거나 비우호적이고 모욕적이고 불쾌한 상황을 만들 목적이나 결과를 가진 모든 행위"를 말합니다. 여기에는 신체적 괴롭힘(폭행), 언어적 괴롭힘(폭언, 모욕, 비하), 업무적 괴롭힘(잡일, 배제, 감시), 업무 외 괴롭힘(회식, 간섭), 집단적 괴롭힘(따돌림, 악소문) 등이 포함됩니다.

④ 다중차별

한편, 둘 이상의 기준으로 차별을 받을 수도 있습니다. 이것은 다중차별multiple discrimination인데, 이 차별은 추가적additive 차별, 가중적amplifying 차별, 영역 간intersectional 차별 등 다양한 형태를 띨 수 있습니다. 추가적 차별은 차별이 여러 가지 기준에 의해 독립적으로 이루어지는 경우를 말합니다. 예를 들어, 소수집단의 여성들은 어떤 때는 여성이라는 이유로 차별받고, 다른 때는 소수민족이라는 이유로 차별을 받습니다. 가중적 차별은 한 사람이 두 가지 이유로 차별받는 경우입니다. 사장 공모에 지원한 동성애 여성은 한편으로는 여성은 이 자리가 요구하는 역할을 제대로 소화할 수 없다는 이유로 거부당하고, 다른 한편으로는 동성애자는 이런 고위직에 어울리지 않는다는 이유로 거부당합니다. 영역 간 차별은 상호 연결된, 그래서 분리 불가분한 여러 기준에 의한 차별을 말합니다. 예를 들어, 흑인은 친구에게는 마약을 하는 사람으로 의심받고, 경찰에게는 부당한 불심검문 받는다면 이것은 영역 간 차별이라 할 수 있습니다.

"차별과정은 끊임없는 갈등의 온상"[8]이기에 유엔, 유네스코, 유럽평의회, 유럽연합 등 주요 국제기구가 이를 막기 위해 최선을 다하고 있습니다.

국제기구는 차별을
어떻게 막고 있을까?

유엔은 1948년 세계인권선언 Universal Declaration of Human Rights 제1조를 통해 "모든 인간은 태어날 때부터 자유로우며 그 존엄과 권리에 있어 평등하다"라고 밝힘으로써 모든 차별에 반대하는 입장을 천명했습니다. 제2조에서도 "모든 사람은 인종, 피부색, 성, 언어, 종교, 정치적 또는 기타의 견해, 민족적 또는 사회적 출신, 재산, 출생 또는 기타의 신분과 같은 어떠한 종류의 차별이 없이, 이 선언에 규정된 모든 권리와 자유를 향유할 자격이 있다"라고 명시했습니다. 하지만 이 같은 선언이 있었음에도 차별은 지속되었고, 그중 가장 심각한 차별은 인종차별이었습니다.

이에 유엔은 1966년 모든 형태의 인종차별철폐 국제협약International Convention on the Elimination of All Forms of Racial Discrimination을 채택했습니다. 이 협약은 인종차별을 "인종, 피부색, 가문 또는 민족이나 종족의 기원에 근거를 둔 어떠한 구별, 배척, 제한 또는 우선권"이라고 정의하고, 협약국에게 "인종차별을 규탄하며 모든 형태의 인종차별 철폐와 인종 간의 이해증진 정

세계인권선언문 포스터를 들어 보이고 있는 사회운동가 엘리너 루스벨트(1949년 뉴욕)

책을 적절한 방법으로 지체 없이 추구할 책임"을 부과했습니다. 유엔은 1979년에는 여성을 다양한 차별의 희생자로 보고, 여성에 대한 모든 형태의 차별 철폐에 관한 국제협약Convention on the Elimination of All Forms of Discrimination Against Women을 채택했습니다. 그리고 1989년에는 아동권리협약Convention on the Rights of the Child을 채택해 아동에 대한 차별을 금지했습니다.

이 협약 제2조는 협약국에게 "자국의 관할권 안에서 아동 또는 그의 부모나 후견인의 인종, 피부색, 성별, 언어, 종교, 정치적 또는 기타의 의견, 민족적, 인종적 또는 사회적 출신, 재산, 무능력, 출생 또는 기타의 신분에 관계 없이 그리고 어떠한 종류의 차별을 함이 없이 이 협약에 규정된 권리를 존중하고, 각 아동에게 보장"하도록 요구했습니다. 참고로, 한국은 1991년 11월 20일 이 협약을 비준했고, 정부는 협약 이행에 관한 보고서를 정기적으로 제출하고 있습니다. 현재 이 협약은 국내 외국인 아동 중

체류 허가가 없는 아동에게도 교육을 제공하게 하는 중요한 법적 근거가 되고 있습니다.

유럽평의회는 1993년에 설립된 유럽인종주의·불관용철폐위원회European Commission against Racism and Intolerance를 통해 회원국 내 반유대주의, 인종차별, 종교적 편협, 외국인 혐오증을 지속적 감시하고 있습니다.

유럽연합이 2000년에 채택한 유럽연합기본권헌장Charter of Fundamental Rights of the European Union 역시 비차별 원칙을 그 기본원칙 중 하나로 내세웠습니다. 이 헌장 제21조는 "성별, 인종, 피부색, 민족, 사회계층, 유전적 특징, 언어, 종교, 신념, 정치적 견해를 비롯한 모든 견해, 소수민족, 경제력, 출생, 장애, 나이, 성적 성향 등에 기초한 모든 차별"을 금지했습니다.

이처럼 유엔, 유럽평의회, 유럽연합과 같은 국제기구들은 20세기 중반부터 계속해서 차별에 반대하는 운동[9]을 벌이고 있습니다. 다문화/상호문화교육은 이런 거대한 시대적 흐름 속에서 출현한 변혁적 교육입니다. 이 교육들에 대해서는 뒤에서 자세히 살펴보기로 하고, 제2부에서는 다시 국내로 돌아와 이주배경 자녀 및 학생의 현황을 자세히 알아보겠습니다.

이주배경학생이
겪는 현실

"이주배경학생들은 민족, 외모, 언어 등의 차이로 차별받고 배제되는 경우가 많고
이것이 지속되면 비행으로 이어질 수 있습니다.
아직은 이주배경학생의 비율이 전체 학생의 3퍼센트로 극소수지만,
이들의 비율이 높아지고 성인이 되면 사회문제가 커질 가능성이 많습니다.
이런 일을 사전에 막으려면 체계적이고 적극적인 교육대책이 필요합니다."

제1장

학교에서 차별받는 아이들

이주배경자녀의 현황

　　　　　　　　　　　　　　　외국인주민이 늘어나면 그 자녀도
함께 늘어납니다. 사람들은 이 자녀들을 흔히 '다문화가정자녀'라고 부르
지만, 저는 이 용어가 부적절하다고 보고 '이주배경가정자녀'라고 부르자
고 제안하고 있습니다. 왜냐면 이들을 '다문화가정자녀'라고 부르려면 한
국인 아버지와 어머니 사이의 자녀는 '단문화가정자녀'라고 전제해야 하
는데 이 전제 자체가 적절치 않기 때문입니다. 이 용어 문제는 차후에 논
의하기로 하고, 여기서는 이들의 현황을 중점적으로 살펴보겠습니다.

　2020년 기준 이주배경자녀는 25만 2,000명입니다. 뒤의 그래프에서 보
듯이 이주배경자녀의 출생은 2012년에 정점에 이른 후 2020년까지 조금
씩 줄고 있습니다. 하지만 이들이 전체 출생아에서 차지하는 비중은 점점
증가하고 있습니다. 이렇게 이주배경자녀의 수가 줄어드는데 비중은 높아
지는 것은 전체 출생아 수가 급격히 줄고 있기 때문입니다. 실제로 한국의
합계출산율[1]은 2012년 이후 계속 낮아져 2023년 현재 0.78명으로 세계 최
하 수준입니다(통계청, 2023. 2. 23).

　2020년에 태어난 이주배경자녀 1만 6,000명의 지역별 분포를 보면, 경
기도가 4,685명으로 가장 많고 그다음은 서울(2,609명), 인천(1,046명) 순입
니다. 이는 외국인주민 수의 순서와 일치합니다. 이주배경자녀가 차지하
는 비율을 기준으로 살펴보면, 제주도가 8.5퍼센트로 가장 높고, 그다음은
전남(7.9%), 전북(7.7%) 순입니다. 부모의 출신 국적으로 분류해보면, (한국

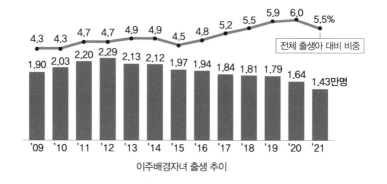

이주배경자녀 출생 추이

국적을 취득한 13.7%를 제외하면) 베트남이 38.8퍼센트로 가장 높고, 그다음은 중국(17.7%), 필리핀(6.0%), 태국(4.2%), 일본(4.0%) 순입니다. 아버지의 출신 국적은 한국이 76.4퍼센트로 가장 많고, 그다음은 중국(7.0%), 미국(4.8%), 베트남(3.6%), 캐나다(1.3%) 순입니다.

그럼 이들 중 학교에 다니고 있는 이주배경학생의 현황을 살펴볼까요?

이주배경학생의 현황

2020년 기준 이주배경자녀 수는 25만 2,000명이고, 이들 중 초·중·고에 다니는 학생 수는 14만 7,000명입니다. 이들은 2021년에 16만 명으로 늘었고, 이는 전체 학생의 3.0퍼센트에 해당합니다. 이 비율은 선진국에 비하면 많이 낮지만, 교사들의 체감도는 실제 수치보다 훨씬 높습니다. 대다수 교사는 교사양성과정에서 이런

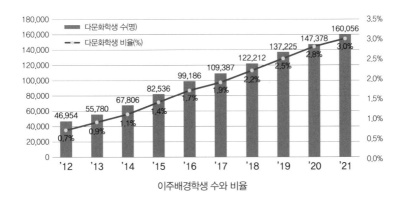

이주배경학생 수와 비율

상황에 대한 교육을 거의 받지 않기 때문입니다.

이주배경학생의 70퍼센트는 초등학생이고, 21퍼센트는 중학생이며, 9퍼센트는 고등학생입니다. 초등학생만 놓고 본다면, 이들은 전체 초등학생의 4.2퍼센트를 차지합니다. 2012년의 1.1퍼센트와 비교하면 3.8배나 높아졌습니다. 이들의 비율을 거주지별로 보면, 대도시가 3.4퍼센트로 가장 낮고, 그다음은 중소도시(3.5%), 읍·면지역(7.2%), 도서벽지(11.1%) 순입니다. 이는 대도시에서 도서벽지로 갈수록 이주배경학생의 비율이 높아짐을 의미합니다.

이주배경학생을 부모 출신국별로 보면, 베트남이 32.2퍼센트로 가장 많고, 그다음은 중국(한국계 제외, 23.6%), 필리핀(10.0%), 중국(한국계, 8.2%) 순입니다. 베트남 학부모가 중국 학부모보다 많다는 것은 주목할 만한 사실입니다. 또 하나 주목할 점은 부모 출신국에 따라 거주 지역이 다르다는 것입니다. 부모가 중국인인 학생은 주로 수도권과 대도시에 분포하고, 부모가 베트남인인 학생은 주로 영남권과 호남권에 분포합니다.

교육부는 이주배경학생을 국제결혼가정과 외국인가정의 자녀로 나눕니다. 국제결혼가정은 다시 국내출생자녀와 중도입국자녀로 나뉘는데, 전자가 76퍼센트를 차지하고 후자는 6퍼센트를 차지합니다. 외국인가정은 18퍼센트 정도 차지합니다.

'국내출생자녀'는 한국인과 결혼이민자 사이에서 태어나 한국에서 성장한 경우를 말합니다. 이들은 한국에서 태어나고 성장해서 한국어를 어렵지 않게 구사하지만 학습에 필요한 고급 문장이나 어휘를 이해하는 데는 종종 어려움을 겪습니다. 이들이 겪는 가장 큰 어려움은 성장하면서, 특히 사춘기에 들어 일반 학생의 고정관념, 편견, 차별에 시달리는 것입니다. 심한 경우에는 "나는 한국인이 맞나?" 하고 고민하고, 그 고민이 깊어지면 방화, 자살 등 극단적 선택을 하기도 합니다.

중도입국자녀는 결혼이민자가 한국인과 재혼한 이후 본국에서 자녀를 데려온 경우와 한국인과 결혼이민자 사이에 태어나 결혼이민자 본국에서 성장하다가 입국한 경우입니다. 최근에는 동포 조부모가 손자나 손녀를 불러들이는 경우도 늘고 있습니다. 이들은 한국어를 전혀 또는 거의 하지 못해서 학교생활에 큰 어려움을 겪습니다. 또 새로운 가족과 문화에 적응하는 데 스트레스를 받고, 정체성 혼란이나 무기력증을 느끼기도 합니다. 그러나 이런 어려움에도 불구하고 이들은 학교에 바로 보내지는데, 이는 학생 자신이나 교사를 위해서 결코 좋은 일이 아닙니다. 가장 좋은 것은 시·도교육청이 '기숙형 한국어몰입학교'(가칭)를 만들어 3개월에서 6개월 동안 학생을 대상으로 한국어 몰입교육을 해 한국어 능력이 일정 수준에 이르면 일선 학교에 배정하는 것입니다.

외국인가정자녀는 부모가 모두 외국인인 경우로 중국동포, 중앙아시아 고려인, 시리아 난민 자녀가 여기에 포함됩니다. 이들은 부모의 정주 여건이 불안정해 학업을 안정적으로 지속하기 어렵습니다. 또 언젠가 부모를 따라 귀국할 아이들로 여겨져 상대적으로 소홀히 다루어지기도 합니다. 하지만 이들은 유엔 아동권리협약에 따라 정주 여건에 상관없이 교육을 받을 권리를 가지고 있음을 명심하고 많은 신경을 써야 합니다.

이주배경학생은 학교와 교실에서 다양한 형태의 차별을 받고 있습니다. 그들이 주로 어떤 차별을 받고 있는지 알아볼까요?

민족 차이로는
어떤 차별을 받을까?

이주배경학생은 민족, 피부색, 언어, 문화, 정체성 등 여러 면에서 한국 학생들과 다를 수 있습니다. 이런 차이는 외국인 아버지나 어머니에게서 태어나고 그 밑에서 자라면서, 아니면 외국에서 성장하면서 자연스럽게 생긴 것입니다. 그런데 일반 학생들은 이런 자연스러운 차이를 가지고 이들을 배제하고 차별합니다.

먼저, 민족 차이를 가지고 차별하는 경우를 살펴봅시다. 민족적 차이로 가장 심하게 차별받는 학생은 부모 중 한 사람이 일본인인 학생일 것입니다. 일반적으로 한국인의 일본인에 대한 인상은 그리 좋은 편이 아니지요. 임진왜란, 일제강점기, 독도 등 역사적 문제 때문입니다. 이런 부정적 인상이 성장기 학생들에게도 그대로 적용됩니다. 일본인 아버지나 어머니를 둔 학생들도 이런 사실을 알고 있습니다.

> "우리 아빠는 일본 사람입니다. 제가 이씨 성을 가진 것은 엄마의 성을 물려받았기 때문입니다. 5학년 때 사회에서 역사를 배웠습니다. 수업 시간에 아슬아슬한 마음으로 가슴을 졸였던 기억이 있습니다. 왜냐고요? 임진왜란과 일제강점기를 배우면서 수업 시간 내내 고개를 들지 못했습니다. 물론 아무도 아빠가 일본 사람인 저를 쳐다보지 않았습니다. 그런데 저는 혹시 누가 제 이름을 외칠까 봐 머리카락이 쭈뼛 서고, 심장이 터질 것처럼 쿵쾅거렸습니다. 빨리 수업 시간이 끝나기를 기다리며 시계만 쳐다봤어요."[2]

참으로 안타까운 일이지만 이것은 엄연한 현실입니다. 교사는 이런 사실을 염두에 두고, 혹시 자기가 가르치는 학생 중에 이런 학생이 있다면 "일본이 임진왜란을 일으키고 한국을 강점한 것은 사실이지만 일본인 아버지나 어머니를 둔 애들과는 전혀 관계가 없는 일이야"라고 분명히 말해 주어야 합니다. 한편, 일본에 대한 나쁜 감정을 역사와 전혀 관계가 없는 일에까지 연결해 차별하는 경우도 있습니다.

제2부 | 이주배경학생이 겪는 현실

"초등학교 때 [일본인] 엄마가 일본 문화를 가르쳐주러 학교에 오
신 적이 있어요. 그 후로는 일본과 관련된 것이 있으면 동윤이와 세희
는 지나치게 저를 찾아요. 일본과 한국이 축구경기를 하는 날이면 '한
민아, 넌 어느 나라 편이냐?', '오늘 저녁에 누구를 응원할 거니?'라면
서 벌떼처럼 물어요. 저는 당연히 가족들과 붉은 악마 티셔츠를 입고,
목이 쉴 때까지 대한민국을 응원하는데 말이죠. 애들에게는 관심인지
모르겠지만 저는 피곤할 따름이에요."[3]

때로는 '피곤한 관심' 수준을 넘는 경우도 있습니다. 지방 강연에서 만
난 한 일본인 학부모는 저에게 자기 딸이 학교에서 겪은, 다음과 같은 황
당한 일을 들려주었습니다.

"우리 딸이 초등학교 6학년일 때예요. 한일전 축구를 했는데 일본
이 이겼어요. 그런데 며칠 후 학교 축구부 학생들 몇 명이 딸을 찾아
와서 '너희 엄마 때문에 한국이 졌다'고 말했어요. 이 일로 딸은 큰 충
격을 받았고 이후 엄마가 일본인이라는 사실을 극도로 숨겼어요."

한국이 일본과 축구 경기를 해서 진 게 일본인 어머니를 둔 학생과 무슨
상관이 있을까요? 일본과의 역사적 문제는 여전히 해결해야 할 것이 많이
남아 있는 중요한 과제입니다. 그러나 이것이 차별을 정당화하는 근거가
될 수는 없습니다.

피부색으로는
어떤 차별을 받을까?

일본인 아버지나 어머니를 둔 학생들은 다음과 같은 놀림도 받습니다. 일본인 아버지와 한국인 어머니를 둔 후사코는 일본에서 태어나 살다가 초등학교 6학년 때 한국에 왔습니다. 하루는 후사코가 엉엉 울면서 선생님에게 다음과 같이 말했습니다.

> "선생님, 애들이 일본놈이라고 욕해요. 일본에 있을 때는 애들이 조센징이라고 하고, 한국에서는 일본놈이라고 욕해요. 어떡해요."[4]

후사코는 일본에서도 차별을 받았다고 합니다. 일본 애들은 후사코라는 이름 대신에 '간고쿠'(かんごく, '감옥')라고 불렀는데, 그 이유는 이 발음이 '간코쿠'(かんこく, '한국')와 비슷하기 때문이었습니다. 이런 모습을 보면 일본 애들이나 한국 애들이나 애들은 똑같은 것 같습니다. 모두 다문화/상호문화교육이 필요하지요.

호칭과 관련해서는 중국계 학생들도 예외가 아닙니다.

> "조선족에 관한 나쁜 뉴스가 나오면 저는 조선족인 게 창피해요. 보미나 영하는 학교에서 저를 '야, 조선족!' 하고 불러요. 나는 조선족이니까 그렇게 부르면 대답하는 게 맞아요. 근데 친구들이 '조선족, 조

선족!' 하는 게 은근히 기분이 나빠요. 그래서 여기서는 마음이 통하
는 친구를 사귈 수가 없어요."[5]

교사는 학생들이 '조선족'이라는 단어를 사용하지 않도록 지도할 필요
가 있습니다. 중국은 인구의 92퍼센트를 차지하는 한족과 55개의 소수민
족으로 구성된 나라입니다. '조선족'은 중국 정부가 동북 3성에 사는 한국
(조선)계 혈통을 가진 사람들을 지칭할 때 사용하는 용어입니다. 교사는 학
생들에게 "여러분이 '조선족'이라는 단어를 쓰면 여러분은 중국인이 되는
데 그래도 괜찮겠어요?"라고 반문하며 그러지 못하게 해야 합니다. 또 "미
국에 있는 한국계 사람들을 '재미동포'라고 부르고, 일본에 있는 한국계
사람들을 '재일동포'라고 부른다면, 중국에 있는 한국계 사람들은 '재중
동포'라고 불러야 하지 않을까요?"라고 제안할 수도 있습니다.

다음으로, 피부색으로 차별하는 경우를 살펴보겠습니다. 안산의 한 초
등학교에 다니는 아프리카 난민 부롱카는 까만 피부색 때문에 폭행을 당
했습니다.

"부롱카가 버스정류장에서 맞고 있었다. 사람들이 몰려드는 소리
를 들었는지 중학생처럼 보이는 남자아이 세 명이 순식간에 도망갔
다. 부롱카가 눈물과 콧물이 범벅이 되어 울었다. 부롱카가 아는 녀석
들인지, 때린 이유가 뭔지 물었다. 부롱카 말이 형들이 까맣다고 때리
기 시작했다고 한다. … 까맣다는 것이 때릴 이유가 되는 일부 한국 아

이들의 잘못된 인성을 어찌해야 할까?"[6]

부룽카는 오로지 피부색이 검다는 이유로 폭행을 당했습니다. 이것은 전형적인 인종주의적 행동으로 매우 우려스러운 일입니다. 더욱 우려스러운 점은 흑인 학생들이 언어폭력의 대상이 되기도 한다는 것입니다. 한국 학생들은 흑인 학생을 '초코파이', '흑형', '흑간디' 등으로 부르는데, 피부색으로 고민하는 학생들에게 이런 말들은 홍성수 교수의 표현처럼 "말이 칼이" 되어 큰 상처를 남깁니다.

부룽카는 초등학교 2학년 때도 심한 괴롭힘을 당했습니다.

> "몽골 아이들과 일반 한국 아이들이 방과 후 놀이터에서 놀다가 부룽카를 화장실로 데리고 가서 속옷을 벗긴 일이 있었다. 아이들은 부룽카가 성기까지 까만지 궁금해서 호기심에 속옷을 내리게 했다지만 이런 일은 집단 성추행으로 비화될 수 있는 일이라 절로 한숨이 나왔다. … 제발 한국 사회가 색깔에 무덤덤한 사회였으면 좋겠다."[7]

모델로 널리 알려진 한현민도 이런 폭력의 대상이 된 적이 있다고 합니다. 그는 나이지리아인 아버지와 한국인 어머니 사이에 태어났는데, 그의 어린 시절 이야기[8] 중에는 다음과 같은 내용이 나옵니다.

> "어릴 적 또래 아이들이 던진 모래 등으로 인해 얼굴 성한 날이 거

의 없었다. 어떤 아이는 침을 뱉기까지 했다. 단지 피부색이 다르다는 이유로 가해진 폭력이었다. 공격적 차별은 철부지들만 행한 것이 아니다. '까만 애랑 놀지 마.' 같은 유치원에 다니던 친구의 엄마가 했던 그 말은 오랫동안 마음을 닫게 만들었다."

여기서 한 가지 주목할 것은 친구 엄마의 반응입니다. 친구의 엄마는 자녀의 차별을 막기는커녕 오히려 부추겼지요. 정녕 안타까운 것은 이런 태도가 대다수 한국 학부모가 보이는 보편적인 태도라는 것입니다.

한국 학부모는 학창 시절에 '살색' 크레파스로 그림을 그린 사람들입니다. 참고로, 1967년 기술표준원은 색명을 번역하는 과정에서 황인종의 피부색과 유사한 색깔을 '살색'으로 명명했고 이 용어는 35년간 사용되었습니다. 이 때문에 한국인은 '살색' 하면 연주황색을 떠올리고, 검은색이나 흰색은 살색이 아닌 것처럼 여겼습니다. 이런 인식은 그 자체로도 문제지만 이것이 자녀에게 그대로 전수될 수 있기에 더욱 큰 문제입니다. 교사나 학생뿐 아니라 학부모를 대상으로 한 다문화 인식 개선 교육이 필요한 것도 바로 이 때문입니다.

이렇게 '살색은 연주황색'이라고 여기는 한국에서는 피부가 하얀색이어도 문제가 됩니다. 러시아에서 온 드미트리는 피부가 하얗습니다. 그를 가르친 선생님이 들려준 이야기는 다음과 같습니다.

"고학년이 되면서 지각이 잦아지기에 잔소리를 좀 했다. 아이가 볼 멘소리로 툴툴거렸다. 집에서 학교까지 등교하려면 두 개의 중학교를 거쳐서 와야 하는데, 중학교 누나들이 금발에 파란 눈동자라고 자꾸 불러 세운단다. 가끔은 서너 명이 떼로 몰려와서 얼굴을 만지고, 머리카락도 잡아당기고, 왕자님이라며 핸드폰으로 사진을 찍어대거나 말을 시켜서 등교가 늦어졌다고 자기도 피곤하다고 했다."[9]

피부색이 까만 것보다는 덜하지만 흰 것도 한국에서는 피곤한 일입니다. 교사들은 피부색 차이가 멜라닌 색소의 차이에서 비롯된 '자연스러운' 차이고, 이것으로 다른 사람을 놀리거나 괴롭혀서는 안 된다는 것을 분명히 말해줘야 합니다.

언어 차이로는 어떤 차별을 받을까?

당연한 말이지만 한국어는 한국인에게는 모국어고 외국인에게는 외국어입니다. 따라서 한국인과 외국인 사이에는 한국어 능력 차이가 엄연히 존재합니다. 문제는 이 엄연한 차이를 가지고 외국인을 무시하고 차별하는 데 있습니다. 국가인권위원회에서 외국인주민 310명을 대상으로 설문한 결과, 응답자 10명 중 7명 정도(68.4%)가 차별을 경험했다고 응답했는데, 그중에서 '한국어 능력'(62.3%) 때문에

차별을 느꼈다는 사람이 가장 많았습니다.[10]

그렇다면 한국어 능력은 어떻게 차별로 이어질까요? 이것을 이해하려면 먼저, 언어의 가장 주된 기능이 의사소통이라는 사실부터 상기할 필요가 있습니다. 의사소통은 글자 그대로 자기의 뜻(意)이나 생각(思)을 주고받는(疏通) 행위인데, 이때 가장 중요한 수단이 바로 언어입니다. 그런데 의사소통을 하는 두 사람의 언어능력은 비슷할 수도 있고 다를 수도 있습니다. 언어학자들은 전자를 대칭적 의사소통communication endolingue이라고 하고, 후자를 비대칭적 의사소통communication exolingue이라고 합니다.

비대칭적 의사소통의 대표적인 경우는 의사소통 언어가 한 사람에게는 모국어고 다른 사람에게는 외국어인 경우입니다. 자신의 모국어로 말하는 사람은 자기의 뜻과 생각을 자유자재로 표현할 수 있지만, 그렇지 않은 사람은 그렇게 하기가 상당히 어렵습니다. 자연스럽게 전자는 언어적 강자가 되고 후자는 언어적 약자가 됩니다. 이때 전자가 후자를 배려하지 않으면, 예를 들어 이해하기 쉬운 단어를 사용하거나 천천히 말하거나 반복해서 말하거나 이해 여부를 수시로 확인하지 않으면, 후자는 처음에는 못마땅하게 여기다가 나중에는 불쾌하게 여깁니다.

이런 차별은 학교 내에도 엄연히 존재합니다. 실제로 일반 학생들이 한국어를 잘 구사하지 못한다는 이유로 이주배경학생들을 무시하거나 차별하거나 배제하는 경우가 많습니다. 이주배경학생 중에서 국내출생학생은 덜 하지만, 한국어를 전혀 또는 거의 못하는 중도입국학생이나 외국인가정학생은 이런 무시, 차별, 배제에서 벗어나기가 힘듭니다. 그런데 학생들의 무시, 차별, 배제는 성인의 그것보다 훨씬 더 심각할 수 있습니다. 여기에는 크게 세 가지 이유가 있습니다.

첫째, 청소년은 성인보다 자기중심적 사고를 더 많이 하기 때문입니다. 자기중심적으로 사고하는 사람은 타인을 제대로 배려하지 않습니다. 청소년은 자신과 다른 것을 부정적으로 보기 쉽고, 언어적 차이도 여기서 예외가 아닙니다. 청소년은 한국어가 서툰 친구들을 배려하고 도와주기보다는 '한국어도 못하는 찌질이'라고 놀리고 왕따를 시킬 수 있습니다.

둘째, 학생들의 만남은 반복적이고 지속적이기 때문입니다. 성인의 차별은 관공서, 거리, 상점 등에서 일시적이거나 단기간에 이루어지는 경우가 많지만, 청소년의 차별은 반복적이고 장기간인 경우가 많습니다. 학생들은 학교에 하루 종일 머물고 이런 생활을 수년간 지속합니다. 외국어나 제2언어로 배우는 한국어 능력이 쉽게 늘지 않고, 또 상당한 수준에 이르렀다 하더라도 외국인 특유의 강세나 억양 때문에 이로 인한 무시와 차별이 상당 기간 지속될 수 있습니다.

셋째, 한국어 능력은 학업 성적과 연결되기 때문입니다. 한국에서는 영어를 제외한 모든 수업이 한국어로 이루어지기 때문에 한국어 능력은 학업 성취도와 직결됩니다. 그래서 이주배경학생들은 '공부도 못하는 찌질이'로 여겨질 가능성이 많습니다. 특히 한국은 성적지상주의라는 말이 있을 정도로 교과 성적을 중시하는 분위기라 이주배경학생의 낮은 성적은 우리가 생각하는 것보다 훨씬 더 심각한 문제가 될 수 있습니다.

제 2 장

학교 다문화교육의 실태

차별은 어떤 결과를
낳을까?

옛말에 '배고픈 건 참아도 배 아픈 건 못 참는다'라는 말이 있습니다. '배고픈 건' 개인의 일이지만, '사촌이 땅을 사면 배가 아프다'라는 말처럼, '배 아픈 건' 대인의 일, 즉 타인과 관련된 일입니다. 이 속담을 외국인주민과 연결하면, '내가 이민 와서 생활이 어려운 것은 참을 수 있지만 남들이 내 어려운 생활을 이유로 차별하는 것은 못 참는다'로 해석할 수 있습니다. 외국인주민의 자녀는 이런 차별을 더욱 참기 어렵습니다. 이민 1세대에게는 이민이 자기의 선택이었지만 이민 2세대에게는 자기와 무관한 일이기 때문입니다. 그래서 이주배경자녀들은 주위로부터 차별을 받으면 갈등을 느끼고 심하면 방화 등 훨씬 더 극단적인 반응을 보이기까지 합니다.

2012년 5월 서울시 광진구 화양동 주택가에서 방화 혐의로 17세 소년이 검거되었습니다. 이 소년의 비행 뒤에는 다음과 같은 안타까운 사연이 있었습니다. 정 군의 아버지는 러시아로 유학을 갔다가 현지 여성을 만나 결혼했고 두 아들을 낳았습니다. 그런데 1996년 아버지가 교통사고로 사망하자 어머니는 가출을 해버립니다. 서울에서 작은 가게를 운영하던 할아버지와 할머니는 이 소식을 듣고 형제를 한국으로 데려와 키웠습니다.

정 군은 그런대로 잘 성장했지만 학교에 입학하면서 모든 것이 달라지기 시작했습니다. 친구들은 흰 피부에 파란색 눈을 가진 정 군을 보고 "야

튀기!",[11] "러시아인은 러시아로 돌아가라"라고 외쳐댔습니다. 이에 정 군은 중학교 2학년 때 심한 우울증을 앓고 급기야 자퇴했습니다. 2년 동안 가출을 반복하던 정 군은 할아버지와 할머니의 간청으로 검정고시를 보았고 2011년에 고등학교에 입학했습니다. 하지만 친구들의 무시와 차별이 다시 시작되었고, 두 달 만에 또 자퇴하고 가출을 해버렸습니다. 설상가상으로, 가출한 손자를 찾으러 나간 할머니마저 교통사고로 사망했습니다. 할아버지는 정 군을 잡고 "너 때문에 할머니가 죽었다"라며 야단쳤고, 정 군은 이에 대한 자괴감으로 폭력, 절도를 일삼았습니다.

정 군을 검거한 경찰은 "지속적인 왕따로 인한 분노와 할머니의 죽음에 대한 자책감이 폭발해 방화로 이어진 것으로 보인다"라고 말했습니다. 감옥에 갇힌 정 군은 "나는 한국인도 아니고 러시아인도 아니다. 나는 반쪽이다"라고 말했다고 합니다. 정 군 형제를 '반쪽'으로 만든 사람은 과연 누구일까요?

2005년 10월 프랑스 파리 서쪽 교외 도시 클리시수부아Clichy-sous-Bois에서 최근 발생한 폭동 중에 가장 격렬한 폭동이 일어났습니다. 이 도시 주민 대다수는 알제리, 튀니지, 모로코 등 북아프리카와 시리아, 레바논 등 중동지역에서 이민 온 사람들과 그 자녀들이었습니다. 10월 27일 오후 5시 20분경, 경찰은 인근 건설 현장에 도둑이 들었다는 신고를 받고 출동했습니다. 때마침 귀가하던 10대 소년들은 순찰차를 보고 놀라 여기저기로 달아났는데 이들 중 17세 지에드와 15세 부나는 따라오는 경찰을 피하려고 변전소에 뛰어들었다가 고압 전선에 걸려 즉사했습니다.

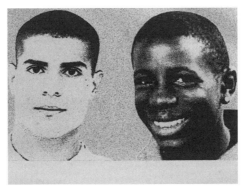

2005년 프랑스 클리시수부아 폭동 당시 희생된 지에드와 부나

같이 도망치다가 중화상을 입은 17세 뮈이틴은 경찰 불심검문으로 귀찮아질까봐 도망쳤다고 진술했습니다. 다음 날 저녁, 사건 경위를 알게 된 주민들은 시위를 시작했습니다. 이 시위는 SNS를 통해 전국에 알려졌고 이것이 불씨가 되어 전국에 있는 이민 2세들이 '묻지마 방화'를 일으켰습니다. 이 폭동으로 9,000대의 자동차가 전소되고 2,800여 명이 체포되었습니다. 이 폭동의 배경에는 프랑스 경찰의 잦은 월권과 가혹행위가 있었고, 이민 2세들에 대한 차별, 그리고 이 차별에 대한 분노가 있었습니다. 이처럼 차별은 갈등을 거쳐 폭동으로 이어질 수 있다는 것을 잊지 말아야 합니다.

한국 교육부는
어떤 대책을 내놓고 있을까?

이상에서 살펴본 것처럼 이주배경학생들은 민족, 외모, 언어 등의 차이로 일반 학생들로부터 차별받고 배제되는 경우가 많고, 이것이 지속되면 절도, 폭행, 방화 등 비행으로 이어질 가능성이 많습니다. 아직은 이주배경학생의 비율이 전체 학생의 3퍼센트로 극소수라 심각한 사회문제가 되지 않고 있지만, 이들의 비율이 높아지고 청소년기를 지나 성인이 되면 사회문제가 커질 가능성이 많습니다. 이런 일을 사전에 막으려면 체계적이고 적극적인 교육대책이 필요합니다.

이런 맥락에서 교육부는 2006년부터 매년 다문화교육 대책을 내놓고 있습니다. 하지만 이 대책들에는 여러 가지 한계가 있습니다. 김기영은 2006년부터 2016년까지 교육부의 대책을 분석한 후 "다문화교육 정책의 범위와 대상, 내용의 확장에도 불구하고 예산안은 여전히 모두를 위한 다문화교육이 아닌, 다문화학생 즉 이주배경학생에게 머물러 있고 그 내용은 이들의 한국어 교육과 한국문화 적응에 집중되어 있다"고 지적했습니다.[12] 저도 2006년부터 2021년까지의 대책을 분석하고 비슷한 지적을 한 바 있습니다. 그것을 세 가지로 요약하면 다음과 같습니다.

첫째, 교육부의 철학이 불분명합니다. 사회통합과 관련된 철학에는 동화주의, 다문화주의, 상호문화주의가 있는데, 동화주의는 문화다양성을 최소한 인정하고, 다문화주의는 이 다양성을 최대한 인정하고, 상호문화주의는 인권과 같은 보편적 가치를 침해하지 않는 범위 내에서 문화다양성을 적극적으로 인정합니다. 교육부는 최초의 대책을 내놓은 2006년에는 다문화주의를 여섯 차례나 표명했지만 2007년부터는 그 어떤 철학도 표명하지 않고 있습니다. 하지만 실제로는 동화주의를 따르고 있다고 말할 수 있습니다. 이는 대책의 대부분이 이주배경학생을 대상으로 한 한국어와 한국문화 교육이라는 데서 쉽게 확인할 수 있습니다.

둘째, 교육부의 이론이 편향적입니다. 다문화사회와 관련된 교육으로는 다문화교육과 상호문화교육이 있습니다. 이 두 교육은 모두 1970년대 소수집단에 대한 교육적 배려에서 출발했지만, 그 배경, 목적, 방법 등에서 적잖은 차이를 보입니다. 군다라J. Gundara[13]는 "캐나다처럼 이민자들이 주류 또는 지배 집단이 된 미국, 호주, 뉴질랜드와 같은 나라들은 다문화주의를 각국의 새로운 이념으로 공식적으로 인정한다는 사실을 가르치기 위해 다문화교육을 실시하고, 원래 살던 지배민족들이 수립한 유럽 국민-국가들은 대개 소수집단과 다수집단의 통합을 위한 상호전략이나 점점 초국가적으로 변하는 세계에 대한 적응으로 여겨지는 상호문화교육을 실시하는 경향이 있다"고 구분합니다. 한국의 경우에는 이민의 역사나 지리적 여건으로 볼 때 유럽권과 비슷하기 때문에 상호문화교육에서 더 많은 시사점을 얻을 수 있습니다. 하지만 교육부는 다문화교육을 선택했습니다. 그동안 교육부는 대책에서 다문화교육은 1,017회 언급하면서도 상호문화교육은 단 한 번 언급하는 데 그쳤습니다.

셋째, 실행이 혼란스럽습니다. 대표적인 예가 다문화교육과 다문화이해

교육이라는 용어의 사용입니다. 16년간 교육부는 대책에서 '다문화이해교육'을 88회나 사용했습니다. 그래서 아직도 많은 교사들이 다문화교육 다문화학생을 위한 교육이라고 여기고, 다문화이해교육은 모든 학생을 위한 교육이라고 여기고 있습니다. 이것은 한마디로 다문화교육에 대한 오해나 왜곡에서 비롯된 것입니다. 미국의 다문화교육은 본래 모든 학생에게 평등한 기회를 보장하고자 하는 교육개혁운동이었습니다. 그런데 이 교육을 한국에 들여오면서 3퍼센트의 극소수 학생을 위한 교육으로 왜곡했고, 이에 대한 비판이 일자 '다문화이해교육'이라는 실체도 없는 교육을 내세웠습니다. 교육부는 하루빨리 이 한계에서 벗어나야 합니다.

현재 다문화교육은 어떻게 이뤄지고 있을까?

앞에서 언급한 교육부의 한계는 교육현장에서도 그대로 이어집니다. 그래서 아직도 많은 학교에서 다문화교육을 제대로 실행하지 못하고 있습니다. 현재 학교에서 다문화교육이라는 이름으로 실행하는 것은 크게 세 가지 정도로 요약할 수 있습니다.

먼저, 다문화교육을 이주배경학생에게 한국어를 가르치고 기초학력을 신장시키는 것으로 이해하고 실행하는 경우입니다. 이주배경학생, 특히 중도입국학생이나 외국인가정학생은 한국어를 잘 못하고 학업이 부진하

한 초등학교의 '다문화이해교육' 현장

기 때문에 교육부와 학교가 이들의 한국어 능력과 기초학력을 보완해주는 것은 당연합니다. 실제로, 미국, 프랑스, 독일 등 선진국에서도 그렇게 하고 있습니다. 이 세 나라는 각각 영어(ESL), 불어(FLE), 독어(DaF)**14**를 보충하는 다양한 조치를 취하고 있습니다. 하지만 이 교육을 다문화교육이라고 부르지는 않습니다. 뱅크스J. Banks, 베넷C.I. Bennett, 그랜트C.A. Grant, 슬리터C. E. Sleeter 같은 미국 다문화교육학자들은 제2언어–영어에 대해서는 거의 언급하지 않습니다. 이들이 이것을 언급할 때는 이중언어교육과 관련한 것일 때가 대부분입니다. 참고로, 이중언어교육은 1980년대부터 다문화교육의 한 영역으로 여겨지고 있습니다.

다음으로, 모든 학생을 대상으로 한 외국 문화 체험을 다문화교육이라고 여기는 경우입니다. 이것은 특히 5월 20일 세계인의 날을 전후해서 많이 이루어집니다. 중국이나 베트남 결혼이민자가 전통 의상을 입고 전통 악기를 들고 교실에 들어와 학생들에게 그것을 보여주고 연주합니다. 학교에서는 이 교육을 모든 학생을 대상으로 한 교육이라고 해서 '다문화이해교육'이라고 부릅니다.

　하지만 앞서 말한 것처럼 다문화이해교육은 아무런 실체가 없는 교육입니다. 굳이 말하자면 이 교육은 여러 나라의 문화를 소개하는 국제이해교육에 가깝습니다. 이 교육의 문제점은 두 가지입니다. 첫째, 이 교육은 학생들의 호기심은 자극할지 모르나 태도나 행동을 바꾸기는 어렵습니다. 중국의 전통 의상 치파오나 베트남의 전통 의상 아오자이를 보거나 입어 본다고 해서 중국이나 베트남에 대한 생각이 바뀌는 것도 아니고 외국인 어머니를 둔 친구들을 더 잘 배려하는 것도 아닙니다. 둘째, 이 교육은 학생들이 중국이나 베트남에서는 모두 다 그런 옷을 입는다고 오해하게 만들 수 있습니다. 중국이나 베트남의 일상생활에서 치파오나 아오자이를 입는 경우는 드뭅니다. 한국 사람들이 한복을 거의 입지 않는 것과 마찬가지입니다. 셋째, 외국인 강사와 출신국을 우습게 보게 할 수도 있습니다. 외국인 강사의 어눌한 한국어, 시대에 뒤떨어진 전통 의상, 익숙지 않은 교수법 등은 오히려 학생들에게 부정적 인상을 심어줄 가능성이 높습니다.

　마지막으로, 외국인과 관련된 동영상을 보여주고 감상문을 쓰게 하는 경우입니다. 다문화교육 담당교사가 인터넷에서 다문화 관련 동영상이나 기사를 찾아서 보내주면 교사는 그것을 수업 시간에 보여주고 이에 대한 감상문을 쓰게 합니다. 실제로 제가 작년에 경기도 교사들을 대상으로 설문했을 때도 10명 중 6명은 다문화교육 시간에 인터넷 자료를 사용한다고 대답했습니다. 그다음은 실물(20%), 교과서(10%), 학습지(6.6%), 기타(3.4%)

순이었습니다. 다문화교육은 교과서를 통해서도 충분히 이루어질 수 있습니다. 따라서 다문화교육의 자료를 교과서 밖에서 찾으려고 하는 행동은 지양해야 합니다. 아무튼 동영상을 보고 감상문을 쓰는 활동 역시 일회적인 경우가 많아 학생들의 태도나 행동까지 바꾸기는 어렵습니다.

용어를 어떻게 개선해야 할까?

독일의 철학자 하이데거[M. Heidegger]는 "언어는 존재의 집이다[Die Sprache ist das Haus des Seins]"라고 말했습니다. 그에 따르면, 언어는 존재가 드러나는 장소[Ort]입니다. 언어를 어떤 장소로 본다면, 존재는 그 언어 안에 거주하게 됩니다. 이때 언어는 의사소통 수단을 넘어 인간의 사유 자체를 지배합니다. 인간이 언어를 부리는 게 아니라 언어가 인간을 부린다는 것이지요. 따라서 정확하게 사유하려면 언어부터 정확하게 사용해야 합니다.

하이데거의 언명은 공자의 정명론[正名論]과 일맥상통합니다. 정명론이란 각각의 사물에는 제대로 된 이름을 붙여야 하고, 그 사물은 이름에 걸맞게 쓰여야 한다는 뜻입니다. 공자는 정명론을 설명하기 위해 "모난 술잔이 모나지 않으면 그것이 어찌 모난 술잔이겠는가?[觚不觚 觚哉觚哉]"(옹야편, 23)라고 말했습니다. 이 말은 술잔에 모가 있을 때 모난 술잔이라고 불러야 하고, 어떤 술잔을 모난 술잔이라고 불렀으면 그 술잔에는 반드시 모가 있어야

공자와 모난 술잔

한다는 말입니다.

　여기서 두 철학자의 말을 소개한 것은 '다문화', '다문화가정', '다문화교육'이라는 용어를 정확히 사용해야 한다는 것을 강조하기 위해서입니다. 먼저, '다문화'라는 용어부터 살펴볼까요? '다문화'라고 하면 사람들은 바로 '외국인', '동남아'를 떠올립니다. 즉, 한국인은 이 용어가 자기와는 전혀 관련이 없다고 생각합니다. 마치 자기와 같은 '단문화'적 존재는 '다문화'라는 용어와는 어울리지 않는 것처럼 말이지요. 이런 인식은 1990년대 이전에 한국인끼리 살 때는 가능했습니다. 하지만 외국인주민이 215만 명에 이르고 그들의 국적 수도 200개 가까이 되는 지금은 아닙니다. 이런 상황에서 '다문화' 하면 '외국인', '동남아'만 떠올린다면 그것은 몸은 지구촌에 있고 사고는 민속촌에 머무는 것과 다르지 않습니다. 이제부터라도 '다문화'라는 용어를 '외국인', '동남아'가 아니라 우리 모두와 관련된 단어로 받아들여야 합니다.

'다문화가정'이라는 용어도 마찬가지입니다. 교육부는 2006년 이 용어를 "우리와 다른 민족·문화적 배경을 가진 사람들로 구성된 가정"이라고 정의했습니다. 이 정의에 따르면, 다문화가정은 부모 중 적어도 한 사람이 외국인인 가정을 가리킵니다. 가장 흔한 형태는 한국인 아버지와 외국인 어머니입니다. 그런데 이런 가정을 '다문화가정'이라고 부르는 나라는 제가 아는 한 한국밖에 없습니다. 일본에서는 '국제결혼가정' 또는 '국제결혼가족'이라고 부르고, 중국에서는 '과국혼인가정跨国婚姻家庭'이라고 부릅니다. 여기서 '과국'이란 국경을 넘는다는 뜻이므로, 국제결혼가정과 다를 바가 없지요. 베트남은 공문서에는 '외국요소를 가진 가정'이라고 적고, 일상생활에서는 '혼혈가정'이라고 부릅니다. 미국과 뉴질랜드와 같은 전통적인 이민국가에는 여기에 해당하는 용어 자체가 없습니다. 제가 2005년 뉴질랜드에 체류할 때 그 어느 누구도 우리를 '다문화가정'이라고 부른 적이 없습니다. 굳이 구분해 불러야 한다면 코리안 패밀리라고 불렀지요.

그렇다면 어떤 용어를 쓰는 것이 좋을까요? 저는 '이주배경가정family with an immigrant background'이라는 용어를 제안합니다. 이 용어는 국제적으로도 통용되는 용어입니다. '이주배경가정'에는 결혼이민자가정, 외국인노동자가정, 재외동포가정, 탈북자가정, 난민가정처럼 이민이라는 배경을 가진 모든 가정을 포함할 수 있습니다. 만약 이렇게 부른다면, '다문화학생'은 '이주배경학생'이라고 부르는 게 좋겠습니다. 하지만 교무실에서 회의할 때나 교육청에 통계를 제출할 때로 한정해야 합니다. 수업 시간에는 이 용어조차 사용하지 않는 것이 좋습니다.

다문화교육을 어떻게
개선해야 할까?

'다문화'와 관련된 용어를 개선한 후에는, 현행 다문화교육 정책을 분리할 필요가 있습니다. 앞서 언급했지만, 현행 다문화교육은 이주배경학생을 대상으로 한 한국어 교육에 큰 비중을 두고 있습니다. 이것은 사람들로 하여금 한국어 교육이 다문화교육이라고 오해하게 만들 수 있기 때문에 지양해야 합니다.

2016년 여성가족부 '전국다문화가족실태조사'에 따르면, 이주배경학생은 다음과 같은 네 가지 이유로 학교에 잘 적응하지 못하고 있습니다. 가장 큰 이유는 '친구들과 잘 어울리지 못해서'(64.7%)이고, 그다음은 '학교 공부에 흥미가 없어서'(45.2%), '한국어를 잘하지 못해서'(25.5%), '부모 관심 및 경제적 지원 부족'(10.9%) 순입니다. 이 네 가지 이유를 크게 나누면 개인 문제와 대인 문제로 나눌 수 있습니다. '친구들과 잘 어울리지 못해서'는 대인 문제이고, 나머지는 개인 문제입니다.

개인 문제는 외국인 부모, 특히 외국인 어머니를 두면 누구나 겪을 수 있는 문제입니다. 알다시피 대다수 외국인 어머니는 한국어가 어눌합니다. 외국인 어머니가 어눌한 한국어로 자녀를 양육하면 자녀의 한국어도 어눌해지기 쉽습니다. 뇌 활동이 민감한 영아기에 어눌한 언어가 입력input되면 어눌한 언어가 출력output되는 것은 자연스러운 일입니다. 이 문제는 영아기 이후에도 계속됩니다. 2012년 보건복지부 조사에 따르면,

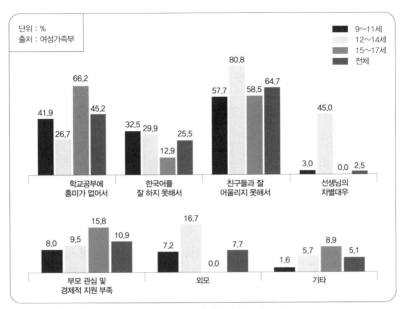

단위 : %
출처 : 여성가족부

9~11세
12~14세
15~17세
전체

학교공부에 흥미가 없어서: 41.9, 26.7, 66.2, 45.2
한국어를 잘 하지 못해서: 32.5, 29.9, 12.9, 25.5
친구들과 잘 어울리지 못해서: 57.7, 80.8, 58.5, 64.7
선생님의 차별대우: 3.0, 45.0, 0.0, 2.5
부모 관심 및 경제적 지원 부족: 8.0, 9.5, 15.8, 10.9
외모: 7.2, 16.7, 0.0, 7.7
기타: 1.6, 5.7, 8.9, 5.1

이주배경학생이 학교에 적응하지 못하는 이유

이주배경자녀의 언어발달이 정상적인 자녀보다 6개월 이상 늦는 경우는 2세 때는 18.6퍼센트이지만 6세 때는 67.2퍼센트로 훨씬 높아집니다. 6세 이주배경자녀의 18퍼센트는 언어장애 수준을 보이는 것으로 나타났습니다. 황상심 교수도 약 10~30퍼센트의 이주배경아동은 언어발달 장애, 지연 문제를 보인다고 보고했습니다.[15]

언어 문제는 학업 문제로 그대로 연결됩니다. 대부분의 학업은 언어를 통해서 이루어지기 때문입니다. 게다가 외국인 어머니는 자녀의 학업을 도와주기도 어렵습니다. '초등학교 성적은 엄마 성적'인 한국의 경우에는 더욱 그렇지요. 설상가상으로, 상급학교로 가면 갈수록 성적 경쟁이 점점 더 치열해집니다. 이런 상황에서 이주배경자녀가 학교 공부에 흥미를 느끼기는 매우 어렵습니다. 일반적으로 공부를 잘하는 학생이 공부에 흥미를 느끼고, 공부에 흥미를 느끼는 학생이 공부를 열심히 합니다. 그러니 이런 선순환 구조에서 배제된 이주배경자녀에게 학교생활이 즐거울 리가 없습니다. 이상의 모든 문제는 이주배경가정 자녀라면 공통으로 겪는 문제이므로 교육부와 학교는 적절한 조치를 취해야 합니다. 저는 이 조치를 '이주배경학생지원대책'이라고 불렀으면 합니다.

한편, 친구들과 잘 어울리지 못하는 문제인 대인 문제의 대부분은 일반 학생들의 무시, 차별, 배제에 기인합니다. 앞서 살펴보았듯이 일반 학생들은 민족, 외모, 언어, 성적 등 다양한 요인으로 이주배경학생을 무시하고 차별합니다. 이를 막으려면 학생들에게 다양성의 정상성, 인간의 다를 수 있는 권리를 분명히 가르쳐야 합니다. 이 교육은 모든 수업 시간에, 그리고 모든 교사에 의해서 이루어져야 합니다. 이런 이유로 다문화교육은 범교과학습주제에 포함되어 있습니다. 저는 이 교육을 다문화교육과 상호문화교육을 합쳐 '다문화/상호문화교육대책'이라고 부르기를 제안합니다.

이렇게 현행 다문화교육 대책을 '이주배경학생지원대책'과 '다문화/상호문화교육대책'으로 분리하면 한국어 교육을 다문화교육이라고 부르는 오류를 피할 수 있고, 다문화/상호문화교육을 그 목적에 맞추어 좀더 효율적으로 실시할 수 있을 것입니다. 이 교육을 하기 전에 해야 할 일이 있다면 그것은 이 두 교육을 정확히 이해하는 것입니다.

제3부

다문화교육과
상호문화교육

"다문화교육은 다른 문화들을 가르쳐 수용하거나 적어도 관용하게 합니다.
상호문화교육은 이러한 소극적 공존을 넘어 다양한 문화집단에 대한 이해와 존중,
이 집단들 간의 대화를 통해 다문화사회에서 함께 살아갈 수 있는
발전적이고 지속적인 적극적 상생의 방법을 찾게 합니다."

제1장

다문화교육

다문화교육은
언제, 어떻게 출현했을까?

다문화교육은 미국 시민권운동^{Civil} Rights Movement에서 출발했습니다. 1954년부터 1968년까지 지속된 이 운동은 아프리카계 미국인들이 백인들의 차별에 맞선 운동입니다. 아프리카계 미국인들은 17세기부터 미국으로 끌려와 처참한 노예 생활을 했습니다. 1865년 노예제도는 폐지되었지만, 이들에 대한 차별은 계속되었습니다. 1896년 미국 연방대법원은 '분리하지만 평등한^{Separate but equal}'이라는 논리로 흑백 분리를 합법화했습니다. 이 원칙에 따라 남부 17개 주의 백인 학생과 유색 학생은 같은 공립학교에 다닐 수 없었습니다.

1951년 캔자스주 토피카^{Topeka}에 살던 초등학교 3학년 흑인 소녀 린다 브라운^{Linda Brown}도 자기 집 근처에 있는 학교를 놔두고 1마일이나 떨어진 흑인 학교에 다녀야 했습니다. 이를 부당하게 여긴 린다의 아버지는 딸을 집 근처 섬너^{Sumner} 초등학교에 전학시키고자 했으나 거절당했습니다. 린다의 아버지는 토피카 시 교육위원회를 상대로 소송을 제기했고, 1954년 5월 연방대법원은 만장일치로 '공립학교의 인종차별은 위헌'이라는 판결을 내렸습니다. 이 판결은 아프리카계 미국인들이 인종차별 철폐에 본격적으로 나서는 계기가 되었습니다.

그 결과, 1964년 시민권법^{Civil Rights Act}은 인종, 민족, 출신국, 종교, 여성 차별을 불법화했고, 1965년 선거권법^{Voting Rights Act}은 투표에 관한 차별을

섬너 초등학교 앞에 선 린다

철폐했습니다. 그리고 같은 해 민족유산연구법Ethnic Heritage Studies Act은 모든 학생에게 미국 내 소수 인종 및 민족 집단에 대해 가르칠 수 있게 했습니다. 이 법률로 대학 및 각급 학교는 아프리카계 및 라틴계 미국인, 원주민, 아시아계 미국인, 여성 등과 관련된 프로그램을 개발하고 실행할 수 있게 되었습니다.

다문화교육은 바로 이런 분위기에서 출현했습니다. 이 교육은 뱅크스J. Banks, 그랜트C. Grant, 게이G. Gay 등 아프리카계 학자들이 주도했습니다. 1971년 전국문화복수주의연합National Coalition for Cultural Pluralism은 미국 내 모든 문화, 인종, 민족 집단에게는 공존하고, 주류문화 내에서 자신의 미래를 준비하며, 자기 고유의 정체성과 생활양식을 유지할 권리가 있음을 강조했습니다. 1973년 미국교사양성대학협회American Association of Colleges for Teacher Education는 다음과 같은 '노 원 모델 아메리칸No One Model American'을 천명했습니다.

"다문화교육은 문화복수주의를 존중하는 교육이다. … 다문화교육은 문화다양성을 미국 내 삶의 현실로 인정하고, 문화다양성이 보존하고 확산해야 하는 가치 있는 자원이라는 점을 강조한다. 문화복수주의를 지지한다는 것은 단 하나의 미국 모형이 있는 게 아니라는 원칙을 지지하는 것이다."

1977년 국가교사교육인정위원회 National Council for Accreditation of Teacher Education는 표준지침에서 다문화교육을 "개인이 문화적으로 다양하고 복합적인 사람들과의 만남 속에서 경험할 사회적, 정치적, 경제적 현실에 대해 준비하도록 하는 과정"(14쪽)이라 정의했습니다.

이처럼 1970년대 흑인과 백인의 문제에서 출발한 다문화교육은 비슷한 시기에 여성운동으로 확장되었고, 1980년대에는 이중언어교육 문제, 1990년대에는 장애인 문제, 그리고 최근에는 동성애와 환경 문제까지 다루고 있습니다.

하지만 오늘날 다문화교육은 좌우로부터 비판을 받고 있습니다. 우파는 다문화교육이 국민 간의 위화감을 조성하고 국가의 단일성을 약화한다고 비판하고, 좌파는 다문화교육이 문화 문제에 치중한 나머지 구조적 불평등과 같은 근본적 문제를 경시하고 학교와 교육 자체를 바꾸는 데 실패했다고 비판하고 있습니다.

다문화교육의
목표와 내용은?

다문화교육의 목표에 대해서는 학자들마다 조금씩 다르게 정의하고 있습니다.

"다양한 사회계층, 인종, 민족, 성 배경을 지닌 모든 학생이 평등한 교육기회를 경험할 수 있도록 교육과정과 교육제도를 개선하고자 하는 교육개혁운동" (J. Banks, 1993)

"모든 학생이 미국의 조직과 기관에서 구조적으로 평등하게 일할 수 있도록 준비시키는 것" (C. Grant, 1993)

"모든 학생이 인지적, 사회적, 인격적 측면에서 본인의 잠재력을 최대한 발휘할 수 있도록 평등한 학습기회를 제공하는 것" (Johnson & Johnson, 2002)

이렇게 조금씩 정의는 다르지만 학자들이 공통으로 강조하는 것도 있습니다. 그것은 '모든 학생'과 '평등', 이 두 항목입니다. 다문화교육이 이 둘을 강조하는 이유는 과거 백인 학생이 흑인 학생을 심하게 차별했기 때문입니다.

그런데 학자들이 이 두 가지를 강조했다고 해서 그것이 반드시 실행된 것은 아닙니다. 그래서 뱅크스는 다문화교육에 대한 첫 번째 오해는 "다문화교육이 흑인, 남미계, 가난한 자, 여성, 그리고 소외된 자들만을 위한 복지 프로그램 또는 교육과정 운동이라는 생각"이라고 지적하고 이를 "다문화교육이 없애야 할 최악의 편견"[1]이라고 꼬집었습니다. 이런 지적과 비난은 '다문화교육은 이주배경학생을 위한 교육이고 다문화이해교육은 모든 학생을 위한 교육'이라고 여기는 한국 교육계도 귀담아들어야 합니다.

다문화교육의 주된 내용은 인종(민족), 성, (사회)계층입니다. 이는 다음 정의들에서도 쉽게 확인할 수 있습니다.

성, 계층, 종족, 인종, 종교, 무능력, 성적 지향, 나이 (R. Fullinwider, 1996)

국적, 종족, 인종, 종교, 사회계층, 언어, 성, 예외성[2], 나이 (W.D. Melendez, V. Beck, M. Fletcher, 2000)

다문화, 주류, 소수문화, 인종, 민족성, 성, 사회 · 경제적 지위, 종교, 언어, 지리적 지역, 무능력, 고정관념 (M. Klein, D. Chen, 2001)

성, 인종, 민족성, 언어, 사회계층, 종교, 예외성 (J. Banks, C. Banks, 2001)

계층, 종족, 인종, 성, 장애, 종교, 언어, 세대 (D. Collnick, P. Chinn, 2006)

인종, 민족, 성, 성적 지향, 사회계층, 장애 (C. Sleeter, C. Grant, 2007)

다문화교육의 내용을 살펴보면, 미국의 다문화교육은 백인과 흑인이라는 인종 집단, 중국계와 멕시코계와 같은 민족 집단, 여성과 남성과 같은 성별 집단, 장애인과 일반인과 같은 사회 집단 등으로, 대부분 집단을 중심으로 논의를 전개하고 있음을 알 수 있습니다. 반면, 뒤에 다시 언급하겠지만 유럽의 상호문화교육은 집단보다 개인에게 더 큰 관심을 보입니다. 압달라-프렛세이[3]는 "집단을 중시하는 미국과는 달리 개인을 중시하는 것은 프랑스의 철학적·역사적·법률적 전통과 무관하지 않다"고 말합니다. 이 철학적 전통은 『백과전서Encyclopédie』의 계몽주의 철학과 관련 있고, 역사적 전통은 18세기 말 프랑스 대혁명과 관련이 있습니다.

다문화교육의
주요 접근방식은?

다문화교육은 위에서 언급한 내용을 교육과정에 포함해 교육과정과 교육제도를 개선하려는 교육입니다. 뱅크스는 교육과정에 포함하는 방식을 아래의 네 가지로 제시했습니다.[4]

① 기여 접근

기여 접근contribution approach은 영웅, 공휴일, 개별 문화적 요소 등을 통해 민족 및 문화 집단이 어떻게 미국 사회의 발전에 기여해왔는지를 이해시키는 방식입니다. 예를 들어 멕시코가 프랑스군을 격파한 5월 5일을 기념

제로니모와 사카자웨어

하는 싱코 데 마요$^{Cinco\ de\ Mayo,5}$ 아시아·태평양 문화 주간, 흑인의 날, 여성 주간과 같은 기념일을 통해서 여러 민족 집단이 미국 사회에 기여했다는 사실을 가르칩니다. 주로 초등학교에서 사용하는 이 접근방식은 다문화적 요소를 빠르고 손쉽게 도입한다는 장점이 있으나 민족 문화를 피상적으로 이해시킨다는 단점이 있습니다.

② 추가적 접근

추가적 접근$^{additive\ approach}$은 교육과정의 기본 구조, 목표, 특징은 건드리지 않고, 문화와 관련된 내용, 개념, 주제 등을 기존의 교육과정에 추가하는 방식입니다. 문제는 이렇게 할 때도 해당 집단의 규범이나 가치보다는 지배문화의 그것을 반영할 가능성이 높다는 것입니다. 예를 들어 인디언에 대해서 가르칠 때, 백인과 맞서 싸운 제로니모^{Geronimo}보다는 백인들의 미개척지 탐사를 도와준 사카자웨어^{Sacajawea}를 내세우고 가르칠 가능성이 높은 식이지요.

이 접근의 장점은 교육내용을 기존의 교육과정에 자연스럽게 통합할 수 있다는 것이고, 단점은 소수집단의 문제를 다양한 관점에서 파악하지 못하고 소수문화는 주류문화에 융합될 수 없다는 인상을 줄 가능성이 많다는 것입니다.[6]

③ 변형 접근

변형 접근 transformation approach 은 개념, 현안, 사건, 주제를 다양한 민족 및 문화 집단의 관점에서 바라볼 수 있도록 교육과정의 구조 자체를 변형합니다. 이 접근의 궁극적 목적은 학생들이 다양한 민족 및 문화의 관점에서 개념, 사건, 인물을 이해하고 지식이 사회적 구성물임을 이해시키는 데 있습니다. 이 접근의 장점은 주류문화와 비주류문화를 균형 잡힌 시각으로 바라보게 하는 것이고, 단점은 교재를 다양한 관점에서 개발하고 현직교사들을 연수시키는 데 큰 비용이 든다는 것입니다.

④ 사회적 행동 접근

사회적 행동 접근 social action approach 은 학생들이 학습한 개념, 현안, 주제와 관련해 개인적, 사회적, 시민적으로 행동하게 하는 방식입니다. 이 접근은 앞의 세 가지 접근과는 달리 실천을 특별히 강조합니다. 이 접근의 장점은 학생들이 사고, 의사결정, 자료 수집과 분석, 사회적 활동 기술을 신장할 수 있다는 것이고, 단점은 이런 교육과정을 설계하고 자료를 개발하는 데 많은 시간과 노력이 필요하다는 것입니다.

  기여 접근과 추가적 접근은 기존의 교육과정에 다문화적 내용과 활동을 추가하는 소극적 방법이고, 변형 접근과 사회적 행동 접근은 교육과정 자체를 수정하는 적극적 방법입니다. 그런데 적극적 방법은 보수적 성향을 띠는 교육계에는 쉽게 도입하기가 어렵습니다. 그래서 다문화교육의 본고장이라 할 수 있는 미국에서도 기여 접근과 추가적 접근이 가장 널리 사용되고 있습니다.[7]

  미국에서도 다문화교육은 잘 이뤄지지 않고 있습니다. 그리고 미국으로부터 다문화교육을 받아들인 한국은 아직 기여 접근도 제대로 소화하지 못하고 있습니다. 이는 "외국인은 한국 사회에 기여한 바가 없어"라고 말하는 사람들이 여전히 많다는 점에서 여실히 드러납니다.

다문화교육 방법은?

                          서종남은 다문화교육 방법으로 능동학습, 통합교육, 구성주의, 평등교수법, 협동학습을 소개하고[8], 오은순은 문화감응교수법, 총체적 언어접근법, 프로젝트 방법, 자리 학습을 소개했습니다.[9] 이 중 네 가지를 좀더 자세히 알아보면 다음과 같습니다.

① 능동학습

능동학습active learning은 학생을 문제 해결 과정에 능동적으로 참여시키는 것입니다. 이 학습의 기원은 루소J.J. Rousseau에서 찾지만, 이것을 널리 확산한 사람은 듀이J. Dewey입니다. 이 학습은 학생에게 초점을 맞추는데, 본웰 & 아이즌[10]은 능동학습을 다음과 같이 요약합니다.

첫째, 학생들을 듣기 이상으로 적극적으로 참여시킵니다. 둘째, 학생의 기술 습득을 정보 전달보다 더 강조합니다. 셋째, 학생들을 (분석, 종합, 평가라는) 더 높은 수준의 사고 활동에 참여시킵니다. 넷째, 학생들을 (읽기, 토론, 쓰기와 같은) 활동에 참여시킵니다. 다섯째, 학생들 자신의 태도와 가치에 대한 성찰을 강조합니다. 서종남[11]은 이 학습을 "통합적이고 교류적인 다문화교육에 잘 부합하는 교수-학습방법"이라고 평가했습니다.

② 구성주의

구성주의constructivism는 현상학, 실존주의, 피아제J. Piaget, 비고츠키L. Vigotsky 등의 영향으로 등장했는데, 이 주의는 지식을 다음과 같이 이해합니다. 첫째, 세상에 대한 객관적 지식은 없으며 모든 지식은 인식의 주체인 개인에 의해 주관적으로 구성된다. 둘째, 지식은 구체적 상황에 기초하는 맥락적인 것이다. 셋째, 지식은 협동이라는 과정을 통해서 형성된다.

지식은 개인적인 인지적 작용뿐만 아니라 개인이 속한 사회문화적 배경과의 상호작용을 전제로 합니다. 이런 구성주의는 학생의 지식, 기술, 태도, 행동 모두와 관련된 다문화교육에 매우 중요한 교수-학습원리가 될 수 있습니다.

③ 협동학습

협동학습cooperative learning은 학생들이 소집단으로 활동하면서 다른 학생들이 배우도록 도와주는 것을 말합니다. 이 학습은 일종의 '또래 교수-학습'입니다. 이 학습의 기본원리는 긍정적 상호작용, 개인적 책임, 동등한 참여, 동시다발적 상호작용입니다. 긍정적 상호작용은 학생들이 상호의존하는 관계를 만드는 것이고, 개인적 책임은 개인이 학습에 대한 책임을 져야 한다는 것을 말합니다. 동등한 참여는 학생 모두 적극적으로 참여하는 것을 말하고, 동시다발적 상호작용은 학습이 동시에 시작하고 동시에 종료되는 것을 말합니다.

④ 문화감응교수법

문화감응교수법culturally responsive pedagogy은 1990년대 중반 미국에서 흑인 학생을 성공적으로 가르치는 교사의 특성을 알아보는 질적 연구에서 비롯되었습니다. 게이[12]에 따르면 이 교수법은 다음과 같은 여섯 가지 특징을 보입니다.

첫째, 유효적validating은 다양한 민족 집단의 문화유산을 인정하고, 학습양식과 연계된 다양한 교수 전략을 사용하고, 모든 교과에 다문화적 정보와 자원을 통합하는 것을 말합니다. 둘째, 포괄적comprehensive은 인지적, 사회적, 정의적 측면을 개발하는 전인교육을 말합니다. 셋째, 다차원적^{multidimensional}은 교육내용, 학습상황, 학생-교사 관계, 교수법, 수행평가 등이 모두 관련된다는 것을 의미합니다. 넷째, 권한부여적^{empowering}은 학생이 더 인간적이고 성공적인 학습자가 되게 한다는 것을 말합니다. 다섯째, 변형적^{transformative}은 다양한 집단의 문화와 경험을 존중하는 것을 교수-학습의 차원으로 삼는다는 의미입니다. 여섯째, 해방적^{emancipatory}은 하나의 진리가 전체도 아니고 영구적인 것도 아님을 이해시키는 것입니다.

위의 네 가지 방법은 다문화교육만을 위해 개발된 것이 아니라 모든 교육을 위해 개발된 것이고, 방법^{method}이라기보다는 방법론^{methodology}에 가깝습니다. 따라서 이것들을 교실에서 바로 적용하기는 어렵습니다. 결국 방법론과 방법 사이의 간극을 메우는 것은 교사의 몫으로 남습니다.

제2장

상호문화교육

상호문화교육은
언제, 어떻게 출현했을까?

미국의 다문화교육이 미국 내 흑인과 백인 간의 갈등에서 출현했다면, 그중 정주민과 이주민 사이의 만남 문제에서 시작되었습니다. 유럽 중에서도 특히 독일과 프랑스는 1945년 전후 복구와 경제 발전을 위해 외국인을 많이 받아들였습니다.

독일은 1955년 이탈리아와 외국인노동자 모집협정을 체결한 후 그리스, 터키, 모로코, 포르투갈, 튀니지, 유고슬라비아 등과도 협정을 체결하고 많은 외국인노동자를 받아들였습니다. 한국도 1963년에 광부를, 1966년에는 간호사를 서독으로 보냈습니다. 이들은 일정 기간 일하다가 귀국하는 사람들이어서 손님노동자Gastarbeiter라 불렸습니다.

1955년에는 8만 명에 불과하던 외국인노동자가 1964년에는 100만 명을 넘어섰고 1971년에는 220만 명으로 늘어나 전체 노동자의 10퍼센트에 이르게 됩니다. 이들의 증가와 함께 그 자녀들도 늘어났습니다. 하지만 독일은 1960년 이전까지는 이민자자녀를 의무교육 대상으로 여기지 않았습니다. 이에 대한 비판이 일자 독일 주문교장관회의Kultusministerkonferenz는 1960년 이민자자녀를 취학시키고 독일어를 가르치라고 권고했습니다. 그리고 1964년에는 모든 주가 이민자자녀 교육을 의무적으로 실시하라고 권고했습니다.

교육의 형태는 주로 제2언어–독어교육, 특별준비반 운영, 방과 후 모국어교육, 숙제 도와주기였습니다. 이 조치들은 이민자자녀에게 결핍된 것을 보충해준다는 보상적 성격이 강했습니다. 사람들은 이것들을 외국인교육학Ausländerpädagogik이라고 불렀습니다. 1970년대 중반부터는 이민자자녀에게 출신언어문화 교육을 실시했습니다. 그리고 이민자자녀에 대한 교육은 별도의 추가 조치가 아니라 학교가 당연히 수행해야 하는 과제라고 여기기 시작했습니다. 빈크J. Vink는 독일 학생과 외국 학생이 서로의 행동 양식과 규범에 대해 좀더 잘 이해하게 하는 교육이 필요하다고 보고 이것을 상호문화교육Interkulturelle Erziehung이라고 불렀습니다.

프랑스는 1945년 해방을 맞이하고 국가 재건을 위해 많은 외국인노동자를 받아들였습니다. 1946년에는 200만 명을 받아들였고, 이후에도 꾸준히 증가해 1975년에는 400만 명에 이르렀습니다. 외국인노동자의 증가와 함께 그 자녀들도 늘어났습니다. 하지만 프랑스는 1882년에 제정한 '프랑스 내 모든 학생을 똑같이 대우한다'는 법률에 따라 이들에 대한 특별한

1960년대 뮌헨 중앙역에 내리는 손님노동자

조치는 취하지 않았습니다. 그러나 불어가 모국어가 아닌 학생이 늘어남에 따라 1970년에 비불어권 초등학생에게 불어를 보충해주는 입문반classe d'initiation을, 1973년에는 중학생 대상의 적응반classe d'adaptation을 만들었습니다. 이 두 특별반은 모든 학생을 똑같이 대우한다는 원칙을 고수해온 프랑스의 입장에서 볼 때는 매우 파격적인 조치였습니다.

1975년에는 또 하나의 파격적인 조치를 실행했는데, 출신언어문화교육enseignement de langue et culture d'origine, ELCO이었습니다. 초등학교에서 적성탐색 활동activités d'éveil의 하나로 주당 3시간씩 정규수업에서 실시한 이 교육은 이민자자녀의 언어적, 문화적 정체성을 강화한다는 교육적 목적과 부모를 따라 귀국할 때 그곳에서의 재적응을 준비해준다는 정치적 목적을 가지고 있었습니다. 프랑스는 1978년 이 교육을 모든 학생을 대상으로 확대했고, 대다수 학자는 이것을 프랑스 상호문화교육의 기원으로 봅니다.

이렇게 출현한 상호문화교육은 1980년대 이론화 과정을 거쳐 1990년대에는 '다문화시대의 교육적 대안'으로 부상했습니다. 현재 이 교육은 유럽평의회, 유럽연합, 유네스코 등 굵직한 국제기구의 지지를 받으며 점차 확산되고 있습니다.

상호문화교육과
다문화교육은 무엇이 다를까?

            상호문화교육의 목적, 내용, 방법에 대해서 알아보기 전에, 이 교육이 다문화교육과 어떻게 다른지 잠시 살펴보겠습니다. 먼저, 영국의 교육학자 군다라J. Gundara는 이 두 교육을 다음과 같이 구별합니다.

> "캐나다처럼 이민자들이 주류 또는 지배 집단이 된 미국, 호주, 뉴질랜드와 같은 나라들은 다문화주의를 각국의 새로운 이념으로 공식적으로 인정한다는 사실을 가르치기 위해 다문화교육을 실시하고, 원래 살던 지배민족들이 수립한 유럽 국민국가들은 대개 소수집단과 다수집단의 통합을 위한 상호전략이나 점점 초국가적으로 변하는 세계에의 적응으로 여겨지는 상호문화교육을 실시하는 경향이 있다."[13]

    캐나다, 미국, 호주, 뉴질랜드는 모두 영국계 이민자들이 원주민을 몰아내고 세운 전통이민국가입니다. 이들은 출범 당시부터 두 개 이상의 문화를 가지고 있었고, 처음에는 다른 집단들을 동화하려고 했지만 이것이 여의치 않자 다문화주의를 표방하고 다문화교육을 실시했습니다.

    반면, 유럽 국민국가Nation-State들은 제2차 세계대전 이후 전후 복구와 경제 발전을 위해 외국인노동자를 대거 받아들인 선발이민국가입니다. 이들

의 주된 관심사는 다수집단인 정주
민과 소수집단인 이민자들을 사회
속에서 잘 통합하는 것이었습니다.
한국은 역사적으로나 지리적으로
볼 때 선발이민국가에 가깝고, 따
라서 유럽 국민국가들이 강조하는
상호문화교육으로부터 더 많은 시
사점을 얻을 수 있습니다.

「유네스코 상호문화교육 가이드라인」

　다음으로, 전 세계에서 가장 큰
교육기구라 할 유네스코도 2006년
에 발간한『유네스코 상호문화교
육 가이드라인UNESCO Guidelines on Intercultural Education』을 통해 다음과 같이 이 두
교육을 분명히 구분하고 있습니다.

　　"다문화교육은 다른 문화들을 가르쳐 이 문화들을 수용하거나 적
　　어도 관용하게 한다. 상호문화교육은 이러한 소극적 공존을 넘어 다
　　양한 문화집단들에 대한 이해, 이 집단들에 대한 존중, 이 집단들 간의
　　대화를 통해 다문화사회에서 함께 살아갈 수 있는 발전적이고 지속
　　적인 방법을 찾게 한다."[14]

이 인용문에서 보다시피 다문화교육이 소극적 공존에 머문다면, 상호

문화교육은 적극적인 상생을 지향합니다. 이 지침서는 점점 다문화적으로 변하는 사회의 문화, 정체성, 교육, 언어, 종교, 다양성, 문화유산, 다수문화, 소수문화, 다문화주의, 상호문화주의 등을 다룹니다.

이런 주제들은 국제21세기교육위원회International Commission on Education for the Twenty-first Century가 1996년에 유네스코가 제출한 보고서를 기초로 세계인권선언, 조약, 협약과 같은 국제표준규정, 국제학술대회 발표문 등을 참고해 선정한 것입니다. 이 지침서는 다음과 같은 세 가지 원칙을 제시합니다.

첫째, 상호문화교육은 모든 학습자에게 문화적으로 적절하고 효과적인 양질의 교육을 제공하여 학습자의 문화적 정체성을 강화한다.

둘째, 상호문화교육은 모든 학습자가 사회에 능동적이고 온전하게 참여하는 데 필요한 문화적 지식, 태도, 기술을 제공한다.

셋째, 상호문화교육은 모든 학습자가 개인, 민족, 사회, 문화, 종교 집단과 국민들 간의 존중, 이해, 연대에 기여하는 데 필요한 지식, 태도, 기술을 제공한다.

상호문화교육의 목표와 내용은?

상호문화교육 관련 가장 큰 국제기구는 유럽평의회Council of Europe입니다. 1949년에 설립되어 1970년대부터 상호문화교육을 지지하고 확산해왔습니다. 이 국제기구가 발간한 대표 지침서는 "모두 다르지만 모두 평등하다All Different All Equal" 라는 부제가 달린 『Education Pack』(1995)입니다. 이 지침서는 "모든 사람은 많은 면에서 다르기"[15] 때문에 차이를 "우리 사회들의 현실"이라고 규정합니다.

유럽평의회가 발간한 『Education Pack』

그런데 역사를 돌아보면 사람들은 차이를 존중하기보다는 무시하거나 거부한 경우가 훨씬 많았습니다. 그래서 많은 오해와 갈등이 생겼고 20세기에는 두 번의 세계전쟁으로까지 이어졌습니다. 이런 유감스러운 일을 막으려면 차이를 가지고 차별하지 않게 하는 교육, 즉 "차이에 대한 긍정적인 접근Positive Approach to Difference"[16]이 필요합니다.

유럽평의회는 이를 위한 교육을 상호문화교육이라 부르고, "다문화사회에 대한 교육적 해답Educational responses to multicultural society"이라고 권장하며, "상호문화교육의 포괄적 목표는 다양한 사회들 간 그리고 다양한 다수집단과 소수집단 간의 상호관계를 조성하고 강화하는 것"[17]이라고 말합니다.

유럽평의회 회원국인 아일랜드는 2005년 국가교육과정평가원National Council for Curriculum and Assessment을 통해 『Intercultural Education in the

Primary School』을 출간하고 상호문화교육을 권장했습니다. 이 지침서는 상호문화교육을 "인간 생활의 모든 영역에서 다양성의 정상성을 존중·찬양·인정하고, 평등과 인권을 신장하고, 불공정한 차별에 도전하고, 평등을 떠받치는 가치들을 제공하는 교육"이라고 정의하고, 다음과 같은 일곱 가지 상호문화교육의 목표를 제시했습니다.

첫째, 사회 내 복수주의multculturalism를 인정하게 한다.

둘째, 학생들에게 자신의 문화를 인식시키고 다른 행동방식과 다른 가치체계들이 존재한다는 사실을 이해시킨다.

셋째, 학생들이 자신의 고유한 생활방식과 다른 방식들을 이해하고 존중하게 한다.

넷째, 평등을 위해 노력하게 한다.

다섯째, 편견과 차별에 대해 더 많은 정보를 가지고 판단하고 행동하게 유도한다.

여섯째, 유사점과 차이점을 인정하고 이를 가치 있게 여기게 한다.

일곱째, 모든 학생이 자신에 대해서 그리고 자기의 문화와 역사에 대해 말할 수 있게 한다.

상호문화교육을 연구하는 학자들도 비슷한 목표를 제시합니다. 캐나다 라발Laval 대학 마르티노S. Martineau 교수는 상호문화교육을 "사회조직을 특징짓는 다양성, 특히 민족적, 문화적 다양성을 이해시키고 다양한 참조기준을 가진 사람들과 의사소통할 수 있는 능력을 신장시키고 개방, 관용, 연대의 태도를 함양하는 교육적 절차"[18]라고 정의했습니다. 프랑스 아르투아[Artois] 대학의 뫼니에[O. Meunier] 교수는 이 교육의 목표를 "모든 학생을 대상으로 그들 주위의 문화에 대한 이해를 증진해 편견을 줄이고 그들로 하여금 인종주의, 차별, 문화적 불평등에 대해 비판적 시각을 가지게 하며 민족중심주의에서 벗어나 교육하게 하는 것"[19]이라고 말합니다. 저는 이 정의가 우리 교육 현실에 가장 적합하다고 봅니다.

유럽평의회의 『Education Pack』은 상호문화교육의 내용을 문화, 정체성, 고정관념, 편견, 민족중심주의, 차별, 외국인혐오증, 불관용, 반유태주의, 인종주의로 꼽습니다. 『Intercultural Education in the Primary School』은 그 내용을 유사점과 차이점, 정체성과 소속감, 차별과 평등, 갈등과 갈등 해소, 인권과 책임으로 제시합니다. 저는 이 두 지침서의 내용을 종합해 한국의 상호문화교육 핵심 내용을 문화, 차이, 다양성, 정체성, 고정관념, 편견, 민족중심주의, 외국인혐오증, 인종주의, 갈등, 차별, 불관용으로 보고자 합니다.

상호문화교육 방법은?

상호문화교육은 교육현장에서 출발한 교육이어서 그 방법이 상당히 다양합니다. 하지만 큰 틀에서 볼 때

유럽평의회가 발간한 『Developing Intercultural Competence through Education』

상호문화교육은 자기 문화에서 출발해 타인의 문화로 갔다가 다시 새로운 자기 문화로 돌아오는 일종의 변증법적 과정입니다. 이 방법은 자기 문화를 부정하지 않으면서도 그것을 비판적으로 바라보게 함으로써 타인의 문화에 열린 태도를 보이게 하는 거울과 창문Mirror and Window의 방법입니다.

아일랜드 국가교육과정평가원의 『Intercultural Education in the Primary School』은 능동학습, 토론, 조별 활동을 그 방법으로 소개합니다. 능동학습active learning은 학생이 자기 학습에 능동적으로 참여하게 하는 것이고, 토론discussion은 학생들이 자기가 습득한 정보를 공유, 분석, 종합, 평가하게 하는 과정입니다. 이때 특히 중요한 것은 자기 생각을 자유롭게 표현할 수 있는 신뢰와 지지의 분위기를 조성하는 것입니다. 조별 활동group work은 학생들이 협력해서 공동의 목표를 달성하도록 유도하는 방법입니다. 이는 앞서 살펴본 다문화교육의 방법과 별 차이가 없습니다.

유럽평의회가 2014년에 발간한 『Developing Intercultural Competence through Education』은 경험, 비교, 분석, 성찰, 행동의 교육 방법을 제시합

니다. 먼저 상호문화교육은 경험experience에서 출발합니다. 이 경험은 만남과 같이 실제적인 것일 수도 있고 책을 통한 가상적인 것일 수도 있습니다. 비교comparison는 자신의 경험을 타인의 경험과 비교해보는 것입니다. 이 경우 학생들은 자기에게 익숙한 것은 긍정적으로, 낯선 것은 부정적으로 평가할 가능성이 많습니다. 분석analysis은 통계, 문헌, 오디오, 비디오 등을 통해 자신의 비교에 대해서 좀 더 객관적으로 생각해보게 합니다. 성찰reflection은 자기가 학습한 것을 글이나 그림으로 표현하면서 다시 한번 생각해보게 합니다. 행동action은 성찰한 결과를 의사소통이나 상호작용에 반영하는 것입니다. 이때 중요한 점은 모든 행동은 책임감 있고 존중할 만한 것이어야 한다는 점을 상기시키는 것입니다.

저는 지금까지 소개한 여러 방법을 종합해 상호문화교육 6단계를 제시한 바 있습니다.[20]

첫 번째 단계는 문화개념 소개 단계로, 이 단계에서 교사는 수업 시간에 다룰 문화를 어느 특정 국가와 연결하지 않고 소개합니다. 예를 들어 오늘 주제가 선물 풀어보기라면 생일에 선물을 주고받고, 선물을 풀어본다는 사실만 상기시킵니다.

두 번째 단계는 자문화 인식 단계로, 여기에서 중요한 것은 같은 반 친구가 나와 다른 생각이나 문화를 가질 수 있음을 깨닫게 하는 것입니다. 예를 들어 다수는 선물을 그 자리에서 풀어보지만, 소수는 나중에 풀어본다는 사실을 확인하는 것입니다. 이렇게 되면 자기 문화와 약간의 거리를 둘 수 있고 타인의 문화를 객관적으로 볼 수 있습니다.

세 번째 단계는 타문화 발견 단계입니다. 교사는 타문화와 관련된 글, 그림, 사진, 광고, 기사 등을 통해 학생들로 하여금 타문화를 발견하게 합니다. 예를 들어 베트남이나 필리핀에는 생일 선물을 나중에 풀어보는 학생들이 의외로 많습니다.

네 번째 단계는 양문화 비교 단계입니다. 두 개의 문화를 비교하면 공통점과 차이점을 찾아볼 수 있습니다.

다섯 번째 단계는 문화상대성 이해 단계입니다. 하나의 문화를 그 맥락 속에서 이해시키는 단계입니다. 예를 들어, 생일 선물을 그 자리에서 풀어보는 학생은 '선물이 무엇인지 궁금해서', '그 자리에서 고맙다고 말하기 위해서'라고 생각하지만, 나중에 풀어보는 학생은 '싼 선물을 한 학생이 민망할까 봐', '내가 선물을 너무 밝히는 것 같아서'라고 생각합니다.

마지막 여섯 번째 단계는 타문화 존중 단계입니다. 문화상대성을 이해하면 타문화에 대한 존중은 자연스럽게 이루어질 수 있습니다.

이 상호문화교육 6단계는 모든 교과에 적용 가능합니다. 구체적인 예시는 뒤에서 보여드리겠습니다.

제4부

다문화교육 정책학교

"다문화교육 정책학교의 목적은 '모든 학생을 대상으로 다문화교육을 실시해
학생들의 다문화감수성을 제고하고 다문화학생에 대한 맞춤형 교육 지원을 통해
역량을 강화하고 교육 기회를 보장함으로써 다문화학생을 포함한 모든 학생이
함께 학습할 수 있는 다문화 친화적 학교환경을 조성'하는 데 있습니다."

제1장

다문화교육 정책학교 운영 가이드라인

「다문화교육 정책학교 운영 가이드라인」은
어떤 자료일까?

교육부는 2020년 국가평생교육진흥원, 중앙다문화교육센터와 함께 「2020년 다문화교육 정책학교 운영 가이드라인_초중등」(이하「가이드라인」) 자료를 발표했습니다.[1]

다문화교육 정책학교는 2019년에 기존의 다문화유치원, 다문화중점학교, 예비학교[2]를 통합해 새롭게 출발했는데, 이 학교의 목적은 "모든 학생을 대상으로 다문화교육을 실시해 학생들의 다문화감수성을 제고하고 다문화학생에 대한 맞춤형 교육 지원을 통해 그들의 역량을 강화하고 교육 기회를 보장함으로써 다문화학생을 포함한 모든 학생이 함께 학습할 수 있는 다문화 친화적 학교환경[을] 조성"[3]하는 것입니다.

이 「가이드라인」은 두 가지 점에서 기존의 교육부 대책에 비해 진일보했습니다. 한 가지는 다문화교육이 '모든 학생'을 대상으로 한다는 것을 명시했다는 점입니다. 이렇게 명시하면 다문화이해교육이라는 용어를 따로 쓸 필요가 없습니다. 다른 한 가지는 다문화교육을 한국어교육과 분리했다는 점입니다. 이 자료는 다문화교육에 한국어교육을 포함하지 않는데, 이로써 '한국어교육은 다문화교육'이라는 잘못된 등식을 바로잡을 수 있게 되었습니다.

하지만 「가이드라인」에도 다음과 같은 몇 가지 문제점이 보입니다.

첫째, 다문화교육에 세계시민교육을 포함하고, 후자를 지나치게 강조합

2020 「다문화교육 정책학교
운영 가이드라인」

니다. 총 41쪽인 이 자료는 '세계시민'을 33회나 언급합니다. 나중에 더 자세히 설명하겠지만, 다문화교육과 세계시민교육은 모두 유네스코가 말하는 변혁적 교육transformative educations이라 일부는 겹치지만 그 출현 배경, 목적, 내용, 방법 등에서는 엄연히 다른 별개의 교육입니다. 이런 사실을 무시하고 다문화교육에서 세계시민교육을 지나치게 강조하면 일선 학교 교사들에게 오히려 혼동을 불러일으킬 수 있습니다. 마치 과거에 다문화교육과 국제이해교육을 혼동시켰듯이 말입니다.

둘째, 다문화교육을 교과교육과 연계하는 방법이 구체적이지 않습니다. 이 자료는 평등성, 반편견, 정체성, 다양성, 문화이해, 협력이라는 여섯 가지를 다문화교육 요소로 제시하고(8쪽), 이 요소들을 초·중·고 교과서의 단원과 연결하는(16~29쪽) 수준에 머뭅니다. 예를 들어 초등학교 1학년 국어 단원 '4. 바른 자세로 말해요'는 '반편견, 평등성'과 관련 있다고 나와 있지만, 이런 언급은 교사들에게 별 도움이 되지 않습니다. 게다가 '4. 바른 자세로 말해요'가 '반편견, 평등성'과 어떻게 연결되는지도 의문입니다.

셋째, 한국어교육을 다문화학생 맞춤형 교육에서 제외한 것도 이해하기 어렵습니다. 다문화학생 맞춤형 교육의 목적이 "다문화학생이 가지고 있는 가정환경의 특수성으로 인한 학업 측면의 불이익을 해소하며, 그들이 우리 사회의 건강하고 우수한 인재로 자라날 수 있도록"(10쪽) 하는 데 있다면, 한국어교육 지원은 반드시 포함되어야 합니다. 다문화교육 정책학교가 기존의 다문화유치원, 다문화중점학교, 예비학교를 통합한 것이고, 예비학교의 주요 기능이 "중도입국·외국인학생이 다수 재학할 경우 한국어학급을 설치하여 맞춤형 한국어교육을 제공"하는 것이라면, 한국어교육을 이 자료에서 제외한 것은 더욱 이해하기 어렵습니다.

다음에서는 「가이드라인」을 자세히 살펴보면서 이 자료를 상호문화교육으로 어떻게 보완할 수 있는지 알아보겠습니다.

「가이드라인」의 운영 내용은?

「가이드라인」은 다음 표에서 보듯이 다문화교육, 다문화학생 맞춤형 교육, 다문화 친화적 학교환경 조성이라는 세 가지 영역으로 구성되어 있습니다. 처음 두 영역은 주로 교사와 관련된 것이고, 마지막 영역은 주로 관리자와 관련된 것입니다.

먼저, 다문화교육은 다시 교과연계, 창의적 체험활동 연계, 기타 활동 연

구분		주요 내용
다문화교육	교과연계	교과교육과정과 연계한 다문화교육 프로그램 기획 · 운영
	창의적 체험활동 연계	창의적 체험활동, 자율활동, 동아리활동, 봉사활동, 진로활동 시간을 활용한 다문화교육 프로그램 기획 · 운영
	기타 활동 연계	학교 행사, 지역사회, 가정 연계 등을 통한 다문화교육 프로그램 운영
다문화학생 맞춤형 교육	진로탐색	다문화학생의 진로 탐색 지원 및 진로 효능감 제고
	다문화학생 상담	다문화학생의 정서 · 심리 특성을 고려한 상담 제공
	이중언어교육	이중언어교육 실시를 통한 다문화학생의 글로벌 언어역량 강화
다문화 친화적 학교환경 조성	물리적 환경 조성	다양한 다문화교육 자료 비치 및 공간 운영
	교원 역량 강화	전체 교원 및 진로진학상담교사 등의 다문화교육 역량 강화
	가정 연계 및 학부모 교육	다문화가정 학부모를 포함한 모든 학부모의 다문화교육 프로그램 운영
	지역사회 연계	지역 내 유관기관 네트워크 구성을 통한 인적 · 물적 인프라 활용

「다문화교육 정책학교 운영 가이드라인」의 운영 내용

계라는 세 가지 하위영역으로 구성되어 있습니다. 교과연계와 관련해서 「가이드라인」은 교과와 연계하는 절차와 여섯 가지 다문화교육 주제를 제시한 다음(7~8쪽), 각 교과의 단원 중에서 이 주제와 특별히 관련된 단원을 소개합니다(16~29쪽). 창의적 체험활동과 관련해서는 연계 예시를 소개한 다음(8~9쪽), 열두 가지 사례를 간단히 소개하고(30~32), 기타 활동 연계에서는 학교, 지역사회, 가정과 연계하고, 열한 가지 사례를 소개합니다(33~35쪽).

다음으로, 다문화학생 맞춤형 교육은 진로탐색, 다문화학생 상담, 이중언어교육이라는 세 가지 하위영역으로 이루어져 있습니다. 이것과 관련해서는 다음 두 가지에 주목해야 합니다.

한 가지는 위 표에 없는 '기초학습'이 10쪽에 나오는 상세 내용에는 포함되어 있다는 점입니다. 다른 한 가지는 '다문화학생 맞춤형 교육' 하면 바로 떠오르는 한국어교육이 빠져 있다는 것입니다. 한국어교육을 다문화교육이라고 생각하는 것도 문제지만, 이 교육을 다문화학생 맞춤형 교육에서 제외한 것도 문제입니다. 「가이드라인」은 이와 관련해 열한 가지 사례를 소개합니다(36~37쪽).

마지막으로, 다문화 친화적 학교환경 조성은 물리적 환경 조성, 교원 역량 강화, 가정 연계 및 학부모 교육, 지역사회 연계라는 네 가지 하위영역을 포함합니다. 물리적 환경이 물적 차원이라면 나머지는 인적 차원이라고 할 수 있습니다. 「가이드라인」은 이와 관련해 열한 가지 사례를 소개합니다(38~40쪽).

다음에서는 이 운영 내용에 대해서 자세히 살펴보면서 어떻게 하면 상호문화교육으로 보완할 수 있는지 알아보겠습니다.

「가이드라인」에서 제시한 다문화교육의 핵심 요소는?

「가이드라인」은 다문화교육을 다음과 같이 정의합니다.

다문화교육 요소	내용	비고
평등성	국가, 민족, 인종, 성, 신체적 능력, 사회계층은 다르지만 인간은 모두 평등하다는 긍정적 태도와 가치	차별과 평등, 인권과 책임
반편견	선입견, 편견, 고정관념 및 차별대우에 대한 비판적 사고를 형성하고 이러한 문제에 직면했을 때 대처하는 능력	차별과 평등
정체성	긍정적 자아개념과 자아 정체감, 집단 정체감 형성	정체성과 소속감
다양성	유사성과 차이점을 가진 다양한 개인과 집단이 존재하는 것을 알고, 이러한 다양성을 존중하는 마음	유사점과 차이점
문화이해	문화 간의 유사점과 차이점을 알고 각 문화에 대한 이해와 존중심을 기르며, 다양한 문화에 대한 긍정적 태도를 기르는 것	유사점과 차이점
협력	다양한 사람들과의 상호작용 능력과 협동 능력(공동체를 유지하기 위한 사람들의 노력과 일)	갈등과 갈등 해소, 인권과 책임

「다문화교육 정책학교 운영 가이드라인」에서 제시한 다문화교육의 주요 요소

"다양한 문화집단에 속해 있는 서로 다른 사람들의 상호 이해와 평등 관계를 중시하고 민족, 사회적 지위, 성별, 종교, 이념 등과 같이 서로 다른 집단의 문화가 동등함을 인식하도록 하는 교육"(7쪽)

이 정의는 기본적으로 미국 다문화교육과 비슷합니다. 이는 사람들 간의 평등과 문화들 간의 동등함을 강조하는 데서 쉽게 짐작할 수 있습니다. 미국 다문화교육의 정의와 비교할 때 한 가지 차이점은 미국 다문화교육이 꼭 포함하는 '인종'을 제외했다는 것입니다. 이는 미국 사회의 가장 주된 현안인 백인과 흑인 사이의 관계 문제가 한국에서는 크게 문제가 되지 않는다고 보았기 때문입니다. 다만 한 가지 아쉬운 것은 다문화교육을 이해, 중시, 인식 등 주로 인지적 측면과 관련 짓고, 기술이나 행동과 같은 행

동적 측면은 소홀히 하고 있다는
점입니다.

「가이드라인」은 다문화교육을
이렇게 정의한 후 그 주요 요소를
평등성, 반편견, 정체성, 다양성, 문
화이해, 협력으로 제시합니다(8쪽).
위의 표에서 '비고' 항목은 제가 추
가한 것입니다.

다문화교육에서 다룰 요소를 위
와 같이 설정한다면 이것은 상호문
화교육과 비슷합니다. 이 요소들은
제가 앞서 상호문화교육의 내용으

아일랜드 교육과정평가원이 발간한
『Intercultural Education in the Primary
School』

로 정리한 열두 가지, 즉 문화, 차이, 다양성, 정체성, 고정관념, 편견, 민족
중심주의, 외국인혐오증, 인종주의, 갈등, 차별, 불관용에 포함되기 때문입
니다.

한편, 이 여섯 가지 주제는 아일랜드의 『Intercultural Education in the
Primary School』(2005)에서 제시한 유사점과 차이점, 정체성과 소속감, 차
별과 평등, 갈등과 갈등 해소, 인권과 책임이라는 다섯 가지 주제와도 비슷
합니다. 유사점과 차이점은 다양성과 문화이해와 겹치고, 정체성과 소속
감은 정체성과 겹칩니다. 차별과 평등은 평등성과 반편견과 겹치고, 갈등
과 갈등 해소는 협력과 겹치고, 인권과 책임은 평등성과 협력과 일정 부분

겹칩니다. 『Intercultural Education in the Primary School』이 제시하는 다섯 가지 주제는 상호문화교육의 핵심 주제인 만큼 이제부터 하나하나 자세히 알아보도록 하겠습니다.

제2장

다문화교육, 무엇을 어떻게
가르쳐야 할까?

유사점과 차이점

유사점과 차이점은 모든 교육에서 가장 많이 다루는 주제일 겁니다. 뭔가 비슷한 두 가지를 제시하고 이들 간의 유사점과 차이점을 찾아보게 하는 것은 유치원부터 대학교까지 이어지는 보편적인 교육적 행위입니다. 이런 행위는 사물, 사람, 문화 등 모든 것과 관련해 이루어질 수 있습니다.

사물의 경우, 교사는 어린 학생들에게 풀과 나무를 보여주고 차이점과 유사점을 찾아보게 할 수 있습니다. 학생들은 "풀은 작고 나무는 커요"라고 하며 차이점을 쉽게 찾지만, 이것들이 "모두 뿌리, 줄기, 잎으로 구성되어 있어요"와 같은 유사점은 쉽게 찾지 못합니다. 눈에 보이지 않는 문화와 관련해서는 더욱 그렇지요. "유사점은 성찰의 과정을 요구하지만, 차이점은 단순한 확인만으로도 충분하기"[4] 때문입니다. 다시 말해, "차이점은 주어진 것이지만, 유사점은 세세한 것, 직관적인 것, 주관적인 것을 넘어서기 위한 인지적 활동과 구성의 결실이기"[5] 때문입니다.

사람과 관련해서 유사점과 차이점을 다룰 때는 무엇보다도 먼저 모든 사람이 가진 유일함uniqueness을 강조할 필요가 있습니다. 개인은 자신의 고유한 역사, 경험, 신체적 특징 등을 가진 유일무이한 존재입니다. 지구상에는 하나부터 열까지 자신과 똑같은 사람은 아무도 없습니다. 심지어 일란성 쌍둥이도 완전히 똑같지는 않습니다. 다른 한편으로, 모든 사람은 어느 특정 집단에 속하고 그 집단 구성원과 언어, 습관, 규범 등 여러 가지를 공

2012년 프렛세이 교수와 저자 간의 대화

유합니다. 그래서 적지 않은 유사점도 가지고 있습니다.

　이처럼 모든 사람은 다른 사람들과 비교해 유사점과 차이점을 모두 다 가지고 있습니다. 따라서 "공정한 사회는 사람들의 개별성과 공유된 정체성 모두를 만족시키는 사회"(『Intercultural Education in the Primary School』, 5쪽)라는 것을 명심할 필요가 있습니다.

　『Intercultural Education in the Primary School』에서는 유사점과 차이점과 관련된 태도, 지식, 기술을 열거하고 있습니다(60쪽). 이 주제와 관련해 길러야 할 가치와 태도에는 다양한 관점과 문화적 표현으로부터 이끌어낼 수 있는 가치인 다양성을 존중하기, 집단들에 대한 고정관념에 대해 합리적으로 의심해 보기가 포함됩니다. 다시 말씀드리지만 차이는 우리 사회들의 엄연한 현실이고, 우리가 자기의 차이를 존중받으려면 타인의 차이를 존중해야 합니다. 이런 의미에서 다양성은 하나의 '가치'입니다.

　유사점과 차이점에 관련된 지식과 이해에는, 다양성은 인간 생활의 정상적인 일부임을 이해하기, 다양한 사회에서 민주적 결정을 내릴 때 생기는 문제점과 이로움을 이해하기, 문화가 우리를 결정하지 못한다는 사실을 이해하기, 인종주의는 일종의 우월감이고 다양성에 대한 모독임을 이해하기가 포함됩니다. 여기서 '문화가 우리를 결정하지 못한다'는 것은 문화가 우리에게 큰 영향을 끼치는 것은 사실이지만 같은 문화권에 속한다고 해서 모두가 똑같이 말하거나 행동하지는 않는다는 것을 의미합니다.

유사점과 차이점과 관련된 기술과 능력에는, 다르다고 여긴 사람들에게서 공통점을 찾거나 같다고 여긴 사람들에게서 차이점을 찾는 능력, 대화에 참여하는 능력과 반대되는 의견에 대응하는 능력, 의견·해석·관심·확신을 표명하는 자신감과 언어의 신장, 자기 생각을 바꿀 수 있는 능력, 다양한 배경을 가진 사람들과 원활한 관계를 맺을 수 있는 능력, 다른 사람과 함께 일할 수 있는 능력이 포함됩니다.

이상에서 보다시피 유사점과 차이점은 단순히 다르다거나 같다라는 차원을 넘어서 민주주의, 인권, 문화상대주의 등과 같이 우리의 삶과 관련된 매우 심오한 차원으로 이어집니다.

정체성과 소속감

정체성identity은 "존재의 본질 또는 이를 규명하는 성질"을 말합니다. 이 정체성은 "상당 기간 일관되게 유지되는 고유한 실체로서 자기에 대한 주관적 경험을 함의"할 수 있습니다. 이 정체성을 가장 쉽게 설명하면, '나는 누구인가'라는 질문에 대한 대답이라고 할 수 있습니다. 사실, 이 질문과 대답은 지난 수 세기 동안 많은 철학자, 심리학자, 사회학자의 주된 관심사가 되어왔습니다.

정체성이라는 용어를 처음 사용했다고 알려진 프로이트S. Freud는 '유태인의 내적 정체성'이라는 표현을 통해서 이 용어를 사용했습니다. 하지만 이 개념을 널리 확산시킨 사람은 에릭슨E. Erikson입니다. 그는 제2차 세계대전에 참전한 병사들의 심리적 장애를 기술하기 위해 '자아정체성ego-identity이라는 용어를 사용했습니다.

한편, 미국의 심리학자 피니J.S. Phinney는 청소년의 민족정체성 발달과정을 무관심 단계, 탐구 단계, 성취 단계로 나누어 설명했습니다.[6] 무관심 단계의 청소년은 자기 고유의 민족성을 경험해본 적이 없거나 이에 대해 아예 관심이 없습니다. 이런 청소년은 지배문화를 아주 쉽게 수용합니다. 탐구 단계는 어떤 상황에서 차별을 받고 당황하거나 분노하여 자신의 민족정체성을 생각해보는 단계입니다. 성취 단계는 자신의 민족정체성과 관련된 갈등을 해결하고 소수집단의 구성원임을 인정하고 다른 문화에 대해 개방적인 태도를 보이는 단계입니다.

모든 나라의 교육과정은 학생들이 자기와 자기 나라를 긍정적으로 여기게 만들려고 합니다. 하지만 이것은 소수집단 학생에게는 그리 쉽지 않은 일입니다. 이들은 학교와 사회생활에서 자기의 언어, 피부색 등의 이유로 차별을 받아 자기와 자기 집단에 대해 높은 자존감을 가지기 어렵습니다. 심한 경우에 이들은 자기 정체성 자체를 부정하기도 합니다. 예를 들어, 아일랜드 유랑자Travellers 자녀들은 유랑자에 대한 부정적 이미지 때문에 자신은 유랑자가 아니라고 말합니다. 흑인 학생들은 주류 사회가 흰 피부를 미의 기준으로 삼는다는 사실을 알고 자신의 검은 피부를 저주하기도 합니다. 한국의 경우, 이주배경학생들은 '다문화학생'으로 분류되어 무시, 차별, 배제를 당할 수 있다고 생각하고, 매년 4월에 '다문화학생'을 파악하는 과정에서 자신의 정체성을 숨기며, 종종 그렇게 행동하는 자신을 못마땅히 여기기도 합니다. 이와는 달리, 다수집단에 속한 학생들은 자기 문화의 정상성 또는 우월성에 도취되기도 하는데, 이는 매우 위험한 일입니다.

  『Intercultural Education in the Primary School』(55쪽)은 정체성과 소속감과 관련해 길러야 할 가치와 태도로서, 자기와 자기 집단에 가치를 부여하기, 타인과 그의 문화에 가치를 부여하기, 모든 사람은 말할 권리와 타인의 말을 경청할 책임이 있음을 인정하기, 개인에게 차이를 만들어낼 능력을 꼽습니다.

  다음으로, 정체성과 소속감과 관련된 지식과 이해에는 자국 유산의 다양성 이해하기, 여러 집단이 오늘날 자국에 기여한 바 이해하기, 다른 나라의 문화에 대한 지식, 자국이 전 세계에 기여한 바 이해하기가 포함됩니다.

마지막으로, 정체성과 소속감과 관련된 기술과 능력에는, 개인 자신의intrapersonal 기술, 대인interpersonal 기술, 민주적 과정에 참여하는 능력이 포함됩니다.

교사는 다수집단 학생들에게는 "나도 어디선가는 소수일 수 있다"라고 말해주고, 소수집단 학생에게는 "두 개의 정체성을 갖는 것은 극히 정상적인 일이야"라고 말해주는 게 좋습니다.

차별과 평등

본래 차별은 '차이를 안다'나 '판단을 내리다'를 의미합니다. 이런 의미에서 차별 자체에는 부정적 의미가 없습니다. 점심시간에 뭘 먹을지를 선택하거나 회사에서 누구를 고용하기로 결정하는 것은 자연스러운 일입니다. 차별이 문제가 되는 것은 이런 선택이나 결정이 부당하게 이루어질 때입니다. 그래서 대다수 국가는 어떤 사람을 성별, 결혼 상태, 나이, 장애, 성적 성향, 종교 등을 이유로 차별하는 것을 법으로 엄격하게 금지하고 있습니다.

앞서 살펴보았듯이 차별에는 여러 가지 유형이 있지만, 가장 대표적인 유형은 직접차별과 간접차별입니다. 만약 어떤 사람이 유랑자 집단이나 흑인 집단에 속한다는 이유로, 타인이 그가 주점에 들어가는 것을 막거나 그의 이름을 함부로 부르거나 근거 없이 의심하면, 그런 행동은 직접차별direct discrimination입니다. 간접차별indirect discrimination은 겉으로는 평등하게 대하는 것처럼 보이지만 특정인을 은연중에 차별하는 행동을 말합니다. 만약 동일한 내용을 가르치더라도 남학생과 여학생 중 어느 한 성별 집단이 이해하기 쉬운 예만 든다면 그것은 다른 성별 집단에 대한 간접차별입니다.

『Intercultural Education in the Primary School』(55쪽)은 이런 사실을 토대로 다음과 같은 태도, 지식, 기술의 신장을 강조합니다.

먼저, 차별과 평등과 관련해 길러야 할 가치와 태도는, 차별을 받는 사람들에 대한 역지사지, 평등 신장에 합의하기, 개인에게 차이를 만들 수 있는 능력이 있다고 생각하기, 편견과 고정관념에 대해 합리적으로 의심하기입니다.

다음으로 차별과 평등과 관련한 지식과 이해는, 평등과 불평등에 대한 지식, 직접차별과 간접차별에 대한 지식, 인종주의가 차별의 일종임을 이해하기, 편견과 고정관념이 차별의 일종임을 이해하기입니다.

마지막으로, 차별과 평등과 관련된 기술과 능력은 인쇄물·이미지·대화·자신 안의 고정관념과 편견을 인식하는 능력, 균형 잡힌 판단을 내리는 능력, 차별에 맞서는 능력입니다.

학생들이 타인을 차별하지 않게 하려면, 단순히 차별은 나쁜 행동이니 하지 말라고 하기보다는 자신이 차별받은 경험을 떠올려보게 하는 게 더 효과적입니다. 학생들은 가정에서 (외동이 아닌 이상) 크고 작은 차별을 받으며 자랐을 것입니다. 혹시 학생들이 차별의 경험을 잘 떠올리지 못하면 "어릴 때 형/언니한테는 왜 이렇게 하고 나한테는 왜 이렇게 해?"라고 불평한 적이 없는지 물어봅니다. 대부분의 학생은 그런 경험이 있다고 대답할 것입니다. 그러면 어떤 상황에서 불평을 했는지 말해보게 합니다. 그리고 다양한 사례를 차별의 조건 세 가지, 즉 비교 대상의 존재, 불평등한 처우, 합리적 이유의 부재를 적용해 평가해보며 그것이 차별인지 아닌지 판단해 보게 합니다. 만약 어떤 것이 차별이었다면 그런 차별을 받았을 때의 기분을 말해보게 합니다. 화가 났다든가 불쾌했다든가 누구를 때리고 싶었다든가 집을 나가고 싶었다든가 등 다양한 대답이 나올 것입니다. 마지막으로, 차별을 받았을 때 아버지나 어머니가 어떻게 해주길 바랐는지를 말해보게 합니다. 이렇게 하면 차별받는 사람에 대한 역지사지empathy를 자연스럽게 경험할 수 있습니다.

갈등과 갈등 해소

갈등은 한자 어원 자체가 매우 흥미롭습니다. 갈등에서 갈葛은 '칡'을 말하고 등藤은 '등나무'를 말합니다. 이 둘이 따로 있을 때는 별문제가 없지만 같이 있으면 문제가 생깁니다. 칡은 왼쪽에서 오른쪽으로 감아 올라가고 등나무는 오른쪽에서 왼쪽으로 감아 올라가기 때문입니다. 칡나무나 등나무와 같은 자연을 보고 인간

관계를 설명하는 한자를 만든 옛사람들의 기지가 그저 감탄스러울 뿐입니다.

갈등에 해당하는 영어 단어는 conflict입니다. 이 단어의 라틴어 어원은 콘플리게레confligere인데, 여기서 con-은 '같이'라는 뜻이고 fligere는 '부딪히다'라는 뜻입니다. 이 단어의 과거분사 콘플릭투스conflictus로부터 15세기 초에 영어 단어 conflict가 나왔습니다. 온라인 어원사전에 따르면 이 단어를 '상반되다'라는 의미로 사용하기 시작한 시기는 1640년대라고 합니다.

사람들 간의 차이는 종종 갈등의 원인이 됩니다. 예를 들어 문화적 전통이 상이한 사람들 간에는 갈등이 자주 일어납니다. 상호문화교육은 사람들이 이런 갈등을 잘 다루는 기술을 가르쳐주는 교육입니다. 이런 기술은 학생들에게도 필요합니다. 비록 학생들이 지금 당장은 다른 민족집단의 구성원들과 자주 마주치지는 않더라도 말입니다.

만약 갈등이 사람들 간의 차이에 기인하고 이 차이가 자연스럽고 정상적인 것이라면, 갈등 역시 자연스럽고 정상적인 것으로 여겨져야 합니다. 그리고 이 갈등을 해결책에 이르는 기회, 또 긍정적 변화를 가져올 좋은 기회로 여겨야 합니다.

다음은 갈등을 다루는 몇 가지 원칙입니다.

첫째, 갈등을 회피의 대상으로만 여기지 말아야 합니다. 교사는 학생들이 갈등을 피하기보다는 갈등을 통해 협상하는 능력을 기르도록 유도해야 합니다.

둘째, 사람과 문제를 분리해야 합니다. 갈등 상황에서는 감정이 격해지고 극단적인 경우에는 의사소통마저 단절될 수 있습니다. 이 문제를 그 자체로 다루어야지 어느 한쪽의 양보로 끝나게 해서는 안 됩니다. 사람들 간의 양보나 합의보다 더 중요한 것은 사람들의 말에 귀를 기울이고 그들과 이야기하고 그들의 관점에서 문제를 바라보는 것입니다.

셋째, 찬반과 같은 입장position 보다는 이익interests 에 초점을 맞추어야 합니다. 사람들이 무엇을 원하는지보다는 그것을 왜 원하는지에 초점을 맞추는 게 좋습니다. 반대하는 입장 뒤에는 공유된 그리고 양립 가능한 이익이 존재할 수 있기 때문입니다.

넷째, 모두가 승자가 될 수 있는 선택을 해야 합니다. 단 하나의 대답보다는 여러 가지 가능성을 살펴보아야 합니다. 그러기 위해서는 갈등을 서둘러 해소하려고 하지 않는 게 좋습니다.

『Intercultural Education in the Primary School』에는 갈등과 갈등 해소와 관련된 태도, 지식, 기술이 열거되어 있습니다(75쪽). 이 주제와 관련해 길러야 할 가치와 태도로는, 평화로운 과정을 갈등 해소의 수단이라고 여기는 데 동의하기, 타인의 입장에 대해 열린 마음 가지기, 타인의 관점으로부터 배우는 데 합의하기가 있습니다.

갈등과 갈등 해소와 관련된 지식과 이해로는, 개인·지역·국제 차원에서 갈등을 일으키는 요인들을 이해하기, 갈등 해소의 원칙들을 이해하기, 다양한 사회에서 민주적 결정을 수립하는 과정을 이해하기, 개인·지역·국제 차원에서 갈등의 정의적·물리적 효과를 이해하기, 갈등을 인간 생활의 정상적인 부분으로 이해하기를 들 수 있습니다.

갈등과 갈등 해소와 관련된 기술과 능력으로는, 결정을 내리기 전에 다양한 자료를 검토할 수 있는 능력, 갈등 해소 과정에 적극적으로 참여할 수 있는 능력, 자기 생각을 바꿀 수 있는 능력이 있습니다.

인권과 책임

인권人權을 풀어서 말하면 '인간의 권리'라고 할 수 있습니다. 상호문화교육에서는 이 권리를 '인간의 다를 수 있는 권리rights to be different'라고 생각합니다.

이것을 우리 학교 상황에 적용하면, "이주배경학생은 일반학생과 다를 수 있는 권리를 가지고 있다"라고 말할 수 있습니다. 문제는 우리 학교가 이들의 권리를 제대로 존중해주지 않을 때 생깁니다. 이들의 다를 수 있는 권리를 존중한다면, 한국어능력만 강조할 게 아니라 이들이 가진 이중언어능력도 적절히 지원해야 합니다.

인간은 사회적 동물입니다. 이 말은 우리는 모두 어느 한 집단의 구성원으로 살고 있음을 의미합니다. 따라서 우리에게는 자기의 권리를 존중받을 권리와 함께 타인의 권리를 존중해야 할 의무가 있습니다. 일반적으로 인권의 특징은 크게 세 가지로 요약됩니다. 첫째, 인권은 보편적universal입니다. 이것은 모든 곳, 모든 나라에 적용돼야 합니다. 다시 말해, 인권은 어느 나라에서는 인정되고 어느 나라에서는 인정되지 않는 것이 아닙니다. 둘째, 인권은 불가분적indivisible입니다. 모든 권리는 동등하게 인정돼야 합니다. 이것은 사회·경제적 권리, 치료를 받을 권리, 직업을 선택할 권리 중에서 어느 하나가 더 중요하거나 덜 중요하게 여겨져서는 안 된다는 것입니다. 셋째, 인권은 양도불가적inalienable입니다. 인권은 사람들에게 거부될 수도 없고 사람들에게서 박탈할 수도 없습니다.

『Intercultural Education in the Primary School』(65쪽)에서 제시한 인권과 책임과 관련해 길러야 할 가치와 태도로는, 권리를 박탈당한 사람들에 대해 역지사지하기, 인권과 관련된 원칙들의 적용에 합의하기, 개인에게 차이를 만들 수 있는 능력이 있다고 생각하기가 있습니다.

다음으로, 인권과 책임과 관련된 지식과 이해로는, 세계인권선언(1948), 유엔아동인권협약(1989)에 대한 지식, 인권과 관련된 주요 원칙들을 이해하기, 권리 보호와 관련된 사람들의 상호의존성을 이해하기, 인권 투쟁의 사례에 대해 알기, 인종주의를 인권 침해로 이해하기가 있습니다.

마지막으로, 인권과 책임과 관련된 기술과 능력으로는, 인권 개념을 모든 상황에 적용할 수 있는 능력, 균형 잡힌 판단을 내릴 수 있는 능력, 인권 침해에 도전할 수 있는 능력이 있습니다.

학교 내 인권과 책임과 관련해서는 유엔아동인권협약UN Convention on the Rights of the Child을 주목할 필요가 있습니다. 1989년 11월 20일 유엔이 채택한 이 협약은 지구촌 모든 아동의 권리를 보호하기 위한 국제 사회의 약속입니다. 한국은 1991년 11월 20일 이 협약을 비준했습니다. 이 협약이 담고 있는 네 가지 기본권은 다음과 같습니다.

첫째, 생존권. 적절한 생활 수준을 누릴 권리, 안전한 곳에서 살아갈 권리, 충분한 영양을 섭취하고 기본적인 보건 서비스를 받을 권리 등 기본적인 삶을 누리는 데 필요한 권리입니다.

둘째, 보호권. 모든 형태의 학대와 방임, 차별, 폭력, 고문, 징집, 부당한 형사 처벌, 과도한 노동, 약물과 성폭력 등으로부터 보호받을 권리입니다.

셋째, 발달권. 잠재력을 최대한 발휘하는 데 필요한 권리로, 교육받을 권리, 여가를 즐길 권리, 문화생활을 하고 정보를 얻을 권리, 생각과 양심과 종교의 자유를 누릴 권리 등이 여기에 속합니다.

넷째, 참여권. 표현의 자유, 양심과 종교의 자유, 의견을 말할 권리, 평화로운 방법으로 집회할 수 있는 권리, 사생활을 보호받을 권리, 유익한 정보를 얻을 권리 등이 여기에 속합니다.

교사는 이주배경학생들이 위의 네 가지 기본권을 가지고 있음을 절대 잊지 말아야 합니다. 그럼 다시 「2020 다문화교육 정책학교 운영 가이드라인」으로 돌아가봅시다.

「가이드라인」의 교과연계

「가이드라인」은 평등성, 반편견, 정체성, 다양성, 문화이해, 협력이라는 여섯 가지를 다문화교육 요소로 제시한 다음, 그것을 국어·영어, 사회·역사, 도덕·윤리, 예·체능, 수학·과학, 기타·선택 교과와 연계합니다. 이 연계는 다문화교육과 "상호문화교육은 모든 교과목과 학교의 전반적인 생활과 연계되어 있다"(『Intercultural Education in the Primary School』, 20쪽)와 일치합니다.

하지만 이 연계는 두 가지 면에서 한계 또는 문제점을 보입니다. 하나는 교과연계 방식이 추상적이라는 것입니다. 「가이드라인」은 국어·영어 교과는 '심리적 감수성'을 신장하고 '모국어를 사용하는 것에 대한 어려움'을 경험하게 한다고 간단히 언급하고, 초·중·고 국어·영어 단원 중에 상기 여섯 가지 다문화교육 요소와 관련된 단원을 연결하고, 각 단원이 어떤 요소와 관련이 있는지 언급하는 데 그칩니다. 이런 예시와 언급은 교육부가 매년 내는 다문화교육 대책보다는 구체적이지만, 교사의 입장에서는 여전히 추상적이어서 큰 도움이 되지 않습니다.

다른 하나는 '다문화교육 연계' 후 매번 '세계시민교육 연계'를 강조한다는 것입니다. 이 두 교육은 모두 사회적 변화에 능동적으로 대처하는 변혁적 교육[7]으로 일정 부분 겹치지만, 그 출현 배경, 목적, 내용 등에서는 상이한 별개의 교육입니다. 다문화교육이 시민권운동에서 출현해서 모든 학생의 교육적 평등을 실현하기 위한 교육이라면, 세계시민교육은 모든 학생에게 세계화와 지구온난화로 인해 지구가 문화적, 물리적으로 파괴되고 있다는 사실을 알리고 이를 막기 위해 노력하라는 교육입니다.

유네스코 아시아태평양 국제이해교육원이 2017년에 발간한 『세계시민교육: 정책 개발을 위한 가이드』를 보면, 세계시민교육의 내용은 인지 영역, 태도 영역, 행동 영역으로 구성되어 있고, 인지 영역은 글로벌 체제, 구조 및 과정, 전 지구적 현안으로 이루어져 있으며, 태도 영역은 다중적 정체성, 차이와 다양성에 대한 존중으로, 행동 영역은 참여와 행동으로 이루어져 있습니다(66쪽). 이 중에서 핵심 내용은 전 지구적 현안으로, 여기에는 "7. 세계화(사회·경제적, 정치적, 문화적), 8. 북반구 국가와 남반구 국가의 관

『세계시민교육: 정책 개발을 위한 가이드』

계, 선진국과 개발도상국의 상호연결성과 상호의존성, 9. 기후변화, 생물다양성, 지속가능발전, 10. 전 지구적 빈곤과 불평등, 11. 대량학살, 테러리즘, 전쟁, 난민, 12. 질병(에볼라, 에이즈), 13. 기타 전 지구적 이슈들"이 포함됩니다.

그런데 이 일곱 가지 핵심 내용은 다문화교육과 별로 관련이 없습니다. 세계시민교육과 다문화교육이 겹치는 부분은 '차이와 다양성에 대한 존중'이라는 태도 역량입니다. 여기에는 "17. 문화 간 역지사지, 대화, 존중, 연대(상호문화적, 국제적, 지역적, 전 지구적 맥락), 18. 차별, 인종차별주의 (상호문화적, 국제적, 지역적, 전 지구적 맥락)"가 포함됩니다. 만약 「가이드라인」이 다문화교육과 세계시민교육을 연계하려고 한다면 '차이와 다양성에 대한

존중'에 국한해야 합니다. 그런데 실상은 그렇지 않습니다. 다시 말해, 다문화교육을 세계시민교육의 인지, 태도, 행동 모두와 연계하고 있습니다. 이는 다문화교육을 세계시민교육과 혼동시킬 수 있는 데다 다문화교육의 핵심을 흐리게 만들 수 있습니다.

다음 장에서는 각 교과와 다문화/상호문화교육을 연계하는 구체적인 방법에 대해서 알아보겠습니다.

다문화/상호문화교육의 교과연계

"상호문화교육은 모든 교과목, 모든 학교생활과 연계할 수 있습니다.
정체성과 소속감, 유사점과 차이점, 인권과 책임, 차별과 평등, 갈등과 갈등해소라는
상호문화교육의 다섯 가지 핵심 주제를
각각의 교과목에 적용해 교육하는 방법을 익혀야 합니다."

제1장

국어 교과와
다문화/상호문화교육

정체성과 소속감 형성에
중요한 역할을 하는 언어

『Intercultural Education in the Primary School』(20쪽)은 "상호문화교육은 모든 교과목, 모든 학교생활과 연계되어 있다"라고 밝힌 다음, 이 교육이 열다섯 개 교과목(언어, 게일어, 영어, 수학, 사회·환경·과학, 역사, 지리, 과학, 예술, 미술, 음악, 연극, 체육, 사회·개인·건강, 종교)과 어떻게 연계되는지 설명하고(80~86쪽), 각 교과목이 어떻게 다섯 개 핵심 주제(정체성과 소속감, 유사점과 차이점, 인권과 책임, 차별과 평등, 갈등과 갈등 해소)와 연결되는지 보여줍니다(87~131쪽). 이 방법을 우리 교과목에도 적용해볼 수 있습니다.

국어는 한국의 명실상부한 공용어입니다. 학생들은 "국어를 활용하여 자아를 인식하고 타인과 교류하며 세계를 이해"(『국어과 교육과정』, 3쪽)합니다. 국어는 비판적·창의적 사고 역량, 자료·정보활용 역량, 의사소통 역량, 공동체·대인관계 역량, 문화향유 역량, 자기성찰·계발 역량을 길러주는 교과목입니다. 이 일곱 가지 역량은 상호문화 역량과 매우 밀접하게 관련되어 있습니다. 특히 공동체·대인관계 역량은 "공동체의 가치와 공동체 구성원의 다양성을 존중하고 상호 협력하며 관계를 맺고 갈등을 조정하는 능력"(『국어과 교육과정』, 3쪽)으로, 상호문화 역량과 더욱 밀접하다고 볼 수 있습니다.

국어는 '정체성과 소속감'과도 깊게 관련되어 있습니다. 소쉬르[F. de]

Saussure에 따르면 모든 인간은 언어습득 능력(langage, 랑가주)을 갖고 태어나지만 자기가 성장한 지역, 즉 언어공동체의 언어(langue, 랑그)를 배우고 말(parole, 파롤)을 합니다. 이 언어는 개인의 정체성을 형성하는 데 중요한 역할을 할 뿐만 아니라 동일한 언어 집단에 강한 소속감을 느끼게 해주는 요소입니다. 이주배경학생은 우리와 똑같은 언어습득 능력을 갖고 태어났지만, 그가 성장한 언어공동체가 달라 우리와 다른 (모)국어를 사용하게 된 것입니다.

한국어에 한자어의 비중이 높다는 점도 '정체성과 소속감'과 연결할 수 있습니다. 국립국어원이 발간한 『숫자로 살펴보는 우리말』에 따르면,[1] 표준국어대사전에 등재된 51만 개 단어 중 한자어가 차지하는 비중은 58.5퍼센트나 됩니다. 한자의 비중이 이렇게 높은 것은 한국이 중국으로부터 많은 영향을 받았음을 보여줍니다. 어떤 사람은 한자가 중국에서 들어왔기 때문에 한국인의 정체성과 연결하기 어렵다고 말하지만, 한자는 한국인이 1,500년 동안 사용해온 문자인 만큼 이것도 한국인의 정체성의 일부라고 보는 게 타당합니다. 이런 의미에서 학교에서 기본 한자도 가르치지 않는 것은 유감스런 일입니다.

언어의 자의성도 상호문화적으로 다룰 수 있습니다. 알다시피 언어의 자의성은 언어를 구성하는 형태(signifiant, 시니피앙)와 내용(signifié, 시니피에)이 자의적으로 결합되었음을 뜻합니다. 자의성으로 인해 소금 대신에 염화나트륨이라는 전문용어가 존재하고, 언어마다 다른 동물 소리가 존재하는 것입니다. 예를 들어 한국에서는 개가 '멍멍' 짖는다고 하지만 중국에서는 '왕왕', 러시아에서는 '가프가프' 짖는다고 합니다. 사실 개가 짖는 소리는 국가에 상관없이 전 세계에서 동일합니다. 한국에서 '멍멍' 짖던 개를 중국에 갖다 놓는다고 해서 '왕왕' 짖지는 않지요. 똑같은 개 짖는 소리를 언어공동체에 따라 다르게 표현할 뿐입니다. 이렇게 하면 언어의 '유사성과 차이점'을 쉽게 설명할 수 있습니다.

한편, 구어에서 많이 사용하는 몸짓이나 손짓도 '유사점과 차이점'을 설명하는 데 도움이 됩니다. 예를 들어 사람은 수를 셀 때 손가락을 사용하지만 구체적인 방법은 나라마다 다릅니다. 한국인은 엄지손가락부터 접으면서 세지만, 영국인은 엄지손가락부터 펴면서 세고, 중국인은 검지부터 펴면서 셉니다. 수업 시간에 각국의 방법으로 손가락으로 숫자 세기를 해보는 것도 흥미로운 활동이 될 것입니다.

'우리'라는 어휘에 담긴 차별 의식

『훈민정음』은 '인권과 책임'을 설명하기에 참 좋은 자료입니다. 『훈민정음』 서문에서 세종은 "나라의 말이 중국과 달라 문자와 서로 통하지 아니하므로 이런 까닭으로 어리석은 백성이 이르고자 할 바가 있어도 마침내 제 뜻을 능히 펴지 못하는 사람이 많노라. 내가 이를 가엾게 여겨 새로 스물여덟 글자를 만드노니 사람마다

하여금 쉽게 익혀 날마다 쓰기 편안케 하고자 할 따름이니라"라고 하여 한글 창제의 의도를 분명히 밝혔습니다. 알다시피 당시 백성들은 한자를 몰라 자신의 의사를 글로 표현할 수 없었고 이로 인해 억울한 일을 많이 당했습니다. 이런데도 양반들은 기득권을 유지하기 위해 한글 창제를 극렬히 반대했지만 세종은 백성의 편이었습니다. 세종은 백성의 인권을 옹호하는 것이 자신의 책임이라고 여겼습니다. 이런 점에서 보면 세종은 '인권의 왕'이라고 불려도 전혀 손색이 없습니다.

'우리'와 같은 특정 어휘는 '차별과 평등'을 설명하기 좋습니다. 한국인은 '우리'라는 단어를 굉장히 많이 사용합니다. '우리나라', '우리말', '우리 학교', '우리 집', '우리 엄마'처럼 말입니다. 이런 표현은 한국어로는 자연스럽지만 외국어로 옮겨보면 어색합니다. 예를 들어 '우리 엄마'는 글자 그대로 옮기면 'our mother'가 되는데, 이것은 일처다부제에나 있을 법한 표현입니다. 한편 '우리'라는 단어는 한국인의 강한 집단의식을 보여줍니다. 한국에 사는 외국인 주민은 이 표현 때문에 차별받거나 배제되는 느낌을 가질 수 있습니다.[2] 또 '짱깨', '되놈'처럼 중국인을 비하하는 단어나, '쪽발이', '왜놈'처럼 일본인을 비하하는 단어의 어원을 알아보고 이 단어들이 왜 부적절한지 같이 이야기해보는 것도 좋은 활동이 될 겁니다.

속담같이 굳어진 표현은 '차별과 평등'과 연결 지을 수 있습니다. 속담은 사람들의 고정관념과 편견을 잘 반영하기 때문입니다. '암탉이 울면 집안이 망한다'[3]는 여성을 차별하고, '벙어리 냉가슴 앓듯'은 장애인을 차별하고, '대가리에 피도 안 말랐다'는 나이 어린 사람을 차별하는 표현입니다. 국어 시간에 이런 표현들이 어디서 비롯되었는지, 어떤 의미에서 차별이라고 볼 수 있는지 등을 이야기해보면 유익한 시간이 될 것입니다.

국어 시간에 다루는 문학 작품은 '갈등과 갈등 해소'와 연결할 수 있습니다. 문학 작품은 독자의 경험, 배경 지식, 가치관에 따라, 또 작품을 보는 관점에 따라 다양하게 해석될 수 있습니다. 이 사실을 이해한 학생은 자신의 해석에 얽매이지 않고 다른 사람의 해석도 존중할 수 있고, 이러한 태도는 궁극적으로 '갈등과 갈등 해소'로 이어질 수 있습니다. 드 카를로[4]는 상호문화교육을 하기 좋은 문학 작품의 요건을 세 가지로 설명합니다.

첫째로는 갈등이 있고 모순적이고 예상치 못한, 그래서 다양한 해석이 가능한 상황을 보여주어야 하고, 둘째로는 저자, 독자, 등장인물이 동일한 사회현상을 '엇갈린 시선'과 함께 놀라움을 불러일으킬 수 있는 '거리를 둔 시선'을 보여주어야 하고, 셋째로는 한 민족이나 사회집단의 행동을 긍정적으로 또는 부정적으로 표현하는 언어 표현이 나와야 합니다. 압달라-프렛세이 & 포르셰[5]는 문학이 이런 특성으로 말미암아 '상호문화교육의 상징적 영역'이 되기에 충분하다고 주장했습니다.

한국어의 가장 큰 특징은 높임말

한국어의 가장 큰 특징 중 하나는

높임말이 발달했다는 것입니다. 알다시피, 높임말은 이야기의 주체가 되는 인물이나 이야기를 듣는 인물을 높이는 말입니다. 그런데 한국인이라도 실생활에서 높임말을 정확하게 사용하기가 결코 쉽지 않습니다. 그래서 한국인 부모는 자녀가 아주 어릴 때부터 높임말을 정확히 사용하도록 가르치려고 노력해야 합니다. 하지만 이것은 어디까지나 비공식 교육이고, 높임말을 공식적으로 가르치기 시작하는 곳은 유치원입니다. 유치원에서는 대부분의 수업을 높임말로 하는데, 거기에는 학생을 존중한다는 의미도 있지만 학생에게 높임말을 가르치겠다는 의도도 있습니다.

초등학교 국어 시간에 높임말을 가르치는 것은 상호문화적 접근을 시도해볼 수 있는 좋은 기회입니다. 이때 수업의 목적은 높임말 자체를 가르치는 것이 아니라 높임말을 비판적으로 사고해보게 하는 것입니다.

문화개념 소개 단계에서 교사는 언어의 본래 기능은 의사소통이고 의사소통은 늘 듣는 사람, 다시 말해 청자를 전제하기 때문에 의사소통하는 사람은 청자에게 최대한 예의를 갖추려고 노력한다는 사실을 학생들에게 상기시킵니다. 높임말은 일종의 언어적 예의^{verbal politeness}입니다.

자문화 인식 단계에서 교사는 한국어에서 높임말이 많이 발달했다는 사실을 알려줍니다. 예를 들어 "할아버지께서는 편찮으세요"라는 문장에서 '~께서는', '편찮다', '~요'가 높임말입니다. 한국어 명사에도 높임말이 있는데 그 대표적인 예가 '이름' 대신에 쓰는 '성함(존함)', '나이' 대신에 쓰는 '연세', '집' 대신에 쓰는 '댁'입니다. 교사는 학생에게 이름, 나이, 집은 고유한 한국어이고 성함, 연세, 댁은 한자어라는 사실을 알려줍니다.

타문화 발견 단계에서는 학생들에게 컴퓨터나 프로젝터 스크린으로 성함, 연세, 댁에 해당하는 한자인 '姓銜', '年歲', '宅'을 큰 글씨로 보여주고 공책에 한 번 써보게 합니다. 학생들은 한자를 배우지 않았기 때문에 아마 그리기도 힘들 것입니다. 그래도 괜찮습니다. 어차피 목적은 한자를 잘 쓰는 게 아니라 자신이 사용한 단어가 어려운 한자였음을 깨닫게 하는 데 있기 때문입니다.

양문화 비교 단계에서는 '이름 – 나이 – 집'이라는 고유어는 낮춤말 또는 평어平語고, '성함 – 연세 – 댁'이라는 한자어는 높임말이라는 사실을 상기시킵니다. 여기서 학생들에게 알려줄 한 가지 흥미로운 사실은, 한자의 종주국인 중국에서는 정작 우리가 사용하는 성함 – 연세 – 댁이라는 한자어를 잘 사용하지 않는다는 것입니다. 중국에서는 윗사람이나 잘 모르는 성인의 이름, 나이, 집에 대해 물을 때 '貴姓(귀성)', '高壽(고수)', '家(가)'라는 단어를 사용한다고 합니다.

문화상대성 이해 단계에서는 왜 우리 고유어는 낮춤말이나 평어로 여기고 한자어는 높임말로 여기게 되었는지 생각해보게 합니다. 한국어에 높임말이 발달한 이유는 엄격한 유교적 질서와 신분제 사회의 수직 구조 때문입니다. 유교가 강조하는 삼강오륜은 그 대표적 예입니다. 또 다른 이유는 사대관계가 오랫동안 지속됨에 따라 언어에도 지대한 영향을 미쳤기 때문입니다. 우리 조상들은 중국에서 들여온 한자를 숭상하고 토박이말인 고유어를 비하했던 것이지요. 사이드E. Said가 말한 오리엔탈리즘 Orientalism의 한 예입니다.

타문화 존중 단계에서는 이름, 성함, 나이, 연세, 집, 댁이라는 단어는 모두 우리의 소중한 언어 유산이라고 여기게 합니다. 이 여섯 단어는 어제오늘 만들어진 단어가 아니라 오랜 시간을 두고 만들어진 귀한 단어입니다. '왜 우리가 고유어를 낮게 보고 한자어를 높게 봐야 하나?'라고 감정적으로 반응하기보다는 단어 사용의 기원, 문제점, 개선 방안 등을 하나하나 생각해보는 게 더 현명한 일이 될 것입니다.

우화를 활용한 상호문화교육

『이솝 우화』는 고대 그리스의 이야기꾼 이솝이 지은 우화를 모은 책입니다. 우리에게 친숙한 동물들이 나오고 생활에 필요한 교훈도 들어 있어서 오늘날 전 세계 어린이의 도덕 교과서처럼 쓰이고 있습니다.

이 우화집에 나오는 「여우와 두루미」는 배려와 존중, 역지사지를 가르치는 데 아주 좋은 이야기입니다. 이 이야기를 상호문화적으로 다루기를 원하는 교사가 있다면 다음과 같이 해보기를 바랍니다.

문화개념 소개 단계에서는 친구들이 서로 우정을 어떻게 확인하는지 물어봅니다. 학생들은 나이에 따라서 편지 쓰기, 선물하기, 생일 초대하기, 같이 식사하기, 같이 공원 산책하기 등 다양한 방법을 제시할 것입니다. 교사는 친구와 같이 식사하기에 대해서 생각해보자고 제안합니다.

자문화 인식 단계에서는 먼저 「여우와 두루미」 이야기를 읽게 하거나 짧은 동영상을 보여줍니다. 그리고 여우가 음식을 어떻게 대접했는지 물어봅니다. 학생들은 여우가 준비한 음식을 납작한 접시에 담아 대접했다고 대답할 것입니다. 그런데 여우는 평소대로 접시에 담긴 음식을 날름날름 잘 먹지만 부리가 긴 두루미는 여우가 준 음식을 제대로 먹을 수가 없습니다. 이를 본 여우는 두루미의 음식까지 다 먹어버립니다.

타문화 발견 단계에서는 학생들에게 이때 두루미가 어떻게 행동했는지 물어봅니다. 여우에게 당한 두루미는 "다음엔 우리 집에 놀러 와. 내가 맛있는 음식을 대접할게"라고 제안합니다. 며칠 뒤 여우가 찾아오자 두루미는 음식을 긴 호리병에 담아 내놓습니다. 두루미는 긴 부리로 호리병 안에 든 음식을 쏙쏙 꺼내 먹지만 여우는 그렇게 할 수가 없습니다. 이를 본 두루미는 여우에게 준 음식까지 다 먹어버립니다.

양문화 비교 단계에서 교사는 학생들에게 결국 어떻게 되었냐고 물어봅니다. 학생들은 여우와 두루미가 자기 방식대로 음식을 대접해서 상대방과 함께 음식을 먹을 수 없었다고 대답할 것입니다. 교사는 그랬기 때문에 여우와 두루미가 서로에게 불만을 가져 결국 좋은 친구가 될 수 없었음을 강조합니다.

문화상대성 이해 단계에서 교사는 좋은 친구가 되려면 자기 방식이 아니라 상대방의 방식을 존중해주어야 한다고 말해줍니다. 그리고 상대방의 입장에서 생각하고 행동하는 역지사지를 강조합니다. 또 자기중심성과 합리적 차등도 설명해줍니다. 자기중심성이란 자기를 중심으로 생각하고 판단하는 성향을 말하는데 이런 성향은 특히 나이가 어릴수록 많이 나타납니다. 합리적 차등은 사람 사이에 엄연히 능력 차이가 존재하므로 그 차이를 존중해야 한다는 개념으로, 평등^{equality}보다는 공정^{equity}에 가깝습니다.

타문화 존중 단계에서 교사는 만약 여우와 두루미가 역지사지한다면 음식을 어디에 담아야 하는지 물어봅니다. 학생들은 두루미에게는 긴 호리병에, 여우에게는 납작한 접시에 음식을 담아주어야 한다고 대답할 것입니다. 이것이 바로 상대방을 존중하고 배려하는 태도입니다. 이렇게 하면 학생들은 '말로만 하는 존중'이 아니라 '행동으로 하는 존중'을 배우게 됩니다.

이 단계를 마친 후 교사는 학생들에게 여우와 두루미처럼 상대방을 배려하지 못한 경우를 경험하거나 보았는지 물어봅니다. 학생들은 여러 가지 이야기를 할 것입니다. 이때 교사는 그중 한두 가지를 골라 다시 상호문화교육 6단계에 맞추어 가르쳐볼 수 있습니다.

제 2 장

영어 교과와 다문화/상호문화교육

영어는 서로 다른 문화를
이해하는 지름길

학교 영어 교육은 영어 의사소통 능력을 길러 세계인과 소통하고 그들의 문화를 알고 우리 문화를 세계로 확장해나갈 수 있는 사람을 기르는 것을 목표로 합니다.

현행『영어과 교육과정』은 영어과 핵심 역량으로 영어 의사소통 역량, 자기관리 역량, 공동체 역량, 지식정보처리 역량을 꼽습니다. 이 중에서 공동체 역량은 "지역·국가·세계 공동체의 구성원으로서의 가치와 태도를 공유해 공동체의 삶에 관심을 갖고 공동체가 당면하고 있는 문제를 해결하는 데 참여할 수 있는 능력이며 배려와 관용, 대인관계 능력, 문화 정체성, 언어 및 문화적 다양성에 대한 이해 및 포용 능력을 포함"(3~4쪽)합니다. 이 인용문을 보면 영어 교과가 다문화/상호문화교육과 얼마나 밀접하게 관련 있는지 쉽게 이해할 수 있습니다.

초등영어는 영어 학습을 통해 외국 문화를 이해하는 것을 강조하고, 중등영어는 외국의 문화와 정보를 이해하고 한국문화를 영어로 간단히 소개하는 데 초점을 맞추고 있습니다. 고등학교 진로 선택 과목인 「영어권 문화」는 "가. 영어권 문화의 다양한 생활양식, 풍습, 사고방식 등에 관해 이해하고 표현하는 능력을 기른다. 나. 영어권 문화에 대한 유연하고 개방적인 태도를 기르고 세계인으로서의 의사소통능력을 배양한다. 다. 영어권 문화와 우리 문화의 유사점과 차이점을 비교하여 각 문화의 고유성을 존중하는 태도를 기른다. 라. 영어권 문화에 대한 다양한 정보와 폭넓은 체험을 통하여 의사소통을 위한 문화적 소양을 배양한다"라고 밝히고 있습니다.

영어는 국어와 마찬가지로 언어 과목이기 때문에 국어 시간에 시도하는 방법을 거의 그대로 할 수 있습니다. 예를 들어 영어 시간에는 「여우와 두루미」이야기 영어판을 사용하여 똑같이 활동하면 됩니다. 영어 시간에 특히 많이 사용하는 독해 자료는 상호문화교육의 다섯 개 핵심 주제와 쉽게 연결할 수 있습니다.

예를 들어 고등학교 1학년 영어 자습서에 나오는 문장인 "You can showcase your own charm and individuality with your personal image: a signature style"(58쪽)을 '정체성과 소속감'과 연결할 수 있습니다. 교사는 이 문장을 해석하는 데 만족하지 않고 이 문장을 통해 학생들에게 '자신의 고유한 매력과 개성'과 '특정 스타일'을 말해보게 한다면 상당히 훌륭한 상호문화교육이 될 수 있습니다.

또 "Climate plays a key role in what we wear, and the way we live as a whole"(78쪽)이라는 문장을 통해 교사는 기후가 옷과 생활방식에 지대한 영향을 미친다는 사실을 강조하고, 해수면보다 낮은 네덜란드에서는 진흙 위를 걷기 위해 나막신을 개발했다는 사실, 추운 알래스카 지방 이누이트족이 입은 두꺼운 외투가 오늘날 우리가 겨울에 입는 파카의 기원이라는 사실을 말해주면서 '유사점과 차이점'을 설명할 수 있습니다. "I volunteered at a homeless shelter (…) My experience there helped me realize that the greatest joy is giving not receiving"(195쪽)은 사회적 약자에 대한 봉사로서 '인권과 책임'이라는 주제와 연결할 수 있습니다.

맹인 가수 스티비 원더의 이야기인 "In 1975, a man was waiting excitedly for the birth of his daughter. Since he was blind, he could not actually see her when she was finally born. The only way he could express how he felt at that moment was through a song"(288쪽)으로는 맹인 아버지의 마음에 대해서 생각해보게 하고, 당시 그가 부른 〈Isn't She Lovely〉를 같이 불러보면서 장애인에 대한 '차별과 평등'에 대해서 토론해볼 수 있습니다.

교과서 지문으로 상호문화 이해하기 ①

영어 교사 중에서 교과서를 가지고 상호문화교육을 좀더 적극적으로 실시하기를 원하는 교사가 있다면 다음과 같이 상호문화교육 6단계를 활용할 수 있습니다. 예를 들어 고등학교 1학년 교과서의 「Lesson 5. Beg to differ」에 나오는 대화⁶를 활용하면 다음과 같이 할 수 있습니다.

문화개념 소개 단계에서 교사는 "얼굴에서 감정을 가장 잘 드러내는 부위는 어디인가요?"라고 물어보고 '눈'이라는 대답을 기다립니다. 이때

"Your eyes tell a story that you can't express with words"라는 문장을 제시할 수도 있습니다.

자문화 인식 단계에서 교사는 학생들에게 "여러분은 선생님이 꾸중하시면 선생님을 똑바로 쳐다보나요, 아니면 고개를 숙여 시선을 피하나요?"라고 묻고 대답해보게 합니다. 많은 학생은 "고개를 숙여 시선을 피합니다"라고 대답할 것이고, 일부는 "똑바로 쳐다봐요"라고 대답할 것입니다. 이때 교사는 같은 반에도 자신과 다르게 생각하는 친구가 있음을 강조함으로써 학생들이 자기 생각을 절대적으로 여기지 않게 합니다.

타문화 발견 단계에서는 교과서 109쪽의 대화를 통해 캐나다인의 문화를 알아보게 합니다.

A: Would you give me some advice for my trip to Canada ?

B: Certainly ! In Canada, you shouldn't avoid eye while speaking.

A: Is that so ?

B: It can be considered dishonest.

이 단계에서 교사는 캐나다에서 대화할 때 상대방과 눈을 마주치지 않으면 뭔가 숨기거나 정직하지 못하다고 이해될 수 있다고 말해줍니다.

양문화 비교 단계에서는 한국인의 행동과 캐나다인의 행동을 비교해봅니다. 앞에서 보았듯이, 꾸중을 들으면 한국에서는 대개 고개를 숙이고 시선을 피하지만 캐나다에서는 똑바로 쳐다봅니다. 교사는 유튜브에서 이와

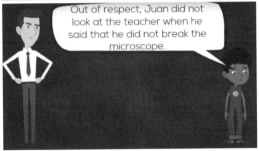

행동 문화 차이를 알려주는 동영상 중 한 장면(Eye contact in us Culture)

관련한 동영상을 보여주면서 이런 행동 문화의 차이가 종종 갈등의 원천이 된다는 사실을 말해줄 수 있습니다.

문화상대성 이해 단계에서 교사는 한국인과 캐나다인의 시선 문제가 상하 대인관계에서 비롯된 것이지 정직, 부정직의 문제가 아니라는 사실을 알려줍니다.

타문화 존중 단계에서 교사는 학생에게 캐나다를 비롯한 서양에 가면 서양인의 방식대로 행동하고, 만약 필요하다면 서양인에게 동양인의 방식을 잘 설명해주라고 조언합니다.

교과서 지문으로
상호문화 이해하기 ②

고등학교 1학년 교과서 「Lesson 2. Why is Pink for Girls?」[7]를 상호문화교육과 연결하면 다음과 같이 할 수 있습니다.

문화개념 소개 단계에서 교사는 "신호등에서 빨간불과 파란불은 각각 무슨 의미인가요?"라고 물어보고, '멈추라'와 '지나가라'라는 대답을 얻어냅니다. 그리고 색깔마다 독특한 의미가 있음을 상기시킵니다.

자문화 인식 단계에서 교사는 학생들에게 "일반적으로 여자에게는 어떤 색을, 남자에게는 어떤 색을 많이 쓰나요?"라고 묻고 학생들의 의견을 들어봅니다. 대부분이 여자는 분홍색, 남자는 파란색이라고 대답할 것입니다. 이때 혹시 다른 색깔을 말하는 학생이 있으면 그 학생의 의견도 존중해줍니다. 그다음 예시 그림을 보여주면서 조선 시대 남자들은 빨간색 계통 의복도 많이 입었다는 사실을 말해줍니다.

타문화 발견 단계에서 교사는 예시 그림들을 보여주면서 서양에서도 과거에 남자에게는 빨간색 옷을, 여자에게는 파란색 옷을 입히기도 했다는 사실을 확인시켜줍니다.

양문화 비교 단계에서는 서양도 과거에는 남자에게 빨간색 옷을, 여자에게 파란색 옷을 입히기도 했다는 사실을 확인시켜줍니다.

문화상대성 이해 단계에서는 다음의 글을 통해서 색깔의 의미가 어떻

조선 시대에는 남자들도 빨간 옷을 많이 입었다
(왼쪽: 고종, 오른쪽: 채제공)

서양에서도 과거에는 남자에게 빨간색, 여자에게 파란색 옷을 입혔다

> **What color do you think better for girls, pink or blue?**
> Many of you would answer pink almost automatically. But did you know that this was not the case a long time ago? During the early 20th century, it was generally accepted that pink was for boys and blue for girls. People thought that pink was a more decisive and stronger color and more suitable for boys, while blue was more delicate and prettier. thus more proper for girls. it was when the women's liberation movement arrived that mothers began thinking differently. They wanted their daughters to have more options and feel freer to take an active part in society. So they started dressing their girls in pink.
> What would life be like without colors? Don't you think it would become emotionless and lifeless? Truly, colors are everywhere and they affect the way we live and think.

문화상대성 이해 단계를 위해 제시한 영어 지문

게 바뀌었는지 이해시킵니다.

타문화 존중 단계에서는 성별에 따른 색깔 구분은 대부분 자의적이고 따라서 시대에 따라 변할 수 있으니 이것을 절대적으로 여기지 않도록 유도합니다.

제3장

수학 교과와 다문화/상호문화교육

수학의 기본 개념으로 키우는
상호문화 역량

교사 중에는 다문화/상호문화교육은 사회 과목과 관련 있는 것이지 수학이나 과학과는 관련 없다고 생각하는 사람이 많습니다. 이렇게 생각하는 것도 무리는 아닙니다. 왜냐면 상호문화교육의 핵심 주제 다섯 가지를 주로 사회 과목에서 가르쳐온 게 사실이기 때문입니다. 하지만 그렇다고 해서 오늘날에도 수학이나 과학과 전혀 관련 없다고 생각하면 안 됩니다. 다음에서 보다시피 수학이나 과학도 상호문화교육에 참여할 수 있고 상호문화 역량 향상에 일조할 수 있습니다.

수학 능력mathematical literacy은 학생이 사회에서 온전한 삶을 영위하는 데 매우 중요한 능력입니다. 이 능력은 세상에서 접하는 많은 수치와 통계를 이해하는 데에 필수적이기 때문이지요. 상호문화교육의 핵심인 '평등과 불평등' 개념은 수학에서도 핵심 개념인데, 이 개념은 민주주의 사회에 필요한 사회 비판력을 키우는 데 도움을 줍니다.

유치원이나 초등학교 저학년에서 어떤 물건을 다섯 명의 친구들에게 똑같이 나누어주는 행동을 '인권과 책임'과 연결할 수 있습니다. 예를 들어 "사과 열다섯 개를 다섯 명에게 똑같이 주려면 몇 개씩 나누어야 할까요?"라는 질문은 학생의 수학 능력을 키워줄 뿐만 아니라 모든 학생에게 똑같이 나누어주어야 한다는 공정 및 인권 의식도 가르쳐줄 수 있습니다.

수학의 등식, 부등식 단원은 '차별과 평등'을 가르치는 데 매우 좋은 단원입니다. 이 단원을 핵심 주제와 긴밀히 연결하기 위해 실제 통계 수치를 활용할 필요가 있습니다. 예를 들어 고용노동부가 발표한 자료 〈여성근로자임금비율(남성근로자대비)〉에 따르면 2022년 현재 한국 여성 근로자는 남성 근로자 임금의 67.9퍼센트밖에 받지 못하고 있고, 경제협력개발기구OECD의 〈2015 고용 전망〉 보고서에 따르면 한국에서 내국인 근로자는 외국인 근로자보다 1.55배나 많은 임금을 받습니다. 실제 통계 수치를 수학 지문에 적절히 활용하면 수학 능력과 함께 사회 비판력을 키울 수 있습니다. 물론 이것은 교과서나 교재를 집필하는 사람들이 더 신경 쓸 문제지만, 교사도 수업 시간에 이 문제를 적절히 활용할 수 있습니다. 이것은 학생의 관심이나 흥미, 주제, 개념 등을 중심으로 교육 내용을 통합하는, 이른바 통합 교육과정의 사례가 될 수 있습니다.

문화적·민족적 배경이 다른 학생들은 가정에서 다른 수학적 규칙과 전략을 사용할 수 있습니다. 이 경우에 교사는 학생들이 이런 개인적 전략을 사용하고 토론을 통해서 개선할 수 있도록 이끌어야 합니다. 만약 학교가 학생들에게 단 하나의 수학적 규칙과 전략을 강요하면 그것은 다수집단의 사회문화적 수학을 인정하고 다른 집단의 것은 무시하는 행동이 되고, 그 결과 일부 민족 집단 학생들의 성취도가 상대적으로 낮아질 수 있습니다.

수 체계의 다양성도 '유사점과 차이점'을 설명하는 데 도움이 될 수 있습니다. 한국에는 '일, 이, 삼, 사…'로 읽는 방식과 '하나, 둘, 셋, 넷…'으로 읽는 방식이 있지만 한 가지 방식으로만 읽는 나라도 많습니다. 그런 나라에서 온 사람들은 두 가지 수 체계를 사용하는 데 큰 어려움을 겪습니다.

이주배경학생, 특히 중도 입국 학생이나 외국인 가정의 학생들과 함께 이 문제와 관련해 어떤 어려움을 느꼈는지 알아보고 이야기한다면 서로를 이해하는 데 도움이 될 것입니다. 이런 활동은 '갈등과 갈등 해소'와도 연결할 수 있습니다.

수학의 역사에서 배우는 다양성

수학을 상호문화적 관점으로 접근하는 방법 중 하나는 다양한 민족이 수학 발전에 기여해왔음을 강조하는 것입니다. 피타고라스의 정의로 유명한 피타고라스, 기하학의 아버지로 불리는 유클리드는 고대 그리스인이고, 방정식을 만든 유휘는 중국인이고, 음수와 0을 도입한 브라마굽타는 인도인이고, 아라비아 숫자를 이용하여 최초로 사칙연산(덧셈, 뺄셈, 곱셈, 나눗셈)을 만든 알콰리즈미는 페르시아인이고, 삼차방정식의 해법을 처음 발견한 폰타나는 이탈리아인이고, 대수학의 기본정리를 확립한 가우스는 독일인입니다. 이렇게 보면 오늘날 수학은 인류 공동의 연구 결과라 할 수 있지요. '민족수학 ethnomathematics'은 다양한 문화에서 수학 지식이 어떻게 발전했는지 살펴보는 학문입니다.

학생들에게 1, 2, 3…은 '아라비아 숫자'라 부르고, Ⅰ, Ⅱ, Ⅲ…은 '로마 숫자'라 부른다는 사실을 알려주고 이에 대해 다시 한번 생각해보게 합니

인도 수학자 브라마굽타

다. 대다수 나라가 미터ᵐ, 센티미터ᶜᵐ 체계를 사용하지만 미국은 사용하지 않는 점을 이야기하며 미국 단위계의 역사를 알아볼 수도 있습니다. 캄바 Kamba족, 타이타Taita족, 마사이Massai족이 손가락으로 수를 표현한다거나 중국, 이집트, 그리스 등이 서로 다른 수 체계를 가지고 있다는 사실도 학생들의 흥미를 불러일으킬 만한 소재입니다.

숫자의 명칭도 언어마다 다를 수 있습니다. 예를 들어 영어에는 네 가지 상이한 수 체계가 있습니다. 먼저 one부터 ten까지는 각각 이름이 다릅니다. 다음으로 eleven과 twelve는 'ten 이후에 남은 하나', 'ten 이후에 남은 둘'이라는 뜻의 앵글로색슨어 enleofan, twelf를 본뜬 것입니다. Thirteen부터 nineteen까지는 1자리 숫자와 ten을 합성해 만들었고, twenty에서 ninety까지는 1자리 숫자를 토대로 만들었습니다.

독어는 영어와 비슷하지만 20 이후부터는 1자리 숫자를 10자리 숫자 앞에 놓는다는 점이 다릅니다. 예를 들어 21은 '아인운트츠반치히 einundzwanzig'라고 하는데, 이것을 영어로 옮기면 'one and twenty'입니다. 프랑스어는 또 다릅니다. 예를 들어 70은 '스와상트-디스soixante-dix'라고 하는데, 이것을 영어로 옮기면 'sixty-ten'입니다. 80은 '카트르-뱅quatre-vingts'(영어로 'four-twenties'), 90은 '카트르-뱅-디스quatre-vingt-dix'(영어로 'four-twenty-ten')라고 해서 10 대신에 20vingt을 기초로 만듭니다. 같은 불어권이지만 스위스 프랑스어권과 벨기에 프랑스어권에서는 라틴어에서 유래한 셉탕트(septante, 70), 위탕트(huitante, 80), 노낭트(nonante, 90)라는 형태를 사용합니다.

만약 이주배경학생이 학급에 있으면 학생이나 부모의 출신국에서 숫자를 세는 방법을 발표하게 해볼 수 있습니다. 그러면 수 체계의 다양성을 다시금 확인할 수 있을 것입니다.

사칙연산 방식도 나라마다 다를 수 있습니다. 예를 들어 8-4를 계산할 때 우리는 보통 8에서 4를 뺀 후 나머지를 1부터 세어서 4라고 대답합니다. 하지만 어떤 나라에서는 8에서 거꾸로 7, 6, 5, 4를 센 후 4라고 대답합니다. 또 54×25를 계산할 때 우리는 54×5를 먼저 곱해 270을 구한 후 54×20을 곱해 1080을 구하고 이 둘을 더해 1350이라고 답합니다. 하지만 16세기 이탈리아 수학자 루카 파치올리는 54×25에서 25를 (25+10+5)로 나누고 각각 54와 곱하여 얻은 540, 540, 270을 더해 1350이라고 계산했습니다. 덧셈과 나눗셈도 나라마다 조금씩 다르니 정말 흥미롭지요?

다문화수학 교육의
원리와 방법

송륜진, 주미경은 「다문화수학 교육의 원리와 방법」[8]이라는 논문에서 다문화수학 교육을 "문화적 상대주의를 기반으로 하여 다양한 민족, 인종, 계층 등에서 이루어낸 수학적 성취 및 그 결과물에 대하여 이해하고 인정하는 것을 통해 수학적 소양을 풍부하게 함양하고 올바른 정체성을 확립하며 나와 다른 타자와 공존하고 소통할 수 있는 역량"(105쪽)을 갖추게 하는 교육이라고 정의합니다. 이 정의는 문화상대주의, 다양한 민족, 인종, 계층의 이해 및 인정을 강조하는 다문화교육과 수학을 적절히 연결한 정의라 할 수 있습니다. 다문화수학 교육은 민족, 인종, 언어, 계층이 다른 학생들도 수학을 성공적으로 학습할 수 있다는 긍정적 기대감을 기반으로 하며, 그들의 사회적·인지적 요구를 충족시킬 수 있도록 모든 교육 주체의 신념 및 태도가 바뀌어야 함을 강조합니다.

저자들은 다문화수학 교육의 목표를 세 가지로 제시합니다.

첫째, 수학의 '문화성'을 이해시키는 것입니다. 이는 수학이 인간과 독립적으로 존재하는 초월적 지식이 아니라 구체적인 문화적 상황에서 구성된 지식임을 강조하는 것입니다. 사실 지금까지의 수학교육은 유럽 남성 수학자 집단의 수학을 유일한 수학으로 간주하고 계승, 발전시켜왔습니다. 다문화수학 교육은 이런 사실을 비판적으로 바라보고 여기에서 탈

피하려고 노력합니다. 립카J. Lipka 등은 2005년 에스키모 원주민 유픽Yupik 족 6학년 학생들을 대상으로 실험 연구를 했는데, 그 결과 유픽족 고유의 방법으로 도형의 길이와 넓이를 계산할 때 더 높은 성적을 거둔다는 사실을 확인했습니다. 이 결과를 토대로 립카 등은 학생 고유의 문화와 유산을 활용해 공부하게 하면 학생들은 일종의 안전지대safe zone에서 공부한다고 여겨서 수학에 큰 흥미를 느끼고 더 적극적으로 참여한다고 주장했습니다.

둘째, 수학의 '평등성'을 이해시키는 것입니다. 만약 수학이 한 집단의 독특한 문화적 산물이고 또 학교 수학이 주류 집단의 수학을 가르친다면, 이는 소수집단 학생들에게는 상당히 불리하고 불공정한 일이 될 것입니다. 다문화수학 교육은 다양한 수학 체계를 존중하여 문화적 차이를 결핍으로 보지 않고 학생 개개인의 발전을 위한 발판으로 삼을 수 있도록 배려함으로써 교육의 양적 측면만이 아니라 질적 측면에서 교육적 평등성을 지향합니다. 브레너M. Brenner(1998)는 소수집단인 하와이 원주민 학생을 대상으로 실험 연구를 했는데, 영어로 가르치고 평가한 비교집단보다 하와이 크리올 영어HCE로 수학을 가르치고 평가한 집단에서 통계적으로 유의한 효과가 있음을 알아냈습니다. 다시 말해 학생들의 고유한 언어로 수학을 가르치면 수학적 내용을 더 많이 습득할 뿐만 아니라 학업 성취도도 더 높아진다는 것입니다. 송륜진은 몽골 학생이 포함된 교실에서 몽골 문화를 반영한 수학 수업을 했더니 학생의 수학적 담화의 빈도가 급격하게 증가하고 수준이 향상된다는 사실을 발견했습니다.[9]

셋째, 수학의 '개혁성'을 이해시키는 것입니다. 수학의 역사를 살펴보면 수학적 지식을 그대로 답습하기보다는 기존의 수학적 지식을 비판적으로 사고하고 보완하면서 수학이 발전해왔음을 알 수 있습니다. 수학의 개혁성은 비판적 사고를 확장하여 사회에 존재하는 불평등, 모순, 부조리 등을 비판하고 개혁하는 교육으로 나아가자는 것입니다. 송륜진은 중학교 1학년 함수의 그래프 단원에서 난민 문제, 아동 노동 착취 문제 등을 다루었더니 수학에 대한 흥미와 동기가 유발되었고, 제시된 사회문제뿐만 아니라 학벌주의, 학력 차별 등 다양한 사회적 이슈에 대해서 논의할 수 있었다고 합니다.[10]

제4장

사회 교과와 다문화/상호문화교육

사회 구성원으로 살아가는 기술을
알려주는 사회 교과

　　　　　　　　　　　　　　　"사회과는 학생이 사회생활에 필요한 지식과 기술을 익혀 이를 토대로 사회현상을 정확하게 인식하고, 민주 사회 구성원에게 요구되는 가치와 태도를 지님으로써 민주 시민으로서의 자질을 갖추도록 하는 교과"[11]입니다. 이 언급을 다문화사회와 연결하면, 사회과는 다문화사회 현상을 정확히 이해시키고, 사회를 살아가는데 필요한 지식, 기술, 가치, 태도를 길러주는 과목이라 할 수 있습니다. 특히 사회과는 차이와 다양성이 사회의 중요한 특징이고, 편견과 차별이 인간관계에 큰 영향을 끼친다는 사실을 가르치는 중요한 과목입니다.

　『Intercultural Education in the Primary School』(86쪽)은 사회 과목의 목표를 첫째, 학생의 개인적 발달을 도와주고, 둘째, 자기와 타인을 존중하고 모두의 존엄성을 인정하는 태도를 길러주고, 셋째, 사회적 책임감, 적극적이고 참여적인 시민 정신, 민주주의적 삶의 존중을 강조하고, 넷째, 인간적·문화적 다양성을 존중하고 세상의 상호의존성을 이해시키는 것이라고 강조합니다.

　유치원과 초등학교 사회 시간에는 자신을 유일한 존재로 만드는 특징에 대해 말해보게 함으로써 '정체성과 소속감'을 가르칠 수 있습니다. 먼저, 학생들에게 자기 자신을 다른 사람과 구별하게 만드는 것이 무엇인지 말해보게 합니다. 그다음 자기를 특징짓는 특성이 여러 개라는 의미로서

러시아 전통 인형 마트료시카

의 복수성, 자기를 특징짓는 특성이 변할 수 있다는 의미로서의 가변성, 부모 – 자식, 교사 – 학생 등 특징들이 짝을 이룬다는 의미로서의 관계성을 가르칠 수 있습니다. 이때 여덟 겹으로 된 양파나 러시아 전통 인형 마트료시카Matryoshka를 활용할 수 있습니다.

　초등학교 사회 시간에는 같은 반이나 학교에 있는 학생들의 다양성에 주목하게 함으로써 '유사점과 차이점'을 가르칠 수 있습니다. 학생들의 얼굴, 피부색, 키 등은 참으로 다양합니다. '유사점과 차이점'을 사회 과목과 연계하는 또 다른 방법은 피자, 스파게티, 쌀국수, 카레, 라면, 만두 등이 어느 나라에서 온 음식인지를 조사하고 발표하게 하는 것입니다. 스파게티와 쌀국수는 국수 형태라는 점에서 유사하지만 전자는 이탈리아 명칭으로 불리고 후자는 포pho라는 베트남 이름이 있음에도 한국어로 불린다는 사실은, 두 음식에 대한 우리의 태도가 다르다는 사실을 깨닫게 합니다.

　자기 지역이나 학교에서 어려움을 겪는 사람들을 찾아보고 그들을 도울 방법을 모색하는 활동은 '인권과 책임'과 연결할 수 있습니다. 예를 들어 고양시 A 초등학교 5학년 무스타파의 이야기[12]를 활용할 수 있습니다. 무스타파는 2021년 8월 아프가니스탄에서 한국으로 온 특별기여자의 자녀로, 한국어는 잘 못하지만 운동을 참 잘합니다. 무스타파는 개인 달리기, 반 계주, 피구 세 종목에 출전했고, 친구들은 무스타파를 응원해주었습니다. 참 보기 좋은 장면이지요. 하지만 무스타파는 학업 면에서 많은 어려움을 겪고 있습니다. 교사는 학생들에게 무스타파를 도와줄 방법을 생각해보게 할 수 있습니다.

사회 과목의 내용은 상호문화교육 다섯 핵심 주제(정체성과 소속감, 유사점과 차이점, 인권과 책임, 차별과 평등, 갈등과 갈등 해소)와 어느 정도 다 관련이 있습니다. 사회 과목은 글자 그대로 '사회를 가르치는 과목'이니까요.

사회 수업이 곧
다문화/상호문화교육

2015 개정 교육과정 사회과는 공통 교육과정(사회, 역사), 선택 교육과정 공통과목(통합사회, 한국사), 선택 교육과정 일반 선택(한국지리, 세계지리, 동아시아사, 세계사, 경제, 정치와 법, 사회·문화), 선택 교육과정 진로 선택(여행지리, 사회문제 탐구)으로 구성되어 있습니다. 이것을 보면 사회 교과는 사회, 역사, 지리, 정치, 경제 등을 광범위하게

다루며, 그 내용이 다문화 현상과 매우 밀접하다는 것을 알 수 있습니다. 만약 다문화교육이 주로 사회 교사의 몫이라고 생각한다면 바로 이 점 때문입니다. 하지만 다문화/상호문화교육은 모든 교과목에서 다루어야 할 범교과 학습 주제이지 어느 특정 과목의 전유물이 아닙니다.

『사회과 교육과정』(3쪽)은 창의적 사고력, 비판적 사고력, 문제해결력 및 의사결정력, 의사소통 및 협업 능력, 정보활용 능력을 핵심 교과 역량으로 제시하고 있습니다. 이 모든 교과 역량은 다문화/상호문화교육이 중시하는 역량입니다. 특히 문제해결력 및 의사결정력은 "다양한 사회적 문제를 해결하기 위해 합리적으로 결정하는 능력"을 말하고, 의사소통 및 협업 능력은 "자신의 견해를 분명하게 표현하고 타인과 효과적으로 상호작용하는 능력"을 말합니다. 두 능력은 상호문화교육이 목표로 하는 상호문화 역량과 거의 일치합니다.

사회 교과 성취기준 중 다문화/상호문화교육과 밀접하게 관련된 것 몇 가지만 소개하면 다음과 같습니다.

- 성취기준 [4사04-06] "우리 사회에 다양한 문화가 확산되면서 생기는 문제(편견, 차별 등) 및 해결 방안을 탐구하고, 다른 문화를 존중하는 태도를 기른다."(31쪽)
- 성취기준 [6사02-02] "생활 속에서 인권 보장이 필요한 사례를 탐구하여 인권의 중요성을 인식하고, 인권 보호를 실천하는 태도를 기른다."(35쪽)

- 성취기준 [9사(지리)04-03] "서로 다른 문화가 공존하는 지역과 갈등이 있는 지역을 비교하여, 그 차이가 발생하는 이유를 분석한다."(64쪽)

- 성취기준 [9사(일사)01-03] "사회 집단의 의미를 이해하고, 사회 집단에서 나타나는 차별과 갈등의 사례와 이에 대한 해결 방안을 탐구한다."(77쪽)

- 성취기준 [10통사07-03] "문화적 차이에 대한 상대주의적 태도의 필요성을 이해하고, 보편 윤리의 차원에서 자문화와 타문화를 성찰한다."(132쪽)

- 성취기준 [10통사07-04] "다문화사회에서 나타날 수 있는 갈등을 해결하기 위한 방안을 모색하고, 문화적 다양성을 존중하는 태도를 갖는다."(132쪽)

- 성취기준 [12한지06-03] "외국인 이주자 및 다문화가정의 증가와 이로 인한 사회·공간적 변화를 조사·분석한다."(168쪽)

- 성취기준 [12사문03-01] "문화에 대한 이해를 바탕으로 문화를 바라보는 여러 관점을 설명하고 문화 다양성 존중 및 조화를 추구하는 태도를 가진다."(249쪽)

- 성취기준 [12사문05-03] "저출산·고령화와 다문화적 변화로 인해 대두되는 과제를 제시하고 이에 대한 대응 방안을 모색한다."(251쪽)

- 성취기준 [12사탐05-01] "사회적 소수자 및 차별의 의미를 이해하

고, 대중매체(TV, 영화, 광고 등)를 통해 사회적 소수자에 대한 다양

한 차별 양상을 파악한다."(270쪽)

- 성취기준 [12사탐05-03] "사회적 소수자에 대한 편견과 차별의 발

   생 원인에 대한 다양한 관점을 파악하고, 토의 등을 통해 사회적 소

   수자 차별 문제의 해결 방안을 도출한다."(270쪽)

이 외에도 많은 성취기준이 다문화/상호문화교육과 관련 있습니다. 사
회 교사는 이런 연관성을 잘 인식하고 이것을 교실에서 어떻게 실현할지
늘 고민해야 합니다.

차이는 가르치되
우열을 가르지 않기

초등학교 4학년 사회 성취기준
[4사02-02]는 "우리 고장과 다른 고장 사람들의 의식주 생활 모습을 비
교해 환경의 차이에 따른 생활 모습의 다양성을 탐구한다"입니다. 또 초등
학교 5-6학년 사회 성취기준 [6사07-04]는 "의식주 생활에 특색이 있는
나라나 지역의 사례를 조사하고, 이를 바탕으로 하여 인간 생활에 영향을
미치는 여러 자연적·인문적 요인을 탐구한다"입니다.

교사는 한국, 중국, 일본 젓가락의 모양 비교를 통해 앞에서 언급한 성

세계 3대 식사 도구

취기준을 달성할 수 있습니다. 문화개념 소개 단계에서 교사는 음식을 먹는 방법에는 손으로 먹기, 포크·나이프로 먹기, 젓가락으로 먹기 등 다양한 방법이 있음을 말해줍니다. 이때 이미지 자료를 보여주면 더 효과적입니다. 젓가락을 사용하는 사람의 비율이 전 세계 인구 중 30퍼센트를 차지하고 한국, 중국, 일본 사람이 대표적이라는 사실을 알려줍니다.

자문화 인식 단계에서 교사는 한국 젓가락에 대해서 여러 가지 질문을 해봅니다. 한국 젓가락은 금속이나 나무로 만든다는 사실, 길이가 그리 길지 않다는 사실, 끝이 뭉툭하다는 사실을 확인시켜줍니다. 백제 무령왕의 능에서 나온 동으로 만든 숟가락과 젓가락을 보여주면 한국인이 수저를 사용한 역사가 매우 오래되었음을 깨닫게 할 수 있습니다.

타문화 발견 단계에서는 한국 젓가락과 함께 일본 젓가락과 중국 젓가락을 보여줍니다. '바시(ばし)'라 불리는 일본 젓가락은 주로 나무로 만들고 길이가 짧으며 끝이 뾰족하다는 사실을 알려주고, '콰이즈(筷子)'라고

무령왕릉에서 출토된 수저

일본, 한국, 중국의 젓가락

부르는 중국 젓가락은 역시 나무로 만들고 길이가 길고 끝이 뭉툭하다는 사실을 확인하게 합니다.

양문화 비교 단계에서는 한국, 중국, 일본 젓가락의 차이점과 공통점을 찾아보게 합니다. 공통점은 젓가락이 중요한 식사 도구라는 것입니다. 차이점은 앞서 설명했듯이 재질, 길이, 끝부분의 모양입니다.

문화상대성 이해 단계에서는 이런 차이가 (김치, 튀김, 회 등) 먹는 음식의 종류, (혼자 먹기나 같이 먹기와 같은) 식사 방식에 따른 것이라고 알려줍니다. 일본은 혼자 먹는 경우가 많고, 중국은 원탁에 둘러앉아 먹는 경우가 많고, 한국은 그 중간쯤 됩니다.

타문화 존중 단계에서는 이처럼 음식의 종류, 식사 방법 등에 따라 젓가락의 모양과 길이가 달라졌으므로 어느 것이 좋고 나쁘다고 말할 수 없음을 강조합니다. 일식집에서 바시를 사용하고 중식집에서 콰이즈를 사용하는 것은 당연합니다.

제 5 장

역사 교과와 다문화/상호문화교육

잘못된 역사적
선입견 바로잡기

        사회와 마찬가지로 역사도 다문화/상호문화교육과 아주 밀접한 교과입니다. "역사 교육과정은 많은 부분에서 상호문화교육과 같은 목적과 목표 위에 수립"(『Intercultural Education in the Primary School』, 82쪽)되었기 때문입니다. 역사는 다른 사람에 대해 역지사지하게 하고 과거와 현재의 사회적·정치적·경제적 상호작용을 좀더 깊이 이해하게 합니다. 역사 과목은 한 나라의 발전에 다양한 민족이 관여하고 기여했다는 사실을 가르쳐주고, 과거 사실을 다양한 관점에서 바라보게 합니다. 이처럼 역사는 다양한 문화와 민족의 기여, 관점의 다양성을 강조함으로써 학생의 현재와 미래에 큰 영향을 끼칠 수 있습니다. 특히 한국처럼 단일민족과 단일문화의 우수성을 지나치게 강조해온 나라에서는 다양한 문화와 민족의 기여, 관점의 다양성을 인정해야 한다는 점을 더욱 강조해야 합니다.

  대부분의 나라에 있는 건국 신화는 '정체성과 소속감'을 길러줄 수 있습니다. 한국의 건국 신화인 단군 신화를 가르칠 때는 두 가지 사실을 강조할 필요가 있습니다. 첫째, 천제 환인의 아들 환웅과 곰에서 사람으로 변한 웅녀가 결혼해 민족의 시조 단군을 낳았다는 "단군 신화야말로 우리 민족이 다문화로 형성됐음을 말해준다"[13]라는 것입니다. 둘째, 과거에는 단군 신화에서 '단일민족'이라는 이념을 강조했다면 이제는 '홍익인간^{弘益人}

콜럼버스의 발견일까? 침략일까?

間'을 강조해야 한다는 것입니다. '널리 인간을 이롭게 한다'는 이념이야말로 다문화시대에 우리가 수용하고 실천해야 하는 이념입니다.

임진왜란 때 일본군 선봉장으로 왔다가 조선에 투항한 김충선(일본명 사야카沙也可) 장군의 이야기는 '갈등과 갈등 해소'와 연결할 수 있습니다. 그는 투항 후 의병 및 조선군 장수로서 총 일흔여덟 차례 전투에 참가해 큰 공을 세웠습니다. 선조는 그에게 김해 김씨라는 성씨를 내리고 정2품 자헌대부라는 높은 벼슬을 내렸습니다. 그의 자손들은 대구시 달성군에 집성촌을 이루어 살고 있습니다. 그의 이야기는 일본 하면 적대감부터 가지는 우리가 꼭 기억해야 할 사실입니다.

콜럼버스의 신대륙 발견은 '인권과 책임'과 관련지어 가르칠 수 있습니다. 위의 그림을 보면 왼쪽에는 두 스페인 병사의 호위를 받는 콜럼버스가 있고 오른쪽에는 '환대'와 '공유'를 신조로 삼는 아라와크Arawaks족이 있습니다.

두 가지 나폴레옹 초상화

교실에서는 이 그림을 보여주면서 콜럼버스가 신대륙을 '발견'했다고 가르칩니다. 하지만 이것은 백인의 관점에서 말하는 것입니다. 이 역사적 사실을 상호문화적으로 가르치길 원하는 교사는 학생들에게 "아라와크족의 입장에서 보면 콜럼버스가 무엇을 한 것인가요?"라고 물어볼 수 있습니다. 학생들은 '침략'이라고 대답할 것입니다. 실제로 콜럼버스는 자신이 원하는 것을 얻기 위해 원주민을 잔인하게 학살했습니다.

나폴레옹의 사례는 이미지가 우리에게 얼마나 왜곡된 생각을 심을 수 있는지 알려줍니다. 먼저 교사는 학생들에게 '나폴레옹' 하면 떠올리는 이미지에 대해서 말해보게 합니다.

학생들은 십중팔구 알프스산맥 벼랑 끝에서 뒷다리로 서 있는 말 위에서도 근엄한 표정을 짓고 진군할 방향을 가리키는 나폴레옹(왼쪽)을 떠올릴 것입니다. 이 그림은 1800년 다비드^{J. David}가 그린 작품입니다. 다음으로 교사는 1850년 들라로슈^{P. Delaroche}가 그린 그림(오른쪽)을 보여줍니다.

나폴레옹이 안내자가 모는 작은 노새를 타고 추위에 떨며 침울한 표정으로 계곡을 넘고 있습니다. 교사는 이 그림이 나폴레옹의 실제 모습에 가까웠음을 강조하고, 자신이 안다고 생각하는 역사가 사실과 다른 선입견일 수도 있다는 점을 깨닫게 해줍니다. 여기서 우리는 상호문화교육의 핵심을 만나게 됩니다.

미래의 합리적 결정을 위한
역사 돌아보기

역사는 "내일을 위해 오늘 쓰는 어제의 이야기"[14]라고 합니다. 사실 역사는 여러 가지로 유용합니다. 첫째, 과거의 유산을 전승하는 데 도움을 줍니다. 둘째, 현재를 좀더 잘 이해하는 데 도움을 줍니다. 현재는 과거의 산물이기 때문입니다. 셋째, 과거의 사례는 현재나 미래에 합리적 결정을 내리는 데 도움을 줍니다.

여기에서는 하멜[H. Hamel] 이야기를 통해 세 번째 유용성에 대해 생각해보겠습니다. 만약 이 이야기를 상호문화교육 6단계에 맞추어 가르치고자 한다면 다음과 같이 할 수 있습니다.

문화개념 소개 단계에서 교사는 인간은 유사 이래 늘 교류했고 그 결과 문화를 상호 차용했다는 사실을 강조합니다. 이때 "모든 문화의 역사는 문화적 차용의 역사"[15]라는 사이드[E. Said]의 말을 상기시키면 더 설득력 있을 것입니다.

　자문화 인식 단계에서 교사는 『하멜표류기』를 소개합니다. 네덜란드에서 온 하멜 일행은 대만에서 일본으로 가다가 1653년 8월 제주도 인근에서 태풍을 만나 배가 난파되었고, 서른여섯 명만 살아남아 대정읍^{大靜邑}에 도착했습니다. 언어 때문에 제주 목사 이원진과 대화할 수 없었던 이들은 1654년 6월 한양으로 압송됩니다. 일행을 만난 효종은 이들에게 호패를 발급하고 훈련도감에 배속하고 매달 식량과 포목을 지급했지만 이들을 제대로 활용하지는 못했습니다. 당시 조선은 숭명배청^{崇明排淸}, 즉 명나라 문화를 숭상하고 청나라 과학기술을 오랑캐의 것이라 하여 무시했습니다. 이런 분위기에서 하멜 일행은 '괴물'로 여겨졌고 남쪽에서 왔다고 '남만인^{南蠻人}'이라 불리면서 조롱당했습니다. 만약 하멜 일행에게 항해술을 배우거나 이들을 선박 건조나 무기 제조에 참여시켰더라면 이후 조선의 상황은 많이 달라졌을 것입니다.

　타문화 발견 단계에서는 비슷한 시기에 일본이 보여준 태도를 알려줍니다. 하멜과 동료 일곱 명은 배를 구해 1666년 9월 일본 나가사키로 탈출합니다. 일본은 이들이 기독교인이 아님을 확인한 후 데지마^{出島}섬[16]에 있는 네덜란드 관리에게 인계했습니다. 일본은 이들을 인계하기 전에 국적, 여정, 난파 지점, 화물 등에 대해 묻고 조선의 군사, 군함, 종교, 인삼 등에 대해 세세한 정보를 캐냈습니다. 하멜 일행이 13년 28일 동안 조선에 머무르며 보고 들은 것을 단 하루 만에 알아냈다니 참으로 놀랍습니다.

　양문화 비교 단계에서는 학생들에게 네덜란드인에 대한 조선과 일본의 반응을 비교하게 합니다. 조선 조정은 중국이나 일본을 통해 서양인의 존재와 문명에 대해 어느 정도 알면서도 애써 무시했지만, 일본 막부는 자신의 문화를 지키면서도 서양인을 적극 활용할 줄 알았습니다. 이런 상반된 태도로 인해 조선과 일본의 경제적·군사적 차이가 점점 더 벌어졌고, 그 결과 일제 강점기를 겪게 되었다고도 할 수 있습니다.

문화상대성 이해 및 타문화 존중 단계에서 교사는 조선의 국수적 태도와 오늘날 우리가 외국인 주민을 대하는 태도를 연결 지어 생각해보게 합니다. 중국, 동남아 등에서 온 외국인 주민은 경제적으로는 약자지만 문화적으로는 그렇지 않습니다. 그들의 문화가 우리 문화를 더 풍요롭게 해준다고 생각하고 그들의 문화에 가치를 부여하면 타문화를 자연스럽게 존중하게 될 것입니다.

제6장

지리 교과와 다문화/상호문화교육

생물다양성과 문화다양성을
익히는 지리 교과

지리 교과의 목표는 지구상의 자연 및 인간의 다양성을 이해하고, 다양한 환경에서 온 사람들과의 역지사지 능력을 키우고, 인간의 상호의존성을 확인하게 하는 데 있습니다. 다양성의 정상성과 인간의 상호의존성은 상호문화교육의 핵심 개념입니다.

다양성은 생물다양성과 문화다양성으로 나눌 수 있습니다. 사람들은 생물다양성은 쉽게 받아들이지만 문화다양성은 그러지 못합니다. 문화다양성이 민족중심주의와 연결되기 때문이지요. 문화다양성cultural diversity은 "집단과 사회의 문화가 표현되는 다양한 방식"(『문화적 표현의 다양성 보호와 증진 협약』, 제4조 1항)을 말합니다. 문화다양성을 잘 이해하려면 먼저 문화가 무엇인지부터 알아야 합니다. 저는 문화를 '인간이 주어진 환경에 적응하는 방식'이라고 정의합니다. 여기서 환경은 자연환경과 인문환경으로 나눌 수 있는데, 지형이나 기후는 자연환경의 대표적 요소이고, 언어와 종교는 인문환경의 대표적 요소입니다.

피부색도 거시적으로 보면 인간이 주어진 자연환경에 적응한 결과입니다. 알다시피 인간의 피부색은 멜라닌melanin이라는 색소가 결정하는데, 이 색소는 햇빛이 강한 곳에서는 많이 형성되고 약한 곳에서는 적게 생성됩니다. 인류가 처음 출현한 아프리카는 햇빛이 강한 곳이었습니다. 피부를 보호하기 위해 신체에서 멜라닌이 많이 나와 이 지역에 사는 사람들은 피

인도 벵골 산속에서 발견될 당시의 아말라와 카말라

부색이 검어졌습니다. 이후 인류는 서서히 다른 지역으로 옮겨갔는데, 북반구로 옮겨 간 사람들은 약한 햇빛 때문에 서서히 피부색이 하얘졌습니다. 우리 같은 황인은 흑인과 백인 사이에 존재합니다. 세 집단은 코의 형태도 다릅니다. 추운 지방에 사는 백인은 찬 공기가 체내로 너무 빨리 들어오지 않도록 콧구멍이 작아지고 코가 길어졌습니다. 반면 더운 지방에 사는 흑인은 공기를 가능한 한 많이 받아들여야 했기 때문에 코가 짧아지고 콧구멍이 넓어졌습니다.

언어도 인간이 주어진 환경에 적응하는 방식으로 설명할 수 있습니다. 인간은 태어날 때부터 언어습득 능력을 가지고 있습니다. 미국 언어학자 촘스키N. Chomsky는 이 능력을 '언어습득 장치Language Acquisition Device'라고 불렀습니다. 이 능력은 주어진 환경에 따라 다르게 실현됩니다. 한국에서 태어나면 한국어를 습득하고, 프랑스에서 태어나면 프랑스어를 습득하고, 중국에서 태어나면 중국어를 습득합니다. 따라서 모든 모국어는 인간이

주어진 환경에 적응한 결과라고 할 수 있습니다. 만약 인간이 주어진 환경의 언어를 습득하지 않으면 의사소통을 할 수 없고 궁극적으로 그 사회에서 살아갈 수 없습니다. 1920년 인도 벵골 산속에서 발견된 아말라Amala와 카말라Kamala라는 늑대 어린이 사례가 이를 잘 설명해줍니다.

발견 당시 두 살, 일곱 살로 추정된 두 아이들은 늑대처럼 네발로 기어다니면서 사람을 보면 이빨을 내보이며 위협하고 인간의 언어를 한 마디도 하지 못했습니다. 인간 사회에 적응하기 어려웠던 아말라는 2년 만에, 카말라는 9년 만에 죽었습니다. 카말라가 9년 동안 배운 단어가 45개에 불과했고 포크로 겨우 음식을 먹을 정도였다니 인간이 인간 사회에 뒤늦게 적응한다는 것이 얼마나 어려운지 잘 알 수 있습니다.

이처럼 인간의 의식주, 관습, 규범 등은 모두 인간이 주어진 환경에 적응한 결과라고 이해하면 차이를 가지고 차별하는 일을 많이 줄일 수 있을 것입니다.

지리적 한계를 넘어
생각하기

지리 시간에 학생이 사는 지역의 자연 지리적 특성을 살펴보는 것은 '정체성과 소속감'을 확인하는 좋은 기회가 됩니다. 또 학생이 사는 지역 주민 중 내국인과 외국인의 비율, 외국인의 유형, 국적, 직업 등을 알아보는 것도 '정체성과 소속감'을 이해하는 데 도움이 될 수 있습니다.

지리 시간에 기후 조건과 주택 형태의 관계를 살펴보면 '유사점과 차이점'을 확인할 수 있습니다. 주택 형태가 지역의 기후 조건에 따라 결정된다는 사실을 이해하면 아프리카 집을 진흙집mud huts이나 가난의 상징이라고 무시하는 태도를 피할 수 있습니다. 베트남에는 나무 기둥 위에 집을 짓는 고상가옥이 많은데, 이는 잦은 홍수에 대비하고 뱀이나 전갈 등 야생동물의 공격을 피하기 위한 형태입니다. 몽골의 게르Ger는 초지에서 목축하며 자유롭게 이동하기 위해 고안한 주거 형태입니다.

제3세계의 실상은 '인권과 책임'을 이해하는 데 도움이 될 수 있습니다. 제3세계는 미국과 소련 간의 냉전 시대에 어느 쪽에도 가담하지 않은 중립국을 가리키는 용어로, 대개 생활 수준이 낮습니다. 제3세계 국가들은 주로 원료를 생산하고, 선진국은 원료를 싸게 사서 비싸게 팔아 막대한 수익을 올립니다. 우리가 날마다 마시는 커피를 예로 들어볼까요? EBS 〈지식채널e〉에서 방영한 '커피 한 잔의 이야기'편을 보면, 커피 한 잔을 팔 때 생산자에게 돌아가는 이윤은 전체 이윤의 1퍼센트에 불과하다고 합니다. 전 세계 50여 개국 2,000만 명이 커피를 재배하는데 그중 상당수가 아동이라고 합니다. 결국 선진국이 자본을 이용해 아동의 노동력을 착취하는 셈이지요. 이런 불공정은 하루빨리 시정되어야 합니다. 그래야 생산자에게 좀더 많은 이윤이 돌아가고, 공부를 해야 할 아동이 노동에 내몰리는 상황을 막을 수 있습니다.

커피 따는 아이들

국회나 다른 권력 기관의 남녀 비율이나 외국인 비율을 알아보는 것은 '차별과 평등'을 이해하는 데 도움이 될 수 있습니다. 2019년 3월 26일자 『여성신문』에 따르면 세계 193개국의 여성 국회의원 평균 비율은 24.3퍼센트인데 한국의 여성 국회의원 비율은 17.1퍼센트라고 합니다.[17] 이는 조사 대상국 중 121위로, 한국의 여성 차별이 얼마나 심각한지 잘 보여줍니다. 이민자 중 국회에 진출한 사람은 이자스민Lee Jasmine이 유일합니다. 그 것도 선출직이 아니라 비례대표였지요. 이자스민이 국회의원이 되었을 때 꽤 많은 한국인이 부정적 반응을 보였다는 사실도 다시 한번 생각해볼 필요가 있습니다.

지리 교과에서 흔히 다루는 문제 중 하나가 자원의 개발과 보존 사이의 갈등입니다. 알다시피 지역 또는 자원 개발은 인간의 삶의 질을 향상하는 차원에서 이루어지지만, 이것이 인간에게 반드시 이롭지만은 않습니다. 그래서 개발과 보존을 두고 사람들이 갈등하는 경우가 많지요. 예를 들어도로 건설은 물자의 이동경로를 만드는 것이기 때문에 지역 개발에 필요한 사업이지만 산을 깎고 터널을 뚫다 보면 산림이 파괴되고 생태계를 교란할 수 있습니다. 그러면 도로를 개발하려는 측과 환경을 보호하려는 측 간에 크고 작은 갈등이 생기지요. 이러한 갈등을 해소하기 위해 최근에는 환경친화적 도로 건설 개념을 도입하고 있습니다. 과거처럼 효율성과 기능성만 추구하는 태도를 버리고 환경과 조화를 이루는 방식으로 도로를 건설하려는 것입니다. 교사는 이런 사례를 통해 '갈등과 갈등 해소'라는 주제를 다룰 수 있습니다.

제7장

과학 교과와 다문화/상호문화교육

과학적 문제 해결력을
키워주는 과학 교과

　　　　　　　　　　　　　과학 교과는 운동과 에너지, 물질,
생명, 지구와 우주 등에 관해 가르칩니다. 그래서 많은 사람들이 과학 교과
가 상호문화교육과 무관하다고 생각합니다. 하지만 과학적 조사를 통해
길러지는 분석적 사고력은 사회와 세계를 분석하는 데도 적용될 수 있고,
상호문화 역량 향상에도 도움이 될 수 있습니다. 이는 과학과 교육과정이
강조하는 과학적 문제해결력과 연결됩니다.

　과학적 문제해결력이란 과학적 지식과 과학적 사고를 활용하여 개인
적 또는 공적 문제를 해결하는 능력을 말합니다. 증거와 실험에 기초한 판
단을 내리는 능력은 고정관념과 편견을 극복하는 데 큰 도움이 됩니다. 또
과학이 발전한 역사를 살펴보면 학생들이 '과학자' 하면 첨단 연구실에서
연구하는 백인 남성만 떠올리는 것이 얼마나 잘못된 생각인지 알 수 있습
니다. 이런 이미지는 수 세기 동안 많은 여성이 과학에 기여했다는 사실을
간과하게 할 수 있기에 반드시 수정되어야 합니다.

　초등학교 과학 시간에 배우는 자기 몸의 구조와 기능을 '정체성과 소속
감'과 연결해볼 수 있습니다. 우리 몸의 구조는 기본적으로 똑같지만 자기
만의 고유성도 가지고 있다는 사실을 통해서 정체성에 대해 생각해볼 수
있습니다. 중등 과학사 시간에는 삼국시대부터 오늘날까지 과학과 기술이
어떻게 발전해왔는지 가르침으로써 우리 과학의 우수성과 독창성을 이해

시키고 '정체성과 소속감'을 강화할 수 있습니다.

중학교 과학 시간에 배우는 생물다양성은 '유사점과 차이점'을 가르치는 데 활용할 수 있습니다. 학생들은 동일한 생물이라도 환경과 변이에 따라 다양하게 나타난다는 사실을 알고, 생물다양성을 유지할 필요성과 방법에 대해서 생각해볼 수 있습니다. 또 과학기술과 인류 문명 단원에서는 오늘날 우리가 누리는 과학과 기술이 지구상 모든 국가와 민족이 노력한 결과라는 점을 강조할 수 있습니다.

중학교에서 배우는 기권과 날씨를 주제로 기권의 층상구조를 설명하고 이와 관련된 온실 효과와 지구온난화의 위험을 제대로 알릴 수 있습니다. 지구온난화 문제는 지구에 사는 모든 사람과 관련된 매우 심각한 문제입니다. 이 문제의 주범인 석탄, 가스, 석유 등 화석연료를 많이 사용하면 이산화탄소 같은 온실가스가 대기 중에 차지하는 비율이 높아집니다. 오늘날 모든 기후 과학자는 지구온난화 대부분이 인간에 의해 발생했다는 데 동의합니다. 환경부에 따르면 한국도 2021년 6억 8,000톤의 온실가스를 배출해 지구온난화에 심각한 영향을 끼치고 있다고 합니다. 교사는 이를 '인권과 책임'과 연결하여 우리 모두가 온실가스를 줄이는 데 동참해야 한다고 가르칠 수 있습니다. 지구의 재생 가능한 자원과 재생 불가한 자원을 나누어 설명하는 것도 필요합니다.

2019년에 출현해 지금까지 극성을 부리는 코로나도 우리에게 많은 것을 생각하게 합니다. 먼저 질병도 세계화한다는 점입니다. 전염병 앞에서 기존의 국경 개념은 점점 약해지고 있습니다. 다음으로 지구에 사는 사람들 간의 연대성이 생각보다 약하다는 점입니다. 선진국은 백신을 개발하여 자국민을 보호했지만 후진국이나 개발도상국은 그러지 못했습니다. 선진국은 백신이 남아돌아 2억 4,000만 회분을 폐기했지만 개발도상국은 백신 난에 시달렸고 후진국은 접종 자체를 엄두도 못 냈습니다. 코로나는 그동안 국제기구와 선진국이 외쳐대던 국제협력이나 세계평화가 얼마나 허구적인지 잘 보여주었습니다. 코로나가 드러낸 각국의 백신 확보 전쟁, 백신 민족주의, 백신 접종 불평등 문제는 학생들에게 '차별과 평등', '갈등과 갈등 해소'를 설명하는 좋은 기회가 될 것입니다.

과학적으로 '황사 문제' 접근하기

요즈음 봄이 되면 늘 찾아오는 불청객이 있습니다. 바로 중국에서 유입되는 황사입니다. 영어로 '옐로 더스트 Yellow Dust'라고 부르는 황사는 고대 기록에도 나올 정도로 오래된 자연현상입니다. 그때는 흙먼지에 불과해서 별문제가 아니었지만 요즈음은 피해가 점점 커져 심각한 문제로 대두되고 있습니다.

황사 문제는 한중 갈등의 원인이 되기도 합니다. 서울 영등포구 D 초등학교에서 그런 갈등이 있었습니다. 이 학교에는 교장 선생님이 "우리 학교는 축구부 빼고 다 다문화 학생"이라고 할 정도로 중국계 학생이 많습니

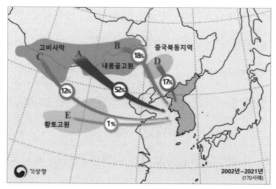

황사는 어디에서 오는 걸까? (출처: 기상청)

다. 다음은 교장 선생님이 들려주신 이야기를 제가 상호문화적으로 꾸며 본 것입니다.

　문화개념 소개 단계에서 교사는 바람의 이동을 설명해줄 수 있습니다. 학생의 수준에 따라 설명 수위를 조절해야겠지만, 기본적으로 공기는 고기압에서 저기압으로 이동한다는 사실을 알려줍니다.

　자문화 인식 단계에서는 D 초등학교 1학년 학생이 불평한 내용을 소개합니다. 이 학생은 봄만 되면 중국에서 황사가 날아온다고 생각하고 중국을 못마땅하게 봅니다. 그러던 어느 날, 운동장에서 중국계 친구를 만나 "중국에서 날아오는 황사 때문에 힘들어 죽겠어"라고 말합니다.

　타문화 인식 단계에서는 중국계 친구의 반론을 소개합니다. 이 학생은 그렇잖아도 한국 친구들의 '텃세'에 불만이 있었는데 황사마저 중국 탓으로 돌리는 모습을 보니 화가 치밀어 오릅니다. 그래서 한국 친구에게 "그런데 황사가 중국에서 온다는 증거가 있어?"라고 반박합니다.

　제5부 | 다문화/상호문화교육의 교과연계

양 문화 비교 단계에서는 두 사람 주위에 몰려든 학생들의 반응을 소개합니다. 두 사람이 황사 문제로 목소리를 높입니다. 그러자 그 소리를 듣고 한 사람, 두 사람 그들 주위로 모여듭니다. 그렇게 모여든 학생들이 거의 다 중국계라 한국 학생은 점점 수세에 몰립니다. 이렇게 수적으로 열세에 몰리자 한국 학생은 황사가 중국에서 온다는 자신의 주장을 제대로 펼칠 수 없게 되었습니다.

문화상대성 이해 단계에서는 학생들에게 황사의 발생 배경과 이동 경로를 설명해줍니다. 이때 YTN 사이언스에서 제작한 〈봄철 황사가 생기는 이유〉라는 동영상을 활용하면 좋습니다. 이 동영상에 따르면, 봄이 되면 땅이 녹고 흙이 부서져 떠오르기 쉬운 모래 먼지가 된다고 합니다. 이렇게 대기 중에 떠오른 모래 먼지는 편서풍을 타고 한국으로 유입됩니다.

편서풍이란 저온인 고위도와 고온인 저위도 사이의 온도 차이에서 발생하는 매우 강한 바람입니다. 중위도 지방인 동아시아 상공에서는 서쪽에서 동쪽으로, 즉 중국에서 한국으로 불어옵니다. 편서풍은 베이징, 텐진, 상하이 등 중국 동부 연안 공업지대를 지나면서 카드뮴, 납 같은 중금속 가루를 실어 오기 때문에 천식, 기관지염 같은 호흡기 질환이나 결막염, 안구건조증 같은 안질환을 유발합니다.

타문화 존중 단계에서는 황사가 어디까지나 자연현상이라는 점을 강조해야 합니다. 사실 황사가 발생해 편서풍을 타고 이동하는 것은 중국과 직접적 관련이 없습니다. 중국에 잘못이 있다면 공장을 무분별하게 세우고 인체에 유해한 물질을 함부로 배출하는 것입니다. 앞으로 몽골이나 중국에서 나무를 많이 심고 중국이 유해한 물질 배출을 규제한다면 황사로 인한 갈등은 많이 줄어들 것입니다.

'무지개'로 배우는 상호문화교육

　　　　　　　　　　무지개는 비가 온 후나 비가 오기 전에 태양을 등지고 서면 볼 수 있는 신비로운 자연현상입니다. 좀더 과학적으로 말하자면, 물방울 입자가 프리즘처럼 작용하여 태양의 가시광선을 분산하고 굴절시켜 일어나는 현상입니다. 이 신비로운 무지개를 초등학교나 중학교에서 가르칠 때는 다음과 같은 상호문화적 접근을 시도해볼 수 있습니다.

문화개념 소개 단계에서는 학생들에게 컴퓨터 화면이나 빔프로젝터 스크린을 통해 무지개를 크게 보여줍니다. 무지개는 특유의 빛깔과 모양으로 동심을 불러일으키고 상상력을 자극합니다. 그래서 무지개는 종종 희망, 소원, 행운의 상징으로 여겨지지요. 비록 요즈음은 대기 오염으로 인해 자주 보기 어렵지만 말입니다.

자문화 인식 단계에서는 무지개의 색깔에 대해서 말해보게 합니다. 교사가 "무지개의 색깔은 몇 가지인가요?" 하고 물으면 학생들은 "일곱 가지요"라고 대답할 것입니다. 교사가 "일곱 가지 색깔을 말해볼래요?"라고

뉴턴의 프리즘 실험

물으면 학생들은 주저 없이 "빨주노초파남보요"라고 대답할 것입니다. 이 때 교사는 "맞아요. 일곱 가지입니다. 하지만 과거에 한국 사람들은 다섯 가지라고 생각했대요"라고 알려줍니다. 그런 다음 1963년에 개봉한 〈오색 무지개〉라는 영화의 포스터를 보여줍니다. 이렇게 다섯 색깔로 본 이유는 당시에는 '흑백청홍황'이라는 다섯 가지 색깔을 기본색으로 여겼기 때문입니다.

타문화 발견 단계에서는 무지개 색깔을 지금처럼 일곱 색깔이라고 말하게 된 것은 영국 물리학자 뉴턴I. Newton 때문이라고 알려줍니다. 당시 영국 사람들은 빛을 흰색이라고 생각했지만 뉴턴은 빛을 프리즘에 통과시키면 여러 가지 색으로 나타난다는 사실을 알아냈습니다. 뉴턴이 빛의 색깔을 일곱 가지라고 한 것은 당시 사람들이 7을 성스러운 숫자로 생각했기 때문이라고 합니다.

양문화 비교 단계에서는 한국이 무지개 색깔을 다섯 가지로 나누다가 일곱 가지로 보게 된 이유가 1960~1970년대에 서양 과학 지식을 그대로 수용하였기 때문이라는 사실을 알려줍니다.

문화상대성 이해 단계에서는 무지개를 한국인은 다섯 색깔로, 서양인은 일곱 색깔로 본 것은 과학적 지식뿐만 아니라 '흑백청홍황이 기본색', '숫자 7이 행운의 숫자'라는 각국의 문화에도 기인한 것임을 강조합니다. 참고로 한국과학기술정보연구원에 따르면 빛을 프리즘에 통과시키면 최대 207가지 색까지 구분할 수 있다고 합니다.

실제로 무지개 색깔의 수는 나라나 민족에 따라 달라집니다. 예를 들어 일본 오키나와 지방과 중국의 몇몇 소수민족은 무지개를 두 가지 색으로 본다고 합니다. 이슬람권에서는 '빨노초청' 네 가지 색으로 무지개를 보고, 독일, 중국 한족, 멕시코 마야족은 다섯 가지 색깔로 봅니다. 미국과 영국에서는 무지개를 여섯 색, 즉 '빨주노초파보' 색깔로 그린다고 합니다. 미국에서는 파란색과 남색을 같은 색으로 보아서 남색이 빠졌다는 설이 있습니다.

여섯 가지 색깔로 무지개를 표현하는 대표적인 예가 미국 애플사의 로고입니다. 무지개를 연상시키는 이 로고는 앞에서 말한 여섯 가지 색으로 이루어져 있습니다.

타문화 존중 단계에서 교사는 우리가 과학적이라고 여기는 무지개 색깔도 나라나 민족에 따라 다르게 지각된다는 사실, 한국인이 다섯 색깔이라고 여기던 무지개 색을 일곱 색깔로 바꾼 것은 서양 과학 지식의 영향때문이라는 사실, 요즈음은 대기 오염으로 인해 무지개를 보기 힘들어졌다는 사실 등을 상기시키고, 과학, 문화, 환경 등을 연결해 생각해보도록유도할 수 있습니다.

상호문화교육은 코페르니쿠스적 전환

오늘날 우리가 누리는 과학과 기술은 동서고금 인류 전체가 노력한 결과입니다. 우리가 지금 편하게 타고 다니는 자동차도 마찬가지지요. 자동차 개발과 관련해 가장 중요한 발견은아마도 바퀴의 발견일 것입니다. 바퀴 없는 자동차는 생각할 수도 없으니까요.

인류가 바퀴를 발명한 시기는 지금으로부터 6,000년 전이라고 합니다. 그 후 바퀴를 단 수레에 말이나 소를 연결해 훌륭한 운송 수단으로 사용했지요. 오늘날 자동차를 처음으로 구상한 사람은 이탈리아인 레오나르도 다빈치Leonardo da Vinci입니다. 그는 1482년 태엽이 풀리면서 움직이는 자동차를 구상했지만 실현하지는 못했습니다. 1599년 네덜란드인 스테핀S. Stevin은 바람의 힘으로 움직이는 자동차에 승객 스물여덟 명을 태우고 시속 34킬로미터로 이동했습니다. 1769년 프랑스인 퀴뇨[N.-J. Cugnot]가 증기로 움직이는 삼륜자동차를 개발했고, 1885년 독일인 다임러[G. Daimler]가 가솔린 자동차를 발명했습니다. 1908년 미국의 포드사는 서민형 자동차를 만들어 본격적인 자동차 시대를 열었습니다.

이처럼 오늘날 우리가 타고 다니는 자동차는 이탈리아인, 네덜란드인, 프랑스인, 독일인, 미국인이 공동 개발한 것입니다. 만약 어느 한 국가나 민족이 특정 기술이나 과학을 마치 자신들의 전유물처럼 자랑한다면 그건 매우 위험한 생각입니다.

노벨상 수상자에게 쏟아지는 전 세계적 관심에서 알 수 있듯이, 누군가 새로운 기술을 개발하거나 과학을 발전시키면 사람들은 그를 높이 칭송합니다. 하지만 새로운 과학적 지식을 발견하고 주장한 사람이 늘 존경받지는 않았습니다. 때로는 그런 발견과 주장 때문에 박해를 받고 살해당하기도 했지요. 예를 들어 이탈리아 천문학자 갈릴레이[G. Galilei]는 17세기에 천동설을 부정하고 지동설을 지지하다가 가톨릭교회로부터 종신 징역형까지 받았습니다.

지동설은 폴란드인 코페르니쿠스[N. Copernicus]가 1543년에 발간한 『천체의 회전에 관하여』에서 처음 주장했습니다. 이것은 2세기 이집트 천문학자 프톨레마이오스[Ptolemaeus]가 주장한 천동설을 완전히 뒤집은 것으로, 당대의 세계관에 큰 충격을 주었습니다. 훗날 사람들은 그의 발견을 '코페르니쿠스적 전환'이라고 불렀습니다.

코페르니쿠스 이전까지 사람들은 자연현상조차 주관적으로 해석했습

처음으로 지동설을 주장한 코페르니쿠스

니다. 달이 태양을 가리면 하늘이 인간에게 화가 났다고 해석했고, 큰 유성이 떨어지면 위대한 인물이 숨을 거두었다고 생각했고, 가뭄이 계속되면 기우제를 지내 비를 내려달라고 빌었습니다. 그리고 인간이 사는 지구가 우주의 중심이고 태양, 별, 달은 지구 주위를 돈다고 생각했습니다. 지구는 단단하게 고정되어 있고 태양, 별, 달은 매일같이 뜨고 지기를 반복했으니 충분히 그렇게 생각할 수 있었습니다. 천동설은 가톨릭교회의 지지를 받았고, 그로 인해 천 년 이상 천문학이 발전하지 못했습니다.

이런 분위기에서 코페르니쿠스는 태양이 우주의 중심이며 지구는 하나의 행성으로 태양의 주위를 돈다는 지동설을 주장했습니다. 지동설은 독일 천문학자 케플러J. Kepler와 이탈리아 천문학자 갈릴레이에 의해서 재확인되었습니다.

이상을 정리하면, 과학과 기술의 발전은 인류 전체가 노력한 결과라는 것, 천동설처럼 오랜 신념도 뒤집힐 수 있다는 것, 종교가 과학의 발전을 가로막기도 했다는 것입니다. 이 세 가지 사실은 상호문화교육의 관점에서도 매우 중요합니다. 상호문화교육은 동질성이 규범이고 이질성이 예외라는 그간의 통념과는 정반대로 생각하는 교육이기 때문입니다. 프랑스 교육학자 압달라-프렛세이는 "상호문화교육은 이질성을 규범으로, 동질성을 강제로 보기 때문에 그야말로 코페르니쿠스적 전환이라고 할 수 있다"라고 말합니다.[18]

제8장

기술·가정 교과와
다문화/상호문화교육

일상의 문제 해결력을
키워주는 기술·가정 교과

　　　　　　　　　　　　　　　기술·가정은 초등학교 5~6학년군
에서는 '실과', 중학교 1~3학년군에서는 '기술·가정'이라는 이름으로 운
영됩니다. 이 교과가 특히 강조하는 실천적 문제해결 능력은 "일상생활에
서 발생할 수 있는 다양한 문제에 대해서 그 배경을 이해하고 문제 해결
의 대안을 탐색한 후 비판적 사고를 통한 추론과 가치 판단에 따른 의사결
정으로 실행할 수 있는 능력"(『실과(기술·가정)/정보과 교육과정』, 4쪽)입니다.
이것 역시 상호문화교육과 맥을 같이합니다.

　성취기준 [12기가01-04]는 "임신 중 생활과 출산의 과정을 이해하고,
계획적인 임신과 건강한 출산을 위한 방안을 탐색한다"입니다. 교사는 이
성취기준과 관련해 '출산' 하면 머리에 떠오르는 음식인 미역국 이야기를
상호문화적으로 다루어볼 수 있습니다.

　문화개념 소개 단계에서 교사는 산고^{産苦}라는 말도 있듯이 출산이 신체
적으로 매우 힘든 일이고, 산고를 겪은 산모에게는 기력을 회복하는 데 좋
은 음식이 필요하다는 점을 상기시킵니다.

　자문화 인식 단계에서 교사는 "산모가 출산하면 대개 어떤 음식을 준비
해주나요?"라고 물어봅니다. 많은 학생이 "미역국이요"라고 대답할 것입
니다. 교사는 "맞아요, 한국에서는 미역국을 많이 끓여주지요"라고 말한
후 "혹시 산후에 먹는 다른 음식이 있을까요?"라고 물어봅니다. 이때 이주

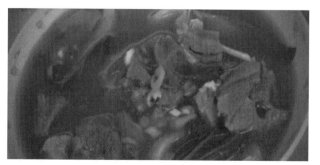
몽골에서 아기를 낳은 후 먹는 음식인 헌니술

배경학생은 다른 대답을 할 수도 있습니다. 이때 교사는 그 음식의 이름, 맛, 만드는 방법 등을 물어보고 그것을 수업 시간에 활용할 수 있습니다.

타문화 발견 단계에서 교사는 "몽골에서는 양고기를 푹 고아서 빵과 함께 준대요"라고 말하고, "왜 그럴까요?"라고 물어봅니다. 몇 명이 대답하게 한 후 교사는 "몽골에는 바다가 없어서 몽골 사람들은 미역 같은 해산물을 거의 먹지 않습니다. 유목민의 후예라 양고기를 많이 먹고, 출산 보양식도 양고기로 만들어요"라고 말해줍니다.

양문화 비교 단계에서 교사는 한국에서 출산한 몽골 여성의 이야기[19]를 들려줄 수 있습니다. 이 여성은 한참 더운 6월에 출산했는데, 병실 온도와 음식 때문에 일찍 퇴원했습니다. 추운 지방에서 태어난 이 여성은 추운 것은 잘 참지만 더운 것은 딱 질색이었는데 병실에서는 한여름인데도 난방을 했습니다. 그래서 아침에 일어나면 손마디가 부어 수저조차 제대로 들 수가 없었습니다. 퇴원하고 집에 왔더니 또 다른 문제가 기다리고 있었습니다. 출산일에 맞추어 몽골에서 온 친정어머니와 시어머니 사이의 음식을 둘러싼 갈등이었습니다. 시어머니는 미역국과 밥을 내밀면서 "아가야, 미역이란 것이 산모의 몸에 있는 노폐물을 쫙 빼주니까 많이 먹어라"라고 하셨고, 친정어머니는 "그 바다풀 먹으면 언제 몸이 회복되냐? 몽골 사람이니까 당연히 고기 먹고 몽골식으로 산후조리를 해야 빨리 회복되지"라고 말하며 양고기 곰탕을 내밀었던 것입니다. 몽골 여성은 누구의 말을 따라야 할지 몰라 정말 난감했습니다.

문화상대성 이해 단계에서는 삼면이 바다인 나라와 바다가 전혀 없는 나라의 산후 음식과 조리 방법이 다를 수 있음을 이해시킵니다. 이때 중요한 점은 어느 음식이 더 낫다고 주장하지 말고 각 음식의 장점에 대해서 알아보는 것입니다. 그리고 음식은 달라도 산모를 아끼는 마음은 똑같다는 사실을 강조하는 것입니다.

타문화 존중 단계에서 교사는 학생들에게 "이때 가장 좋은 방법은 무엇일까요?"라고 물어본 후 "가장 좋은 방법은 산모의 생각을 물어보고 산모가 원하는 대로 해주는 게 아닐까요? 이 시기에 가장 힘든 사람은 산모니까요"라고 정리할 수 있습니다.

서로 다른 나라의
의생활 문화 이해하기

성취기준 [12기가02-02]는 "한복

의 미적·기능적 특징과 다른 나라의 의생활 문화를 이해하고 현대 의복에서의 활용방안을 탐색하여 창의적인 의생활을 제안한다"입니다. 이 성취 기준은 다음과 같이 다룰 수 있습니다.

문화개념 소개 단계에서 교사는 학생들에게 옷의 다양한 기능에 대해 말해보게 합니다. 옷은 체온을 유지해주고, 피부를 보호하고, 개성을 표현하고, 예의를 나타내는 등 다양한 기능을 한다는 사실을 알려줍니다.

자문화 인식 단계에서 교사는 "한국인의 옷은 뭐지요?"라고 물어봅니다. 학생들은 일제히 "한복이요"라고 대답할 것입니다. 교사는 다시 "한복에서 한은 어떤 의미고, 복은 어떤 의미일까요?" 물어봅니다. 학생들로부터 여러 가지 대답을 들은 후, 교사는 "한韓은 우리 민족을 의미하고, 복服은 옷을 의미합니다. 그러니까 '한민족의 옷'이라는 뜻이지요"라고 설명해줍니다. 그리고 "최근에 한복을 입어본 사람 있나요?"라고 묻고, 우리는 한복을 우리 옷이라고 부르면서도 일상생활에서는 거의 입지 않는다는 사실을 확인시켜줍니다.

타문화 발견 단계에서 교사는 "다른 나라 전통 옷, 아는 사람 있나요?"라고 물어봅니다. 학생들은 기모노, 아오자이, 치파오, 사리 등을 말할 것입니다. 그러면 교사는 미리 준비한 사진을 보여주면서 전통 옷의 이름의 어원을 짐작해보게 합니다. 기모노着物는 '입는 옷', 아오자이는 '긴 옷', 치파오는 (만주족인) '기인旗人의 옷', 사리는 '천 조각'이라는 뜻임을 알려줍니다. 이처럼 전통 의상의 이름은 옷을 입은 민족, 옷의 형태와 재질 등을 나타낸다는 사실을 상기시킵니다.

중국 치파오의 변화

양문화 비교 단계에서 교사는 한복이 어원상으로는 중국의 치파오와 비슷하다는 사실을 깨닫게 합니다. 한복은 한민족의 이름에서, 치파오는 만주족인 기인의 이름에서 비롯되었음을 상기시킵니다. 그다음, 각국 사람들이 전통 옷을 평소에 얼마나 자주 입는지 생각해보게 합니다. 정확한 통계가 없어 단정 지을 수는 없지만 아마 사리, 아오자이, 기모노, 치파오 순일 것 같습니다. 기모노와 치파오 순서는 바뀔 수 있습니다. 분명한 점은 외국에서는 전통 옷을 일상생활에서도 꽤 자주 입지만 한국에서는 한복을 거의 입지 않는다는 것입니다. 과거에는 그래도 설이나 추석 같은 명절에 입었는데, 이제는 그렇지 않습니다. 2016년 성신여대 서경덕 교수 팀이 한복 착용에 관한 설문[20]을 실시했는데 서울, 경기 지역에 거주하는 2030세대 남녀 300명 중 최근 명절에 한복을 입어본 사람은 15.3퍼센트에 불과했다고 합니다. 한복을 안 입는 이유는 '불편하기 때문에(35.3%)', '가격 때문에(33%)', '관리가 힘들어서(22%)', '멋과 유행에 뒤떨어져서(6%)' 순이었습니다.

문화다양성 이해 단계에서 교사는 전통 옷이 기후, 재료, 역사 등 여러 요인에 따라 만들어진 것임을 강조합니다. 그리고 각 나라나 민족이 자신의 전통 옷에 큰 자부심을 가지고 있다는 점도 말해줍니다.

타문화 존중 단계에서 교사는 우리가 한복에 자부심을 가지듯이 외국인도 자기 옷에 자부심을 가지므로 그들의 의생활을 존중해야 한다고 강조합니다. 몇 년 전 신문에서 명절에 결혼이민자들에게 한복을 입히고 윷놀이를 시킨 사진을 본 적이 있습니다. 이런 행위는 가능한 한 자제해야 합니다. 적어도 그 여성이 원하는 상황이 아니라면요. 본인은 입지 않는 옷을 외국 여성에게 강요하는 행동은 옳지 않습니다.

제 9 장

미술 교과와 다문화/상호문화교육

미적 감수성과 상상력을
키워주는 미술 교과

상호문화교육은 학생의 감성적·인지적·도덕적 발달을 도와주는 교육입니다. 이 교육은 특히 다른 사람과 역지사지하는 능력과 다른 사람의 관점을 이해하는 능력을 강조합니다. 미술 교과도 이런 상상적·감성적 발달에 중요한 역할을 할 수 있습니다. 다양한 미술 활동을 통해 자기를 표현함으로써 학생들에게 긍정적인 정체성과 자존감을 가질 수 있게 하기 때문입니다.

미술은 근본적으로 시각과 관련된 활동입니다. 학생 주위의 시각 환경은 학생이 세상을 이해하는 데 중요한 단서와 이미지를 제공합니다. 공공 전시물을 통해 전달되는 다양한 민족 집단에 대한 이미지와 메시지는 다양성의 정상성을 이해하고 수용하게 만듭니다. 학생들은 텔레비전, 포스터, 광고, 잡지, 거리 패션 등에 제시된 시각적 이미지를 분석하고 토론할 기회를 가질 필요가 있습니다. 이를 통해 다른 나라에서 온 소수민족에 대한 고정관념과 편견을 재고해보게 될 것입니다.

『미술과 교육과정』은 미적 감수성, 시각적 소통 능력, 창의·융합 능력, 미술문화이해 능력, 자기주도적 미술학습 능력을 핵심 역량으로 삼는데, 이 모든 것은 상호문화교육과 관련이 있습니다. 특히 시각적 소통 능력은 "시각 문화 속에서 이미지와 정보, 시각 매체를 이해하고 비판적으로 해석"(3쪽)하는 능력을 말하는데, 이것은 비판적 사고력 향상과 연결할 수 있

칼로와 칼로의 자화상

습니다. 또 미술문화이해 능력은 "우리 미술 문화에 대한 이해를 바탕으로 정체성을 확립하고, 유연하고 개방적인 태도로 세계 미술 문화의 다원적 가치를 이해하고 존중하며 공동체의 발전에 참여할 수 있는 능력"(4쪽)을 말합니다.

자신의 특징을 살려 자화상을 그린 다음 친구들에게 소개하는 활동은 '정체성과 소속감'과 연결할 수 있습니다. 학생들은 자신을 거울에 비추어 보거나 휴대전화로 찍어서 인쇄한 사진을 보며 자화상을 그립니다. 교사는 학생 자신이 좋아하는 것, 자신을 특징지을 수 있는 것, 특별히 잘하는 것 등을 자화상 옆에 그려 넣게 함으로써 '정체성과 소속감'을 확인시킬 수 있습니다.

히크만[R. Hickman][21]은 초등학교 3학년 학생들에게 멕시코 화가 칼로[F. Kahlo]의 자화상을 보여주었습니다. 그랬더니 몇몇 학생은 칼로의 일자 눈썹과 콧수염을 보고 낄낄거리며 웃었습니다. 그때 한 학생이 칼로는 그런 모습이 아름답다고 여겼을 것이고, 만약 우리가 칼로와 같은 문화권에 살았다면 우리도 그 모습이 아름답다고 생각했을 것이라고 말했습니다. 다른 학생들도 이 견해에 동의했고, 그 결과 문화에 따른 신념의 차이를 좀더 존중하게 되었다고 합니다. 히크만은 "타 문화권의 가치와 신념에 대해 의견을 나누어봄으로써 학생들은 우리 사이의 다른 점뿐만 아니라 유사점에 대해서 상호작용할 수 있었다"라고 평가했습니다.

학생들에게 평화를 상징하는 동물이 무엇이냐고 물으면 거의 다 비둘기라고 대답할 것입니다. 비둘기를 평화와 연결한 사람은 피카소^{P. Picasso}입니다. 피카소는 1938년 스페인 내전을 겪으면서 전쟁의 폭력성, 인간에 대한 애정, 평화에 대한 갈구 등을 절감했습니다. 1949년 공산당으로부터 평화운동에 사용할 포스터를 그려달라는 요청을 받은 피카소는 포스터 중앙에다 고향에서 흔히 보았던 비둘기 한 마리를 그려 넣었습니다. 이후 비둘기는 전 세계에서 평화의 상징으로 자리 잡게 되었습니다. 교사는 이 이야기를 '인권과 책임'과 연결 지을 수 있습니다.

자기 관찰과
자화상 그리기

아일랜드의 『Intercultural Education in the Primary School』에는 미술 시간에 할 수 있는 유익한 활동

이 제시되어 있습니다. 그중 두 가지만 소개하면, 하나는 '나는 아름답다'(56쪽)이고 다른 하나는 '첫인상'(71쪽)입니다.

먼저, '나는 아름답다'부터 알아봅시다. 이 활동은 초등학교 학생들이 자신의 피부, 눈동자, 머리카락 색깔의 고유성을 확인함으로써 자기 정체성과 자존감을 강화하는 활동입니다. 다시 말해 이 활동은 사람의 피부색은 다양하다는 것, 모든 피부색은 아름답다는 것을 인정하게 하는 상호문화적 활동입니다.

이 활동은 다음과 같은 자극, 활동, 평가, 정리라는 네 가지 단계로 이루어집니다. 먼저 자극 단계에서는 학생들이 거울로 자신의 얼굴을 자세히 관찰하게 합니다. 특히 피부, 눈동자, 머리카락 색깔에 집중하게 합니다. 그리고 이 셋의 색깔을 '검다', '희다', '푸르다', '노랗다' 등으로 명명해보게 합니다. 그다음 두 명씩 짝을 지어주고 서로의 피부, 눈동자, 머리카락 색깔에 대해서 말해보게 합니다. 학생들은 어떤 색깔에 대해서 동의하기도 하고 이견을 보이기도 할 것입니다. 이런 대화 자체가 의미 있는 활동이므로 교사는 이 활동에 충분한 시간을 할애해줍니다.

활동 단계에서는 학생들이 물감으로 자기 피부색과 같은 색을 만들어보게 합니다. 그러려면 적어도 두 가지 이상의 물감을 섞어야 할 것입니다. 우리가 '검은 피부색'이라고 말해도 실제로 검은색 물감과 피부색이 똑같은 사람은 거의 없습니다. '흰 피부색'도 마찬가지입니다. 아무리 피부가 희다고 해도 흰색 물감과 피부색이 똑같은 사람은 없습니다.

학생들이 자기 피부색과 같은 색을 만들었다고 말하면, 이번에는 그 색을 손등에 칠해보게 합니다. 피부색보다 짙으면 흰색을 더 섞고, 피부색보다 희면 검은색이나 갈색을 더 섞어야 할 것입니다. 눈동자와 머리카락에 대해서도 똑같은 과정을 거치게 합니다. 눈동자나 머리카락에는 실제로 칠해볼 수 없기 때문에 색깔을 만드는 과정이 피부색보다 좀더 복잡할 것입니다. 그다음, 자신이 만든 색으로 자화상을 그려보게 합니다.

평가 단계에서는 각자가 자신의 피부색, 눈동자 색, 머리카락 색을 만들기 위해서 몇 가지 색을 섞었는지 말해보게 합니다. 두 가지, 세 가지, 다섯 가지 등 다양한 대답이 나올 것입니다. 이 단계에서 우리가 '백색', '흑색', '황색'이라고 부르는 피부색도 사실은 여러 색깔을 섞어야 만들 수 있는 색이라는 점, 같은 흑인이라도 피부색이 사람마다 조금씩 다르다는 점을 다시 한번 강조합니다.

정리 단계에서 교사는 학생들에게 자화상에 '나는 나다I'm me', '나는 아름답다I'm beautiful' 등의 제목을 붙이게 한 후, 자화상을 교실 뒤 게시판에 전시하고 감상하게 합니다.

이 활동을 완료한 후 'Black is beautiful'이라는 표현과 이 표현의 배경을 알려주는 것도 유익할 것입니다. 이 문구는 1960년대 미국에서 흑인이 백인의 차별에 맞서 벌인 문화 운동을 상징하는 슬로건입니다. 이런 의미에서 이 활동은 '차별과 평등'과 연결할 수 있습니다.

첫인상 활동

'첫인상'(71쪽) 활동은 첫인상이 자신의 고정관념과 편견에 많이 좌우되기 때문에 매우 다양할 수 있음을 이해시키는 활동입니다. 이 활동의 대상은 초등학교 고학년이고, 활동 목표는 시각 이미지가 타인과 세상을 보는 방식에 얼마나 큰 영향을 끼치는지 생각해보게 하는 것입니다. 이 활동 역시 자극, 활동, 평가 단계를 밟을 수 있습니다.

자극 단계에서 교사는 인터넷이나 잡지에서 세 명의 인물 사진을 고릅니다. 이때 연예인이나 정치인처럼 많이 알려진 사람을 피하고 다양한 나이, 직업, 민족을 보여주는 사람들을 선정합니다. 교사는 4절지처럼 비교적 큰 종이를 세 장 준비해서 각 장의 윗부분에 인물 사진을 붙이고 아랫부분에는 충분한 공간을 남겨둡니다.

활동 단계에서 교사는 열 명 이하로 모둠을 만들어 필기도구를 갖고 원형으로 앉게 합니다. 첫 번째 학생은 인물 사진을 보고 자기가 받은 첫인상을 종이 맨 아래에 한 줄 분량으로 쓴 후 마지막에 자기 이름을 적습니다. 그러고 자기가 쓴 부분을 접어서 가린 후 옆 친구에게 건네줍니다. 종이를 건네받은 학생은 첫 번째 학생처럼 활동한 후 옆에 있는 친구에게 건네줍니다. 교사는 종이를 건네주는 속도를 10초 정도로 제한해서 학생들이 너무 오래 생각하지 않도록 유도합니다. 마지막으로 적은 학생은 교사에게 종이를 제출합니다.

평가 단계에서 교사는 종이 한 장을 골라 접힌 부분을 펴면서 학생들이 적은 첫인상들을 읽어줍니다. 모든 학생의 첫인상을 말해준 다음 비슷한 첫인상을 적은 학생끼리 묶어봅니다. 그리고 학생들이 왜 그런 첫인상을 받게 되었는지 말해보게 합니다.

정리 단계에서는 첫인상이 어느 정도 믿을 만한지 토론해봅니다. 그리고 고정관념과 편견이 첫인상에 얼마나 큰 영향을 미치는지에 대해서도 토론합니다.

김필곤 목사는 2008년 「첫인상의 함정」이라는 글을 인터넷에 올렸습니다. 그에 따르면, 어떤 사람에 대한 첫인상은 단 4초 만에 형성된다고 합니다. 첫인상 형성에 가장 큰 영향을 미치는 것은 당연히 시각적 정보입니다. 이렇게 형성된 첫인상은 뇌 속에 깊이 새겨지기 때문에 여간해서는 바뀌지 않는다고 합니다. 게다가 첫인상은 이후의 정보에도 큰 영향을 미칩니다. 그것은 정보처리 과정에서 초기 정보가 후기 정보보다 훨씬 크게 작용하는, 이른바 초두효과Primacy Effect 때문입니다. 예를 들어 첫인상이 좋은 사람이 머리가 좋다는 말을 들으면 그 사람을 현명하고 지혜로운 사람이라고 판단하지만, 첫인상이 나쁜 사람이 머리가 좋다는 말을 들으면 그 사람을 교활한 사람이라고 평가한다는 것입니다.

한편 첫인상은 고정관념이나 편견에 많이 좌우됩니다. 고정관념stereotype은 민족, 성별, 나이, 피부색 등 어떤 범주category에 대한 일반화를 말합니다. 어떤 사람을 보면 그 사람과 같은 범주에 속한 사람들을 떠올리며 그 사람을 평가한다는 것입니다. '하나를 보면 열을 안다'는 말도 같은 맥락에서 이해할 수 있습니다. 편견^{prejudice}은 어떤 범주에 대한 부정적 평가를 말합니다. 고정관념이 인지적이라면 편견은 정의적이라 할 수 있습니다. 피부색은 하나의 범주고, 피부색이 검은 사람을 보면 바로 흑인이라고 하는 것은 고정관념이고, 흑인은 게으르다고 생각하는 것은 편견입니다. 고정관념과 편견, 특히 편견은 근거가 없는 잘못된 판단일 가능성이 많기 때문에 늘 경계하고 다시 생각해보아야 합니다.

제10장

음악 교과와 다문화/상호문화교육

문화 공동체 역량을
키워주는 음악 교과

상호문화교육은 다양한 문화적 형태를 존중하는데, 음악적 형태도 그중 하나입니다. 음악 교육의 목적은 음악을 통해 자기의 생각, 감정, 경험을 표현하고, 합창이나 합주와 같은 음악 활동에 참여함으로써 자존감과 자신감을 가지게 하는 것입니다. 상호문화교육이 음악 교육과 관련해 특별히 강조하는 점은 음악적 형태들이 상호 차용하고 상호 침투했다는 사실입니다. 예를 들어 방탄소년단의 〈Airplane pt.2〉를 작곡하는 데 참여한 캄폴로[R. Campolo]는 "방탄소년단의 음악은 미국 팝에서 일어나는 모든 것의 융합"[22]이라고 말했습니다.

2015 개정 『음악과 교육과정』을 보면, 음악 교과는 여섯 가지 역량을 키우는 과목인데, 이 중에서 주목해야 하는 역량은 문화 공동체 역량입니다. 이 역량은 "음악을 통해 우리 문화의 전통과 세계의 다양한 문화를 이해함으로써 지역, 국가, 세계 공동체의 구성원으로서 요구되는 다양한 가치와 문화를 수용하고, 공동체의 문제 해결 및 발전을 위해 자신의 역할과 책임을 다할 수 있는 역량"(3쪽)을 말합니다.

음악 교과를 상호문화교육 핵심 주제와 연결해보면, 〈아리랑〉은 '정체성과 소속감'을 설명하기 참 좋은 노래입니다. 한국의 대표 민요인 이 노래의 기원은 확실치 않지만, 한민족의 노래라는 것은 분명합니다. 〈아리랑〉을 부르면 자신이 한민족임을 절감하고, 특히 외국에서 이 노래를 들으면 한민족은 거의 다 눈물을 훔칩니다. 아리랑은 정선 아리랑, 밀양 아리랑, 진도 아리랑 등 지역에 따라 형태가 다양한데, 이 점도 지역 '정체성과 소속감'과 연결할 수 있습니다.

한 나라의 노래인 국가國歌를 비교해보면 '유사점과 차이점'을 잘 이해할 수 있습니다. 예를 들어 한국, 미국, 중국, 일본 국가를 비교해보면, 한국 국가는 하느님을 언급한다는 점에서 미국 국가와 비슷하고 미국 국가는 전쟁을 소재로 했다는 점에서 중국 국가와 비슷합니다. 미국 국가는 영국군에 대항할 때 부른 노래고, 중국 국가는 일본군에 대항할 때 부른 노래입니다. 일본 국가는 천왕의 치세를 찬양하는 노래라는 점이 매우 독특합니다.

한국 국가인 〈애국가〉는 '차별과 평등'과도 연결할 수 있습니다. 애국가 가사는 1900년대 초에 쓰였고, 당시 조선은 일본의 식민지가 되기 직전이라 큰 위기감을 느끼고 있었습니다. 그래서 '하느님의 보호', '철갑을 두른 듯', '일편단심', '대한 사람, 대한으로 길이 보전하세' 등 방어적 태도의 가사가 많습니다. 이러한 자세는 당시 분위기상 어쩔 수 없었겠지만, 요즈음 같은 다문화 시대에는 어울리지 않지요. 물론 한 나라의 노래를 시대의 흐름에 따라 바꾸기는 어렵겠지만 불가능한 건 아닙니다. 예를 들어 2018년 캐나다는 국가 가사 중 '모든 아들all the sons'이라는 표현이 남녀 차별적이라고 보고 이 부분을 '우리 모두all of us'로 바꾸었습니다.

미국 가수 미들러B. Midler가 부른 〈프롬 어 디스턴스From A Distance〉는 '차별과 평등', '갈등과 갈등 해소'라는 주제와 아주 잘 어울립니다. 특히 "From a distance, we all have enough and no one is in need"라는 가사는 '차별과 평등'을, "From a distance, you look like my friend even though we are at war"는 '갈등과 갈등 해소'를 생각해보게 합니다. 학생들이 이 노래를 배우고 합창한다면 서로에게 연대감을 느끼는 데 도움이 될 것입니다.

동요 가사로 문화 다양성 배우기

유치원이나 초등학교에서 가르치는 노래 중에 〈아 유 슬리핑Are you sleeping?〉이라는 노래가 있습니다. 유치원에서는 이 노래의 음률과 리듬이 간단하고 규칙적이어서 음악 시간에 배우고, 초등학교 3, 4학년에서는 영어 시간에 간단한 단어와 표현을 가르치기 위해서 많이 활용합니다. 이 노래는 상호문화적 관점에서도 활용할 수 있는데, 다양성의 정상성을 이해시키거나 문화적 배경이 다양한 사람들을 감정적으로 연결하는 데 유용하기 때문입니다.

이 노래는 〈프레르 자크Frère Jacques〉라는 프랑스 노래를 영어로 번안한 것입니다. 『Intercultural Education in the Primary School』(61쪽)은 〈Frère Jacques〉로 다양성의 정상성, 유사점과 차이점 등을 어떻게 이해시킬 수 있는지 보여줍니다. 이 방법을 우리에게 적용해보면 다음과 같은 방법으로 가르칠 수 있습니다. 이때 수업 목표는 '학생들이 원곡이 외국 노래인 번안된 노래를 경험함으로써 문화다양성을 이해한다'라고 설정할 수 있습니다.

문화개념 소개 단계에서 교사는 우리가 아는 동요 중에 외국 노래가 꽤 많다는 사실을 알려줍니다. 일부는 한국어로 번안되고, 일부는 외국어 그대로 불린다는 사실도 알려줍니다. 우리에게 익숙한 ⟨Are you sleeping?⟩은 후자에 속합니다.

자문화 인식 단계에서 교사는 먼저 이 노래를 한 번 들려준 후 다 같이 불러봅니다. 그리고 다음 영어 가사를 보여주고 함께 해석해봅니다. "Are you sleeping? Are you sleeping? Brother John, Brother John, Morning bells are ringing! Morning bells are ringing! Ding, dang, dong. Ding, dang, dong." 교사는 학생들에게 "지금 어떤 상황인가요?", "누가 늦게 일어났나요?" 같은 질문을 하면서 늦잠 자는 동생을 누나나 형이 깨우는 장면임을 이해시킵니다.

타문화 발견 단계에서 교사는 원곡인 프랑스 노래 ⟨Frère Jacques⟩를 들려줍니다. 그다음 프랑스어 가사를 한국어 발음 및 해석과 함께 보여줍니다. "Frère Jacques(프레르 자크, '자크 신부님') Frère Jacques, Dormez-vous?(도르메-부, '주무시나요?') Dormez-vous? Sonnez les matines(소네 레 마틴, '아침 기도 종을 치세요') Sonnez les matines, Ding, dang, dong(딩 댕 동), Ding, dang, dong."

양문화 비교 단계에서는 두 노래의 공통점과 차이점을 찾아봅니다. 이를 돕기 위해 동영상을 보여줄 수 있습니다. 공통점은 늦잠 자는 사람을 깨우는 동요라는 것이고, 차이점은 늦잠을 자는 사람이 영어 노래에서는 남동생이고 프랑스어 노래에서는 신부님이라는 것입니다. 참고로 프랑스어 '프레르Frère'라는 명사에는 친구, 형제라는 의미와 함께 신부라는 뜻도 있습니다.

문화상대성 이해 단계에서 교사는 가톨릭 문화권인 프랑스에서 '신부'라는 단어가 개신교 문화권인 미국에서 '남동생'으로 바뀌었다는 사실을 알려줍니다. 이처럼 같은 노래라도 주어진 환경에 따라 바뀔 수 있다는 사실을 강조합니다.

타문화 존중 단계에서는 중국, 일본 등에서 온 이주배경학생에게 자국에서는 이 노래의 가사가 어떤지 물어볼 수 있습니다. 여기서 강조할 점은 언어는 달라도 이 노래가 전하는 메시지는 똑같다는 것입니다.

〈루돌프 사슴코〉로 차별과 평등 배우기

캐롤 중에 〈루돌프 사슴코〉가 있습니다. 워낙 유명해서 전 세계 사람들이 거의 다 아는 노래지요. 이 노래는 '차별과 평등'을 가르치는 데 아주 유용합니다. 만약 이 노래를 이런 목적으로 활용하고 싶다면 다음과 같이 할 수 있습니다.

문화개념 소개 단계에서는 외모가 다르면 차별의 대상이 되기 쉽다는 사실을 말해줍니다. 이때 미운 오리 새끼를 예로 들면 효과적입니다. 회색에다 몸집도 크고 못생긴 미운 오리 새끼는 형제들로부터 많은 괴롭힘을 받았지요. 루돌프 사슴코도 마찬가지입니다. 먼저 교사는 이 노래를 한 번 들려줍니다. 그리고 노래를 다 같이 부릅니다. 그다음 노래 가사를 하나하나 분석합니다.

루돌프 사슴코는 매우 반짝이는 코.

만일 네가 봤다면 불붙는다 했겠지.

다른 모든 사슴들 놀려대며 웃었네.

가엾은 저 루돌프 외톨이가 되었네.

안개 낀 성탄절날 산타 말하길

루돌프 코가 밝으니 썰매를 끌어주렴.

그 후론 사슴들이 그를 매우 사랑했네.

루돌프 사슴코는 길이길이 기억되리.

자문화 인식 단계에서 교사는 학생들에게 보통 사슴의 사진을 보여주면서 코가 어떤 색깔인지 물어봅니다. 알다시피 사슴의 코는 대개 검은색입니다.

타문화 발견 단계에서 교사는 루돌프 사슴의 사진을 보여주면서 코의 색깔을 말해보게 합니다. 루돌프 사슴의 코는 빨간색이지요. 물론 실제로

'루돌프 사슴' 이야기를 책으로 만든 로버트 메이와 그의 딸

코가 빨간 사슴은 없습니다. 아무튼 루돌프의 코는 "매우 반짝이는 코"여서 다른 사슴들의 놀림감이 됩니다.

양문화 비교 단계에서는 두 사슴의 코 색깔을 비교합니다. "루돌프 사슴 코는 매우 반짝이는 코"지만 "다른 모든 사슴들"의 코는 그렇지 않습니다. 절대다수를 차지한 사슴들은 소수인 루돌프를 조롱하고, 루돌프는 외톨이가 됩니다.

문화다양성 이해 단계에서 교사는 산타의 행동을 자세히 짚어봅니다. 산타는 루돌프의 반짝이는 코를 장점으로 보고 루돌프에게 썰매를 끌어 달라고 제안합니다. 그러자 사슴들의 태도가 달라지고, "그 후론 사슴들이 그를 매우 사랑"하게 됩니다.

타문화 존중 단계에서는 남들과 다른 것은 나쁜 게 아니라 특별한 것일 뿐이고, 따라서 자기만의 고유한 특성을 긍정적으로 여겨야 한다고 강조합니다.

시간이 있다면 교사는 이 노래의 유래를 알려줄 수도 있습니다. 1939년 미국 소매업자 메이R. L. May는 사업에 실패해 백화점 광고부에서 일하고 있었습니다. 그는 생활이 어려운 데다 아내마저 암에 걸려 어린 딸을 제대로 돌봐주지 못했습니다. 철없는 딸은 이런 상황을 불평하고 엄마가 다른 엄마와 다르다고 슬퍼했습니다. 그는 딸을 달래주려고 루돌프 사슴 이야기를 지어냈고, 책으로 만들어 고객들에게 나누어주었습니다. 1949년 메이의 매부이자 작곡가 마크스J. Marks가 이 이야기를 노래로 만들었고, 이 노래는 첫해에만 175만 장이나 팔릴 정도로 대성공을 거두었습니다. 그 후 〈루돌프 사슴코〉는 소외된 사람들에게 희망과 사랑을 전해주는 노래가 되었습니다. 우리 교사들도 이주배경학생처럼 소외받는 학생들에게 산타가 되어주면 좋겠습니다.

제11장

체육 교과와 다문화/상호문화교육

개성과 사회성을 길러주는
체육 교과

『Intercultural Education in the Primary School』에 따르면, 체육 교과는 바람직한 개성과 사회성을 길러 줌으로써 상호문화교육에 일조할 수 있습니다. 공정한 경기 개념, 집단 활동에서의 협력, 승패를 수용하는 능력을 기를 수 있기 때문입니다. 또 체육 교과는 학생들이 상호작용을 하고 자존감과 자신감을 높일 수 있는 좋은 기회를 제공합니다. 체육 교과에 포함된 춤dance 단원은 학생들이 다른 나라의 민속춤을 배우고, 이 춤의 사회적·문화적 배경을 알아보는 기회를 제공합니다. 놀이games 단원에서 학생들은 놀이의 다양한 기원을 찾아볼 수 있습니다.

2015년 개정 『체육과 교육과정』은 건강관리 능력, 신체수련 능력, 경기수행 능력, 신체표현 능력을 핵심 능력으로 소개합니다. 이 중 경기수행 능력은 신체움직임 능력, 문제해결력, 상황판단력과 더불어 협동, 책임감, 공정성, 배려 등의 태도를 중시하는데, 마지막 네 가지는 상호문화교육이 요구하는 태도와 거의 일치합니다. 이를 통해 학생들은 사회구성원에게 필요한 공동체 의식 및 의사소통 능력의 발달과 대인관계 능력을 향상할 수 있습니다.

학생들에게 가장 좋아하고 존경하는 스포츠인을 선정하고 그 선정 이유를 발표하게 하면 '정체성과 소속감'에 대해 생각해보게 할 수 있습니다. 학생들이 손흥민이나 김연아를 들면 교사는 그 이유를 말해보게 하는 것입니다. 이주배경학생은 출신국의 선수를 선정할 수도 있습니다. 이때 교사는 모든 사람이 고유의 정체성과 소속감을 가질 수 있음을 강조하고, 다른 학생들이 이 학생의 이야기를 경청하도록 지도해야 합니다.

'유사점과 차이점'은 놀이나 춤의 기원 및 발달과정을 살펴보며 이해해 나갈 수 있습니다. 예를 들어 제기차기는 고대의 공차기인 축국蹴鞠에서 비롯된 놀이인데(『한국민속대백과사전』), 처음에는 가죽으로 싼 공을 사용하다가 서서히 다양한 형태의 제기를 사용하게 되었습니다. 조선 후기에는 엽전 제기가 등장했고, 근대 이후에는 쇠붙이나 플라스틱으로 만든 제품이 사용되었습니다. 중국에도 제기가 있는데, '찌엔쯔毽子'라고 부릅니다. 이 제기에는 여러 갈래의 천이나 종이 대신에 네 개의 깃털이 달려 있습니다. 이와 관련해 건毽 자의 부수가 '털' 모毛라는 사실도 가르쳐주면 좋습니다. 양국의 제기놀이의 역사, 명칭, 형태, 방식 등을 비교해보면 '유사점과 차이점'을 잘 이해할 수 있습니다.

체육 시간에는 단체나 조별 활동을 많이 합니다. 이런 활동에는 참가자들의 협력 정신, 단체정신team spirit이 특히 중요합니다. 이때 교사는 학생들이 그 누구도 배제하지 않도록 그리고 학생 자신뿐만 아니라 친구들 모두가 안전하게 활동하도록 지도해야 합니다. 이런 의미에서 협력 정신은 '인권과 책임'과 연결할 수 있습니다.

'차별과 평등'이라는 주제는 한국 선수들이 해외에서 받은 인종차별을 통해 가르칠 수 있습니다. 2021년 7월 도쿄 올림픽 탁구 경기에서 한국의

중국 제기 '찌엔쯔'

정영식 선수가 그리스 선수를 이기고 16강에 진출하자 그리스 해설자는 "그 작은 눈으로 공이 왔다 갔다 하는 모습을 어떻게 볼 수 있는지 이해하기 어렵다"라고 말했습니다. 이는 서양인이 동양인을 비하할 때 흔히 하는 '눈 찢기' 동작과 같은 인종차별적 행동입니다. 만약 서양인에게 "그 큰 눈으로도 탁구에서 지는 걸 보면 서양인은 바보야"라고 맞대응한다면 어떨까요? 운동 경기를 할 때는 실력으로 평가해야지, 신체 조건 같은 다른 요소를 평가 기준으로 삼아서는 안 됩니다.

'갈등과 갈등 해소'는 학생들의 협력 기술, 감정조절 능력, 상호의존성 인식 등을 통해 가르칠 수 있습니다. 단체 활동을 통해 기를 수 있는 협력 정신, 경기 중 감정 노출 자제, 단체 경기에서의 상호의존 등은 사람들 간의 갈등을 해소하는 데에도 그대로 전이될 수 있습니다.

올림픽으로 배우는
상호문화교육

올림픽 경기는 4년에 한 번 열리는 지구촌 최대의 종합 스포츠 경기입니다. 하계와 동계로 나누어 열리는데, 하계 올림픽은 지구촌에서 열리는 축제와 행사 중에서 가장 큰 규모로, 그야말로 지구촌 최대 이벤트입니다. 따라서 하계 올림픽에 참가하는 선수에게는 출전 자체만으로도 큰 영광입니다. 만약 메달까지 딴다면 더할 나위 없겠지요.

문화개념 소개 단계에서 교사는 올림픽 경기에서 입상한 사람에게는 트로피나 메달을 주면서 축하한다는 사실을 알려줍니다. 메달은 동전 모양의 조각품이며 금, 은, 동을 재료로 만듭니다. 1896년 제1회 아테네 올림픽 경기에서는 1위에게는 은메달을, 2위에게는 동메달을 수여했고, 1900년 제2회 파리 올림픽 경기에서는 트로피를 수여했습니다. 지금처럼 금메달, 은메달, 동메달을 수여한 것은 제3회 미국 세인트루이스 올림픽 때부터입니다. 이후 여러 나라가 메달 수를 기준으로 국가 순위를 매겼는데, 이 방식은 금메달 수로 순위를 매기는 방식과 전체 메달 수로 순위를 매기는 방식으로 나뉩니다.

자문화 인식 단계에서 교사는 한국은 금메달 수로 순위를 매기는 나라라는 사실을 알려줍니다. 한국은 은메달이나 동메달을 아무리 많이 따도 금메달 하나만 못하다고 여깁니다. 한마디로 말해 금메달 지상주의에 빠진 나라입니다. 이런 분위기 때문에 은메달이나 동메달을 딴 선수들은 훌륭한 성과에도 불구하고 '죄송합니다'라는 말을 되풀이하곤 합니다. 올림픽에서 2위나 3위를 하고도 '죄송합니다'라고 말하는 나라는 거의 없을 것입니다.

타문화 발견 단계에서 교사는 미국도 메달 수로 종합 순위를 매기지만 언론사마다 방식이 다르다는 사실을 알려줍니다. 미국 CNN과 NYT는 금메달 개수로 순위를 매기고, NBC와 WP는 전체 메달 개수로 순위를 매깁니다. 이렇게 보면 미국은 메달 수를 세는 방식에서도 다양성을 보여준다고 해석할 수 있습니다. 참고로 영국의 BBC와 독일의 ARD는 금메달 개수로 순위를 매기는 방식을 따릅니다.

양문화 비교 단계에서 교사는 이처럼 메달을 세는 방식이 국가마다, 언론마다 다르다는 점을 상기시키고, 한국처럼 금메달 수로 순위를 매기는 나라도 있고 메달 전체 수로 순위를 매기는 나라도 있음을 강조합니다.

문화상대성 이해 단계에서는 이와 다른 방식도 존재한다고 말해줍니다. 그중 하나가 가중치 방식입니다. 금메달에 3점, 은메달에 2점, 동메달에 1점으로 가중치를 매겨서 순위를 정하는 방식입니다. 다른 하나는 인구 비례 방식입니다. 이 방식에 따르면, 육상 강국인 자메이카가 1위일 수 있습니다. 왜냐면 이 나라는 2008년 아테네 올림픽에서 금메달 두 개, 은메달 세 개를 획득했는데 당시 인구가 280만여 명에 불과했기 때문입니다.

타문화 존중 단계에서는 국제올림픽위원회IOC가 공식적으로 순위를 매기지 않는다는 사실을 강조합니다. 한때 IOC도 메달 수로 국가 순위를 발표한 적이 있습니다. 1908년 런던 올림픽부터 1924년 파리 올림픽까지 자체 기준을 적용해 순위를 발표했지요. 하지만 올림픽 경기가 약소국과 강대국 간의 경쟁을 부추긴다는 비판이 일자 1930년에 종합 점수제를 폐지했습니다. 올림픽 헌장 제1장에는 올림픽은 개인과 팀 간의 경쟁이지 국가 간의 경쟁이 아니라고 명시되어 있습니다. 올림픽 경기도 경기인 만큼 경쟁은 불가피하지만 메달 수로 국가 간의 경쟁을 부추기는 행동은 올림픽 정신에 위배되므로 자제해야 합니다.

제12장

교과 외 창의적 체험활동과
다문화/상호문화교육

창의적 체험활동이란?

지금까지 살펴본 것처럼 상호문화교육은 모든 교과 시간에 이루어질 수 있습니다. 그렇다면 학교 교육에서 교과교육과 함께 중요한 비중을 차지하는 창의적 체험활동은 상호문화교육과 어떻게 연계할 수 있을까요? 2020년 「다문화교육 정책학교 운영 가이드라인」의 창의적 체험활동과 관련해서 이 점을 알아봅시다.

알다시피 창의적 체험활동은 "교과와 상호보완적 관계 속에서 앎을 적극적으로 실천하고 심신을 조화롭게 발달시키기 위하여 실시하는 교과 이외의 활동"입니다. 이 활동은 자기관리 역량, 지식정보처리 역량, 심미적 감성 역량, 의사소통 역량, 공동체 역량의 향상을 목표로 하는데, 다문화/상호문화교육은 특히 공동체 역량, 즉 "다양한 단체 활동에 자발적으로 참여하여 공동이 문제를 합리적으로 해결하고 나눔과 배려를 실천하며 다른 사람과 더불어 조화롭게 살아가는" 역량을 키우는 교육에 상당히 가깝습니다.

자율 활동, 동아리 활동, 봉사 활동, 진로 활동으로 구성되는 창의적 체험활동에서는 "모든 학교급에서 학생과 교사가 공동의 계획을 수립하고 역할을 분담하여 실천"해야 합니다. 그러면 이제 네 활동 하나하나를 상호문화교육과 연결해봅시다.

자율 활동

　　　　　　　　　　　　　　자율 활동은 자치·적응활동, 창
의주제활동 등으로 구성됩니다. 「가이드라인」은 창의주제활동의 예시로
100권 독서하기, 줄넘기, 경어 사용하기, 연극놀이, 뮤지컬, 텃밭 가꾸기를
들고 있습니다. 어디까지나 예시이지만 그중 몇 가지는 부적절해 보입니
다. 예를 들어 100권 독서하기는 비현실적입니다. 초등학교 6년간 또는 중
학교 3년간 100권이라면 모르겠지만, 100권을 1년 내에 읽기는 거의 불가
능합니다. 만약 독서 후에 토론까지 한다면 더욱 그렇습니다. 줄넘기와 경
어 사용하기는 창의주제활동이라 하기에는 너무 가볍습니다. 줄넘기는 체
육 시간에 하면 되고, 경어 사용하기는 일상생활에서 하면 되지 자율 활동
시간에 따로 할 필요는 없습니다. 저는 이런 활동 대신에 외국어체험활동
을 실시했으면 합니다. 이 활동의 목표는 외국어의 발음, 철자, 문법 등을
통해 이질성을 경험하고 문화다양성을 인정하도록 유도하는 데 있습니다.

　뉴질랜드는 이 활동을 우리의 초등학교 6학년에 해당하는 7학년에 실
시합니다. 학생들은 1학기에는 동양어 중 하나를, 2학기에는 서양어 중 하
나를 택해서 배웁니다. 동양어로 일본어, 중국어, 한국어 등이 있고, 서양
어로 프랑스어, 스페인어, 독일어 등이 있습니다. 학생들은 외국어를 배우
면서 영어와는 다른 철자, 발음, 문법 등을 경험합니다. 예를 들어 프랑스
어는 영어처럼 스물여섯 개 철자를 사용하지만 다섯 개의 보조기호를 사
용하고, 단어마다 성^性이 있고, 형용사를 명사 뒤에 둡니다. 학생들은 영어

와 프랑스어의 비교를 통해 차이점과 공통점을 확인하고 다양성을 이해할 수 있습니다. 또한 몇 년 후 선택할 외국어 중 어떤 언어가 자기에게 잘 맞는지 탐색해볼 수 있습니다. 이는 진로와도 연결되는 중요한 문제입니다.

우리 초등학교나 중학교 저학년도 이런 활동을 해볼 수 있습니다. 우리의 현실을 고려하면 중국어, 베트남어, 일본어, 러시아어 중 하나가 좋겠습니다. 그중 하나를 택해서 창의주제활동으로 학습한다면 일반 학생들은 외국어를 배울 뿐만 아니라 이주배경학생들의 언어적 어려움도 잘 이해하게 될 것입니다. 일종의 역지사지 활동이지요. 반대로 이주배경학생은 원어민으로서 발음, 의미, 문법 등을 가르쳐줄 수 있고, 자신이 누군가에게 도움을 주는 경험을 함으로써 자존감을 높일 수 있습니다. 그야말로 '누이 좋고 매부 좋고'인 것이지요.

동아리 활동

동아리 활동은 예술·체육활동, 학술문화활동, 실습노작활동, 청소년단체활동으로 이루어집니다. 이 중 학술문화활동은 외국어 회화를 포함합니다. 만약 앞서 제안한 외국어체험활동을 자율 활동 시간에 하기 어려우면 이 활동을 동아리 활동으로 실행해도 좋습니다. 학교는 중국어, 베트남어, 일본어, 러시아어 등 외국어 중 한 가지나 두 가지를 학교 사정에 맞추어 선택해 외국어 회화 동아리를 만들 수 있습니다. 이주배경학생이 동아리 반장을 맡는다면 더욱 좋겠지요. 이주배경학생 반장은 열심히 활동할 것이고, 일반 학생은 '서로에게서 배우기learn from each other'를 경험하게 될 것입니다.

외국어 회화반은 이중언어 말하기 대회를 준비할 수 있습니다. 이 대회는 이주배경학생의 이중언어 교육을 장려하고 자긍심을 고취하기 위해 2013년부터 지금까지 매년 개최되고 있습니다. 2021년에 열린 전국대회에는 시·도에서 선발된 52명이 참가해 한국어와 부모의 모국어(중국어, 러시아어 등 열여덟 개 언어)로 주어진 주제에 대해 발표했습니다.

이 대회에서 유감스러운 점은 이벤트적 성격이 짙다는 것입니다. 평소에 부모의 모국어를 사용하지 않다가 대회에 참가하기 위해 원고를 준비해서 몇 주간 연습한 후 참가하는 학생이 적지 않습니다. 이런 '이벤트'의 교육적 효과는 제한적일 수밖에 없습니다. 과거에 많이 치러진 웅변대회를 떠올려보면 쉽게 이해할 수 있을 것입니다. 대회 일정이 공고되면 교사는 전체 학생 중에서 웅변을 잘할 것 같은 학생 몇 명을 뽑았습니다. 대개 성적이 좋고 암기력과 표현력이 좋은 학생을 선발했습니다. 교사는 이들에게 원고를 준비하게 하고 몇 번 지도한 후 대회에 내보냈습니다. 이렇게 준비한 웅변대회는 몇 사람의 개인적 노력으로 끝났습니다. 대회가 발표력 향상이나 다른 학생들과의 교류로 이어진 경우는 별로 없었습니다. 저는 이중언어 말하기 대회도 그렇게 되는 것 같아 매우 안타깝습니다. 이중언어 말하기 대회가 이벤트로 끝나지 않으려면 입상 결과를 상급학교 진학에 반영하는 등 제도적 배려로 이어져야 한다고 생각합니다.

동아리 활동과 관련해 직접 경험한 사례를 하나 소개하겠습니다. 몇 년 전 경기도의 한 중학교에서 교사 대상 강연을 마친 후 교장 선생님과 대화하는 자리가 있었습니다. 교장 선생님은 이주배경학생들의 학업에 대해 말씀하면서, 얼마 전 중국에서 온 중도 입국 학생이 한국어를 전혀 몰라 걱정이 크다고 하셨습니다. "그래도 잘하는 게 하나 있긴 한데…"라고 하시길래 저는 그게 무엇이냐고 여쭈었습니다. 교장 선생님은 "어디서 배웠는지 모르지만 붓글씨 하나는 그렇게 잘 쓴대요"라고 하셨고, 저는 "혹시 학교에 붓글씨반이 있습니까?"라고 질문했습니다. 마침 붓글씨반이 없어서 저는 이참에 붓글씨반을 만들고 그 학생을 반장으로 뽑는 게 어떻겠냐고 제안했습니다. 교장 선생님은 머리를 끄덕이시며 적극 고려해보겠다고 하셨습니다. 제가 그렇게 말한 것은 중도 입국 학생에게는 자존감을 높여주는 것이 매우 중요하기 때문입니다. 상당수의 중도 입국 학생은 학업을 매우 어렵게 이어갑니다. 수업시간에는 한국어를 잘 이해하지 못해 꿔다 놓은 보릿자루처럼 앉아 있고, 쉬는 시간에는 친구들과 어울리지 못해 물과 기름처럼 따로 놉니다. 동아리 활동은 이들에게 자존감을 회복시켜줄 수 있는 좋은 방법입니다. 붓글씨, 악기 연주, 그림, 운동과 같은 동아리 활동은 언어능력을 많이 요구하지 않는 활동이기 때문에 더욱 좋습니다.

봉사 활동

봉사 활동에는 이웃돕기활동, 환경 보호활동, 캠페인활동 등이 있습니다. 이 중 이웃돕기활동은 "타인을 이해하고 배려할 수 있는 공동체 역량을 함양한다"라는 목표하에 학습이 부진한 친구 돕기, 장애가 있는 친구 돕기 등을 포함하는 활동입니다.

저는 이웃돕기활동의 일환으로 또래 교수-학습^{peer tutoring-learning}을 권합니다. 교수-학습은 특정 과목이나 활동을 잘하는 학생이 그것을 못하는 다른 학생을 가르치고 배우는 활동을 말합니다. 특수교육에서 장애 학생을 통합하는 데 많이 사용하는 방법이지만 일반 교육에도 적용할 수 있습니다. 제가 권하는 활동은 일반 학생이 한국어, 기초학력, 학교 적응 면에서 많은 어려움을 겪는 이주배경학생을 쉬는 시간이나 점심시간에, 아니면 방과 후에 가르쳐주고 도와주는 것입니다.

또래 교수-학습에는 많은 장점이 있습니다. 첫째, 두 학생의 학업을 동시에 고취할 수 있습니다. 배우는 학생은 일대일로 배우고 학습 내용을 완전히 이해할 때까지 반복할 수 있습니다. 가르치는 학생은 "가르치는 것은 두 번 배우는 것이다"라는 말처럼 자신이 가르치는 내용을 더 명확하게 이해할 수 있습니다. 둘째, 두 학생의 상호작용 기회를 늘릴 수 있습니다. 배우는 학생은 가르치는 학생과 자연스럽게 접촉하게 되고, 가르치는 학생은 배우는 학생의 어려움을 더 잘 이해할 수 있습니다.

또래 교수-학습을 할 때 교사는 다음과 같은 사항에 유의해야 합니다.

또래 교수-학습

첫째, 배우는 학생을 잘 도울 수 있는 학생을 가르치는 학생으로 선정해야 합니다. 둘째, 가르치는 학생과 배우는 학생에게 또래 교수-학습의 목적을 잘 설명해주어야 합니다. 셋째, 가르치는 학생에게 오류를 고쳐주는 방법, 피드백 해주는 방법 등을 잘 설명해주어야 합니다. 넷째, 시간 여유가 있으면 가르치는 학생과 배우는 학생이 해야 할 적절한 역할을 각 학생에게 가르쳐주어야 합니다.

제가 2005년 뉴질랜드에서 경험한 일을 소개해보겠습니다. 두 딸을 입학시키기 위해 집 근처에 있는 초등학교로 갔습니다. 학교에 가기 전에 저는 학교에서 제게 물어볼 질문을 예상해보았습니다. 영어권 학교니까 두 딸의 영어 능력에 대해 물을 것 같아서 그에 맞는 대답을 준비했습니다. 하지만 제 예상은 완전히 빗나갔습니다. 학교 담당자는 영어 능력에 대해서는 한마디도 언급하지 않고 생년월일만 물었습니다. 첫째는 1994년 7월, 둘째는 1998년 4월생이라고 했더니 바로 "Year Six, Year Three"라고 말했습니다. 너무나 간단하게 학년을 배정해 간단해서 조금 놀랐습니다. 그다음 반을 배정했습니다. 저는 두 딸을 데리고 배정된 반으로 갔습니다. 담임교사는 우리를 반갑게 맞은 후 같은 반에 있는 한국계 학생을 불렀습니다. 그 학생은 뉴질랜드에 온 지 몇 년째여서 한국어와 영어에 모두 유창했습니다. 담임교사는 그 학생에게 "너는 지금부터 이 학생의 헬퍼helper야. 내가 내는 과제나 숙제를 이 아이한테 한국어로 말해주어야 해. 알겠지?"라고 말했습니다. 그 학생은 제 딸을 많이 도와주었고, 덕분에 딸은 학교생활에 빨리 적응할 수 있었습니다.

한국에서는 이주배경학생과 일반 학생 사이의 또래 교수-학습을 한국어, 기초학력, 학교 적응 모두에 적용할 수 있습니다. 일반 학생은 이주배경학생에게 한국어 또는 사회나 과학 같은 교과목을 가르칠 수 있습니다. 한국어의 경우에는 일반 학생이 원어민이기 때문에 더욱 잘 가르칠 수 있습니다. 이와 관련해 우리가 꼭 기억해야 할 점은, 학생은 교사뿐만 아니라 친구들에게서도 많은 것을 배운다는 사실입니다.

진로 활동

진로 활동은 자기이해활동, 진로탐색활동, 진로설계활동으로 구성됩니다. 자기이해활동은 긍정적 자아 개념을 형성하고 자신의 소질과 적성을 알아보는 활동이고, 진로탐색활동은 자신의 진로와 관련된 교육 및 직업 정보를 탐색하고 체험하는 활동이고, 진로설계활동은 진로를 창의적으로 계획하고 실천하는 활동입니다.

오늘날 사회는 4차 산업혁명 시대로 접어들고 있습니다. 이로 인해 수많은 직업이 없어지고 생겨나고 있습니다. 이런 전환기에 학생의 진로를 지도한다는 것은 참으로 어려운 일입니다. 교육부도 이를 우려하여 2011년 진로전담교사 제도를 도입하고 진로진학 상담교사를 양성·배치했습니다. 교육부가 2021년에 공개한 「진로전담교사 제도운영 성과평가 및 개선 방안 연구」에 따르면, 진로전담교사는 2020년 기준 전국 초·중·고교의 95.5퍼센트에 배치되어 있습니다. 진로전담교사의 진로 전담 경력은 8~10년차가 가장 많았고, 대부분은 담임을 겸하지 않고, 주당 수업시간은 2시간부터 19시간까지 다양했으며, 20퍼센트 정도가 진로 외 과목도 담당하고 있습니다. 절반 정도가 진로 외 업무를 담당하고 있고, 주당 평균 상담 시간은 8.36시간이지만 0시간에서 32시간까지 편차가 크고, 상담은 주로 쉬는 시간과 점심시간에 실시하고, 주로 개별상담 형태로 실시하고 있습니다. 교육부는 2018년 교육부 지침을 폐지했습니다.

이주배경학생은 정체성 혼란, 학업 부진, 교우 관계, 학교 부적응 등의 문제를 안고 있을 뿐만 아니라 진로도 불투명하기에 더욱 어려운 상황에 처해 있습니다. 저는 진로탐색활동의 하나로, 성공적인 사회생활을 하는 이주 배경 선배와 학생들이 만나는 자리를 마련하기를 제안합니다.

강원도 홍천에는 가수 인순이 씨가 세운 해밀학교가 있습니다. 이주배경학생을 대상으로 중학교 과정을 운영하는 각종학교입니다. 2014년 이 학교에 태국 중도 입국 학생 한 명이 들어왔습니다. 당시 열다섯 살로 비교적 늦은 나이에 입학했지만 밝고 명랑한 성품에 열심히 공부했고 특히 한국어에 관심이 많았습니다. 그 학생은 2016년에 학교를 떠났습니다. 그러던 어느 날 그 학생이 돈을 꽤 잘 번다는 소문이 들려왔습니다. 그 학생을 찾아 물어보았더니, 태국 커뮤니티에서 한국에 처음 입국하는 태국 사람을 소개받고, 그 사람이 관공서나 직장에 갈 때 동행하여 한국어-태국어 통역을 해주고 소정의 사례금을 받는다고 했습니다. 최근에는 자신의 경험을 바탕으로 사법통역사 자격을 취득해 더욱 활발히 활동하고 있다고 했습니다. 지금은 결혼하고 아이도 낳아 잘살고 있습니다. 저는 그 학생의 선택이 참으로 현명했다고 생각합니다. 만약 고등학교나 대학교 진학을 고집했다면 지금처럼 빨리 자리 잡기 어려웠을 것입니다.

제가 중학생 시절 영어 시간에 배운 'Everyone can do something well'이라는 제목의 글이 생각납니다. 다람쥐, 새, 물고기가 자신의 장점은 보지 못하고 서로 상대방의 장점만 부러워한다는 내용입니다. 이 글의 결론은 '모든 사람은 각자 잘하는 것이 있다'는 것입니다. 저는 이 결론을 이주배경학생, 특히 중도 입국 학생에게 꼭 들려주고 싶습니다.

이주배경학생에게는 진로전담교사가 말하는 다소 틀에 박힌 이야기보다 진학이나 취업에 성공한 이주 배경 선배의 이야기가 훨씬 효과적이고 설득력 있을 것입니다. 이주배경학생은 선배의 이야기를 듣고 자신도 무언가를 이룰 수 있다고 생각하고 학교생활에 좀더 적극적으로 참여하게 될 것입니다.

이주배경학생을 위한 맞춤형 교육

"초등학교 고학년, 중학교, 고등학교 이주배경학생은
'청소년기'라는 특성과 '이주 배경'이라는 특성을 동시에 갖습니다.
따라서 이들을 가르치는 교사는 급격한 신체 변화, 추상적 사고가 가능해짐,
청소년기 특유의 자아중심적 사고를 하게 됨, 또래 관계의 중요도가 높아짐,
자아정체감의 위기라는 청소년기의 다섯 가지 특성을 잘 이해할 필요가 있습니다."

제1장

한국어 교육

이주배경학생을 위한
한국어 교육의 실상은?

「2020 다문화교육 정책학교 운영 가이드라인」(이하 「가이드라인」)의 두 번째 영역은 '다문화학생 맞춤형 교육지원'입니다. 이 지원의 목적은 "다문화학생이 가지고 있는 가정환경의 특수성으로 인한 학업 측면의 불이익을 해소하며, 그들이 우리 사회의 건강하고 우수한 인재로 자라날 수 있도록 지원"하는 것입니다. 기초학습, 진로탐색, 다문화 학생 상담, 이중언어 교육이 여기에 포함됩니다. 이 중 진로탐색은 창의적 체험활동 중 진로 활동과 관련해 이미 언급했으니 여기서는 생략하고, 나머지 세 문제에 한국어 교육을 추가해 생각해보겠습니다.

한국어 교육은 「가이드라인」에 고작 다섯 번, 그것도 간헐적으로 언급됩니다. 그간의 교육부 다문화교육 대책이 '다문화교육은 한국어 교육'이라고 해도 과언이 아닐 정도로 한국어 교육을 강조한 것을 감안하면 뜻밖의 일입니다. 실제로 교육부 대책은 한국어 교육을 지속적으로 강조해 왔습니다. 2006년 교육부 대책은 한국어를 방과 후 학교 프로그램에 포함했고, 2007년 대책은 한국어 교재와 프로그램을 개발했고, 2008년에는 다문화교육 거점학교에 한국어반을 만들었습니다. 2010년에는 중도 입국 학생을 위한 특별학급을 만들고, 2011년에는 이주배경학생이 정규학교에 들어가기 전에 한국어와 한국문화를 집중적으로 배우는 예비학교를 이주배경학생 밀집 지역에 설치했습니다. 2012년에는 이주배경학생이 다수인 학교는 한국어 교육을 정규과목으로 개설·운영할 수 있도록 했고, 2016년에는 국립국어원과 함께 표준 한국어 교재 개발을 추진했고, 2018년에는 '한국어능력 진단-보정 시스템'을 마련했으며, 2022년에는 중도 입국·외국인 학생 등을 위한 원격 콘텐츠 및 학습자료를 제작·보급했습니다.

이런 노력에도 불구하고 여전히 아쉬운 부분이 있는데, 그중 하나가 중도 입국 학생 대상 한국어 교육입니다. 교육부 대책이 중도 입국 학생을 처음으로 거론한 때가 2010년인데, 당시에는 학생이 그리 많지 않아 큰 문제가 되지 않았습니다. 하지만 그 수와 비율이 점점 늘어나면서 최근에 큰 문제로 부상했습니다. 중도 입국 학생은 2022년 기준 9,938명으로, 전체 이주배경학생의 5.9퍼센트를 차지합니다. 또 유형도 점점 다양해지고 있습니다. 과거에는 재혼한 결혼이민자가 본국에 두고 온 자녀를 데려오는 경우가 많았지만, 요즈음은 재외동포가 본국에 있는 손자나 손녀를 데려오는 경우가 늘어나고 있습니다. 이렇게 들어온 학생들은 외국에서 출생하고 성장하여 한국어와 한국 문화를 잘 이해하지 못하고, 가족 해체, 학습 공백 등으로 인해 학업을 제대로 수행하기 어려워서 상급학교에 진학하기 힘듭니다. 그럼에도 교육부는 이들을 주소지 학교에 바로 입학시키고 있는데 이런 조치는 부적절해 보입니다. 왜냐면 학생 자신은 물론 담임교사와 급우 모두에게 부정적 결과를 초래할 수 있기 때문입니다.

중도 입국 학생을 일반 학교에 바로 입학시키는 것은 당사자에게 '고문'이나 다름없습니다. 알아듣지도 못하는 이야기를 하루 종일 들으며 무기력하게 앉아 있다가 결국은 학업을 중단하고 교육도 훈련도 받지 않는 이른바 '니트족'이 될 수 있습니다.

중도 입국 학생은 담임교사에게도 큰 부담이 아닐 수 없습니다. 담임교사는 학생이 한국어를 모르니 하나부터 열까지 다 챙겨주어야 합니다. 그러다 보니 교사가 중도 입국 학생을 자기 반에 받기를 매우 꺼리는 실정입니다. 중도 입국 학생은 급우에게도 환영받지 못합니다. 같은 반에 중도 입국 학생이 몇 명 있으면 수업 분위기가 처질 확률이 높기 때문입니다. 또 교사가 중도 입국 학생에게 지나치게 신경 쓰다 보면 일반 학생은 자신이 상대적으로 소홀히 대해지거나 역차별받는다고 생각할 수도 있습니다.

한국어 교육은
어떻게 해야 할까?

중도 입국 학생의 한국어 문제를 효과적으로 해결하려면 교육청이 중도 입국 학생을 학교에 배정하기 전에 언어교육원이나 청소년 수련관처럼 기숙 시설을 갖춘 곳에서 2~3개월간 한국어몰입교육Korean Language Immersion Education을 시켜야 합니다. 이 기관에는 한국어 교사, 이중언어 강사, 상담교사를 배치해서 학생들에게 한국어를 일정 시간 동안 집중적으로 가르쳐야 합니다. 중도 입국 학생이 쓰는

일할 의지가 없고 교육이나 훈련을 받지도 않는 니트족

언어에 따라 중국반, 베트남반, 몽골반 등 반을 나누어 배치합니다. 이 교실에는 한국어 교사와 이중언어 강사가 함께 들어가 학생을 가르칠 수 있습니다. 이 제안은 하나둘학교 운영에서 착안한 것입니다. 통일부 하나원 산하 기관인 하나둘학교는 19세 미만 탈북 청소년을 받아 3개월간 기숙사에서 생활하면서 한국 학교와 사회에 적응하는 데 필요한 교육을 합니다. 교육을 마친 학생은 일반학교로 배정하는 것이 원칙이지만 상황이 여의치 않으면 대안학교 등에 보내 위탁 교육을 합니다.

한국어 교육과 관련해 또 하나 고려해볼 방안은 수준별 한국어 교육(또는 국어교육)입니다. 이 교육은 특히 이주배경학생의 비율이 50퍼센트가 넘는 학교에 더욱 필요해 보입니다. 쉽게 짐작하겠지만, 이런 학교는 이주배경학생의 수준이 낮아 교육부가 정한 교육과정을 그대로 소화하기 어렵습니다. 이렇게 되면 본의 아니게 일반 학생의 교육에 소홀해지기 쉽습니다. 이런 사실이 알려지면 일반 학부모는 자녀를 전학시키려 할 것이고, 일반 학생이 전학 간 자리에는 다시 이주배경학생이 들어올 것입니다. 그러다 보면 이주배경학생의 비율이 점점 높아지겠지요. 미국에서는 이런 현상을 '화이트 플라이트White flight'라고 부릅니다. 이주배경학생이 한곳으로 지나치게 많이 몰리는 것은 교육적으로 결코 바람직하지 않습니다. 향후 교육부 정책은 이주배경학생이 특정 지역에 몰리는 현상을 막는 방향으로 수립되어야 합니다.

이런 상황을 피하려면 미국 초등학교와 중등학교에서 실시하는 트래킹tracking이라는 수준별 교육을 도입할 필요가 있습니다. 미국에서는 한국 중학교 1학년에 해당하는 7학년 영어를 이솔반ESOL, English for Speakers of Other Languages, 보통반, 우수반의 세 단계로 나누어 가르치고, 수학도 보통반Regular, 우수반Pre-algebra, (8학년 보통반), 8학년 우수반Algebra honor으로 단계를 나누어 가르칩니다. 사회와 과학은 보통반과 우수반으로 나누는데, 과학 우수반 중 한 반은 영재반Gifted & Advanced으로 편성합니다.[1]

이솔반은 미국에 이민했거나 저소득층이어서 영어를 잘 못하는 학생을 위한 반이고, 보통반은 영어를 어느 정도 하는 학생을 위한 반이고, 우수반은 영어를 아주 잘하는 학생을 위한 반입니다. 만약 한국 학생이 미국으로 이민 가면 대개 이솔반에 들어갑니다. 이솔반에서 열심히 하면 다음 학기에는 보통반으로 가고, 그다음에는 우수반으로도 갑니다. 물론 수준별 교육에도 문제는 있습니다. 그중 하나는 학생들을 분리한다는 것이고(R. Hunter & S. Donahoo, 2002; 조형숙, 2015; B. Tunç & S. Ülker, 2020), 다른 하나는 많은 재정 지원이 필요하다는 것입니다. 한 과목을 수준별로 나누어 가르치려면 교사가 더 필요하고 교과서 내용도 다르게 집필해야 하기 때문입니다.

현재 한국의 일부 학교에서는 수준별 교육이 불가피해 보입니다. 수준별 교육을 하면 모든 학생이 자기 수준에 맞는 교육을 받을 수 있고, 일반 학생의 전학을 줄일 수 있고, 이주배경학생 밀집 학교가 교육 낙후 지역으로 전락하는 것을 막을 수 있기 때문입니다.

기초학력은
어떻게 지원해야 할까?

이주배경학생의 기초학력 저하도 큰 문제입니다. 교육부는 이 문제에 대한 대책을 계속 강조해왔습니다.

2006년에는 외국인 근로자 가정의 소득이 낮고 주거환경이 열악하고 교육 기능도 취약해 자녀의 기초학력이 낮다고 진단했습니다. 하지만 이에 대한 지원은 2009년에야 이루어졌습니다. 2009년에는 방과 후 또는 방학 중 집중캠프(15~60시간)를 통해 기초학력을 향상해주도록 권고했습니다. 그런데 이때도 누가 그 일을 해야 하는지를 명시하지 않았습니다. 2010년에는 이주배경학생의 학습 및 생활지도를 위해 교사나 퇴직교원을 활용하라고 권고했고, 2012년에는 지원 대상을 고등학생으로 확대했습니다.

2013년에는 대학생에게 근로장학금을 주고 학교, 공공시설 등에서 초·

중·고 학생의 기초학력과 진로를 지도하도록 했습니다. 2015년에는 유치원생의 기초학력도 지원하기 시작했고, 2016년에는 기초학력 지원 대상에 결손 가정, 저소득층 등 일반 학생도 포함했습니다. 또한 이들이 어려워하는 교과의 주요 개념과 어휘를 설명한 보조교재를 개발하고 보급했습니다. 2017년에는 기초학력 지원을 두드림학교[2], 학습종합클리닉센터[3] 등과 연계했습니다. 2018년에는 외국어대학 학생과 중도 입국 학생을 연결해 기초학력 향상을 지원했습니다. 코로나19로 대면 지원이 어려워지자 2021년에는 교과 보조교재의 핵심 개념을 영상 콘텐츠로 제작하여 보급했습니다.

이상에서 우리는 다음의 세 가지 사실을 확인할 수 있습니다.

첫째, 기초학력 지원 대상을 점점 확대해왔습니다. 처음에는 대상을 이주 배경 초등학생과 중학생으로 한정했지만 점차 고등학생, 유치원생으로 확대했고, 다시 저소득층, 결손 가정 일반 학생으로 확대했습니다. 둘째, 기초학력 지원을 2013년 이후 대학생에게 많이 맡기고 있습니다. 하지만 교수법을 전문적으로 배우지 않은 대학생에게 이주배경학생의 기초학력 지원을 맡기는 것은 적절하지 않습니다. 셋째, 기초학력 지원 방식을 상황에 따라 바꾸어왔습니다. 교과의 주요 개념, 어휘를 설명한 보조교재를 개발·보급했고, 코로나19에 대응하기 위해 영상 콘텐츠를 개발하고 보급했습니다.

이주배경학생의 기초학력 지원과 관련해 여기에서 제안하고 싶은 방법은, 그 일을 퇴직교원에게 맡기자는 것입니다. 이주배경학생의 기초학력 지원은 교육부, 교육청, 학교가 담당할 몫이지 대학생이나 외부기관에 위탁할 문제가 아닙니다. 가장 좋은 방법은 현직 교사가 맡는 것이지만 수업, 상담, 행정 등으로 몹시 바쁜 교사에게 기초학력 지원까지 맡기는 것은 무리입니다. 하지만 퇴직교원은 오랜 교사 경험을 바탕으로 학생들을 잘 가르칠 수 있습니다. 교육청이 퇴직교원을 모집해서 이들에게 소정의 강사료를 지급하고, 학교가 기초학력 지원을 원하는 학생들을 방과 후 교실에 모아 가르친다면 이는 아주 효과적인 교육 대책이 될 수 있습니다. 일반 학생 중에서 기초학력이 부족한 학생을 예외적으로 수용할 수도 있습니다. 이렇게 하면 담임교사나 교과 담당 교사의 부담이 많이 줄어들고, 이주배경학생의 기초학력도 효과적으로 향상할 수 있을 것입니다.

이주배경학생 상담은
어떻게 해야 할까?

이주배경학생은 남다른 외모, 어눌한 한국어, 낮은 학업 성취도, 원만하지 못한 교우 관계 등으로 인해 학교생활이 힘든 경우가 많습니다. 「가이드라인」은 이런 학생들과 적극적으로 상담하라고 권장합니다. 상담의 목적을 "청소년기에 진입한 다문화학생의 정서·심리 특성을 고려한 상담을 제공하여 건강한 성장 지원"이라 제시하고, 다문화교육지원센터, Wee센터·클래스 상담사, 지자체 및 민간기관에서 운영하는 상담 프로그램과 연계해 학생을 지원하라고 권고합니다.

이주배경학생 상담의 핵심 원리는 세 가지로 요약할 수 있습니다.[4]

첫째, 이주배경학생을 최대한 존중하는 것입니다. 여기서 말하는 존중이란 학생을 있는 그대로 인정하는 것을 말합니다. 다시 말해 학생의 감정, 사고, 행동을 함부로 평가하거나 판단하지 않고 가능한 한 있는 그대로 받아들이는 것입니다. 그러면 학생은 자신이 존중받고 있다고 느끼고 교사나 상담자를 신뢰하게 될 것입니다.

둘째, 이주배경학생과 역지사지해보는 것입니다. 역지사지empathy는 동정sympathy과는 다릅니다. 동정이 학생을 교사나 상담사 입장에서 이해하는 태도라면, 역지사지는 학생을 학생의 입장에서 이해하는 것입니다. 교사나 상담사는 학생이 가진 생각과 느낌의 틀로 학생의 생각과 감정을 이해하려고 노력해야 합니다.

셋째, 교사나 상담사는 이주배경학생에게 자기 생각을 진솔하게 말해야합니다. 예를 들어 "네 말을 들으니 입장은 이해가 가지만 네가 그렇게 행동하는 게 스스로에게 도움이 될지는 잘 모르겠네"라는 식으로 말입니다.

이주배경학생과 상담할 때는 다음과 같은 약간의 대화 기술이 필요합니다.

첫째, 학생의 말에 집중해야 합니다. 물리적으로 집중하기 위해서 가급적 조용한 장소를 택하고, 심리적으로 집중하기 위해서 몸으로뿐만 아니라 마음으로 함께하는 자세가 중요합니다.

둘째, 학생의 말을 경청해야 합니다. '들어주는 사람이 곧 이해하는 사

역지사지
(상대방의 입장에서 이해함)

동정
(자신의 입장에서 이해함)

역지사지와 동정

람'이라는 말이 있듯이, 학생의 말 한마디 한마디를 귀담아 들어주어야 합니다. 한자 '聽(청)'이 '듣고(耳) 보고(目) 느끼는(心) 사람(王)'이란 뜻의 한자들로 이루어져 있음을 상기할 필요가 있습니다.

셋째, 학생의 말에 적절히 반응해야 합니다. "으음", "아, 저런!", "그랬구나!" 같은 말과 함께 그에 알맞은 동작도 잊지 말고 해주어야 합니다. 이런 반응은 학생이 자기 생각을 더 많이, 더 자연스럽게 표현하도록 북돋울 것입니다.

넷째, 학생이 명료하게 말하도록 유도해야 합니다. 교사는 학생의 말에 불분명한 부분이 있으면 "금방 뭐라고 했는지 다시 한번 말해줄래?", "그 친구가 마음에 안 든다고 했는데 어떤 면에서 그렇지?"라는 식으로 질문하며 학생이 자기 생각을 분명하게 말하도록 이끌어야 합니다.

다섯째, 학생이 진실을 마주보게 해야 합니다. 학생의 말에는 모순, 왜곡, 변명, 자기방어 등이 숨어 있을 수 있습니다. 이때 교사는 적절한 방식으로 학생이 <u>스스로</u> 그 점을 깨닫게 해주어야 합니다. 예를 들어 "너는 친구와 화해하고 친해지고 싶다고 하면서 친구가 먼저 말을 걸어오기만 기다리고 있는 것 같아"라고 말해주면 학생은 자기 자신에 대해서 다시 한번 생각해볼 것입니다.

'청소년기'와 '이주배경'이라는 이중 특성 이해하기

초등학교 고학년, 중학교, 고등학교 이주배경학생은 '청소년기'라는 특성과 '이주 배경'이라는 특성을 동시에 가지기 때문에 일반 학생보다 고민이 훨씬 더 클 수밖에 없습니다. 실제로 전국 청소년 위기 실태조사에 따르면,[5] 부모 모두가 한국인인 청소년의 위기 경험 비율은 8.4퍼센트지만 부모 중 한 사람이 외국인인 청소년의 위기 경험 비율은 11.1퍼센트로, 부모 모두 외국인인 청소년의 위기 경험 비율은 48.5퍼센트로 급격히 높아집니다. "이러한 결과는 다문화 청소년이 학교 부적응으로 인해 학교폭력, 따돌림, 인터넷 중독 등의 위기 문제를 경험할 가능성이 높음"을 의미합니다.[6]

이주배경학생을 가르치는 교사는 기본적으로 청소년기의 다섯 가지 특성을 잘 이해할 필요가 있습니다. 급격한 신체 변화, 추상적 사고가 가능해짐, 청소년기 특유의 자아중심적 사고를 하게 됨, 또래 관계의 중요도가 높아짐, 자아정체감의 위기가 시작됨 등입니다.

여기서는 자아정체감ᵉᵍᵒ⁻ⁱᵈᵉⁿᵗⁱᵗʸ의 위기에 대해서 살펴보겠습니다. 에릭슨ᴱ· ᴱʳⁱᵏˢᵒⁿ은 자아정체감을 "개인이 자기 자신에게 가지는 연속성과 단일성을 지닌 주관적 느낌"이라고 정의했습니다.[7] 그는 1972년에 정체성의 심리사회적 발달 단계Stages of Psycho-social Development 이론을 제시하고, 청소년기가 자아정체감 추구의 절정기라고 했습니다. 자아정체감은 존재 방식, 역할, 신념 면에서 '나는 누구인가'와 '나는 누구가 아닌가'를 분별하게 해줍니다. 앞서 말했듯이 청소년기에는 신체 변화, 추상적 사고, 자아중심적 사고, 또래 관계의 중요성 등으로 인해 '나는 누구인가'에 대해서 유독 많이 생각합니다. 따라서 자아정체감의 위기는 병리 현상이라기보다는 자신을 새롭게 정립하기 위한 자아와 세계 사이의 힘겨운 싸움이라고 할 수 있습니다.[8] 이주배경학생은 이 '힘겨운 싸움'이 더욱 힘들 수 있습니다. 송선진이 연구한 바에 따르면[9] 국제결혼가정 자녀의 자아정체감은 일반 가정 자녀의 그것에 비해 전반적으로 낮았는데, 특히 미래 확실성, 주도성, 친밀성 부분에서 많이 낮았습니다. 그리고 자신의 외모가 남들과 다르다고 느낄수록, 한국어 능력이 낮다고 느낄수록 자아정체감이 낮은 것으로 나타났습니다.

따라서 교사는 이주배경학생을 상담할 때 자아정체감을 높여주기 위해 노력해야 합니다. 그러려면 정체감의 특성부터 잘 설명해줄 필요가 있습

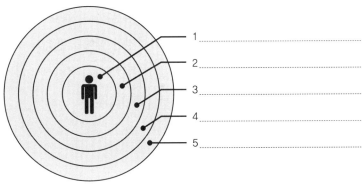

당신은 몇 겹으로 이루어져 있나요?

1 _____

2 _____

3 _____

4 _____

5 _____

문화적 양파 모형

니다. 정체감은 관계성, 복수성, 가변성이라는 세 가지 특성으로 설명할 수 있습니다. 관계성은 내 정체감이 누군가와의 관계 속에서 결정된다는 것입니다. 부모라는 정체감은 자식과의 관계 속에서, 교사라는 정체감은 학생과의 관계 속에서 생깁니다.

복수성은 내 정체감이 하나가 아니라 여러 개라는 것입니다. 한 성인 남성은 가정에서는 남편이고 직장에서는 부장이고 동호회에서는 총무일 수 있습니다. 자아정체감의 복수성을 설명하기 위해 자주 드는 예가 양파입니다. 양파 알맹이는 여덟 겹으로 이루어져 있는데, 그 한 겹 한 겹이 하나의 정체감을 나타낸다고 생각할 수 있습니다. 교사는 이주배경학생에게 양파 단면을 보여주면서 각 겹에 해당하는 자신의 정체감을 적어보라고 할 수 있습니다.

가변성은 정체감이 고정된 것이 아니라 시간의 흐름에 따라 변한다는 것입니다. 고등학교를 마치면 대학생이 되고, 대학을 졸업하면 직장인이 되고, 직장에서 승진하면 부장이 되는 식이지요. 프랑스 사회학자 베르분트 G. Verbunt는 정체감이란 안정된 상태와 불안정한 상태를 반복하는 보행자의 걸음걸이처럼 역동적인 것이라고 말합니다.[10] 다시 한번 강조하지만 우리의 '정체正體'성은 결코 '정체停滯'된 것이 아닙니다.

제2장

이중언어 교육

현행 이중언어교육의 문제점은?

「가이드라인」은 이중언어교육이 "외국인 부모와 자녀와의 관계를 심화하고, [이주배경]학생의 강점으로 나타날 수 있는 글로벌 언어 역량을 강화하며, [이주배경]학생을 포함한 모든 학생을 대상으로 외국어 능력 신장의 기회를 제공"할 수 있다고 밝힙니다. 이는 이중언어 교육이 이주 배경 가정을 통합하고, 이주배경학생의 잠재력과 강점을 키워주며, 다른 학생들의 다중언어 능력 습득에도 도움을 준다는 사실을 인정한 것으로, 상당히 긍정적으로 평가될 만합니다.

문제는 그 방법입니다. 「가이드라인」은 그 방법으로 이중언어 동아리 활동, 방과 후 학교 운영, 학교 게시판·계단·복도에 외국어로 된 일상 용어 부착을 제시하지만 이것만으로는 균형 잡힌 이중언어 화자를 키우기 어렵습니다.

먼저, 이주배경학생의 이중언어 교육에 대한 교육부 대책부터 살펴보겠습니다. 교육부는 2006년부터 이중언어 교육의 중요성을 인정하고 계속 강조해왔습니다. 2006년에는 이주배경학생이 "가정에서 자연스럽게 두 개의 언어에 노출되는 장점을 살려 다중언어 구사자가 되도록 육성"해야 한다고 강조했습니다. 2008년에는 외국인 유학생을 활용하여 이중언어 능력을 키워주자고 했지만 구체적 방법은 제시하지 못했습니다. 2009년에는 대졸 이상 고학력 이주 배경 학부모를 이중언어 강사로 양성해(6개월 동안 900시간) 이주배경학생 밀집 지역에 배치했습니다.

2010년에는 이중언어 강사를 유치원생과 중도 입국 학생을 위해서도 활용하자고 제안했습니다. 또 외국어에 능통한 중도 입국 학생의 강점을 활용하는 이중언어 동아리를 만들 것을 권고했습니다. 2012년에는 일반 학생과 이주배경학생이 함께 배우는 이중언어 교육 기회를 제공하고 이중언어 캠프를 개최하라고 권고했습니다. 2013년에는 이주배경학생의 이중언어 학습을 장려하기 위해 이중언어 양성 기관별로 이중언어 말하기 대회를 실시하라고 권장했습니다. 2014년에는 일반 학생과 이주배경학생 통합학급을 편성해 창의적 체험활동, 방과 후 교실 등을 활용하여 이중언어 교육을 실시하라고 권고했습니다. 그리고 시·도 이중언어 말하기 대회를 전국대회로 확대하라고 권고했습니다. 2018년에는 이중언어 학습을 장려하기 위해 참가 자격을 모든 학생으로 확대하고 창의적 체험활동, 방과 후 교실 등에서 활용할 수 있는 이중언어 교재를 개발하고 보급했습니다. 2020년에는 코로나19에 맞추어 이중언어 교재를 전자책 형태로 개발했습니다.

이상의 대책은 다음과 같이 다섯 가지로 요약할 수 있습니다. 첫째, 교육부는 이중언어 구사 능력을 이주배경학생의 강점이라고 보고 꾸준히 강조하고 있습니다. 이는 매우 바람직해 보입니다. 둘째, 하지만 이중언어 교육에 결정적 역할을 하는 이주 배경 학부모를 대상으로 한 교육이나 홍보는 거의 없습니다. 그래서 대부분의 결혼이민자는 자신의 언어로 자녀를 제대로 양육하거나 교육하지 못하고 있습니다. 셋째, 2009년부터 이중언어 강사를 학교에 배치하고 있지만 이들의 역할은 매우 제한적입니다. 이들의 임무는 이주배경학생의 이중언어 능력을 키워주기보다는 학생의 한국어 능력이 부족해 수업을 따라가지 못하는 현상을 막는 데 치우쳐 있습니다. 넷째, 2013년부터 실시하고 있는 이중언어 말하기 대회는 일시적이고 전시적인 경우가 많습니다. 이런 한계를 벗어나려면 대회 수상 경력을 고등학교나 대학 진학에 반영할 수 있어야 합니다. 다섯째, 교육부는 이중언어 능력을 제도적으로 지원하지 않습니다. 한마디로 지금까지의 대책은, 이중언어 능력은 개인이 알아서 키우는 것이지 학교가 제도적으로 지원할 대상은 아니라고 보고 있습니다. 이것은 '학교는 모든 학생의 잠재력을 개발하고 키워주는 곳'이라는 대원칙에도 어긋나는 유감스러운 시각입니다.

이중언어 사용의
장점은 무엇일까?

이주배경학생의 이중언어 교육을 권장하고 제도화하려면 먼저 이중언어 사용[Bilingualism]의 장점을 생각해볼 필요가 있습니다. 영국 이중언어 교육학자 베이커[C. Baker]는 "이중언어를 사용하게 된다는 것에는 많은 장점이 있고 단점은 거의 없다"라고 단언한 후, 이중언어 화자[bilingual]의 장점을 다음 열 가지로 정리합니다.[11]

첫째, 이중언어를 사용하면 가족 및 공동체 구성원들과의 의사소통이 원활해집니다. 아버지의 언어와 어머니의 언어가 다른 경우에 자녀는 두 개의 언어를 배울 수 있습니다. 따라서 이주배경학생은 양가의 부모 및 친척과 친밀한 관계를 맺을 수 있고, 부모는 각각 자녀에게 독특한 경험과 문화를 전수할 수 있습니다.

둘째, 이중언어를 사용하면 읽기와 쓰기 기능이 향상됩니다. 두 개 언어로 읽고 쓸 수 있는 사람은 두 개의 원어 자료에 접근할 수 있습니다. 따라서 다양한 전통, 발상, 사고방식, 행동방식을 더욱 깊게 이해할 수 있습니다. 소설, 시, 잡지를 두 개의 언어로 읽는 즐거움, 가족이나 친척에게 두 개의 언어로 편지나 메일을 쓰는 즐거움은 생각보다 훨씬 더 큽니다.

셋째, 이중언어를 사용하면 두 개의 문화에 접근할 수 있습니다. 이중언어 화자는 속담, 동화, 역사, 시, 문학, 음악과 같은 문화를 다양하게 접하는 풍요로움을 누릴 수 있습니다.

넷째, 이중언어를 사용하면 다른 언어와 문화에 관대한 태도를 갖게 됩니다. 이중언어 화자는 문화, 신념, 관습 등의 차이를 당연하게 여기고 상대방이 문화적 규범에 어긋나는 행동을 해도 너그럽게 이해할 수 있습니다.

다섯째, 이중언어를 사용하면 인지력을 향상할 수 있습니다. 먼저, 창의적 사고력이 높아집니다. 이중언어 아동은 하나의 사물이나 개념을 두 개의 단어로 표현하면서 개념과 단어의 관계를 느슨하게 인식하기 때문에 유연하고 창의적으로 사고할 수 있습니다. 그다음으로 의사소통 감수성이 높아집니다. 이중언어 화자는 누구에게, 언제, 어떤 언어를 사용해야 하는

지 경험적으로 알기 때문에 상대방의 필요를 단일언어 화자보다 더 잘 파악할 수 있습니다. 마지막으로, 지능검사에서 더 높은 점수를 받을 수 있습니다. 여러 연구에 따르면 이중언어 화자는 동일한 사회경제적 수준의 단일언어 화자보다 지능이 높습니다.

여섯째, 자존감이 높아질 수 있습니다. 두 개의 언어를 번갈아 사용하며 대화하는 사람은 자신의 능력에 자부심을 가지게 됩니다.

일곱째, 안정된 정체성을 형성할 수 있습니다. 언어는 정체성의 핵심입니다. 사람들은 같은 언어를 사용하는 집단에 강한 소속감을 느낍니다. 따라서 두 개의 언어 사용은 두 개의 집단에 대한 소속감을 강화해줍니다.

여덟째, 교육적으로 이롭습니다. 캐나다, 미국, 스페인 등에서 이루어진 이중언어 교육 관련 연구들에 따르면, 두 개의 언어를 사용하는 아동은 학교 성적이 우수하고 시험이나 실험 성적도 더 높았습니다.

아홉째, 제3의 언어를 쉽게 배울 수 있습니다. 네덜란드, 덴마크, 핀란드에는 세 개 언어를 구사하는 아동이 많은데 언어 간 유사성이 높으면 학습하기가 훨씬 쉽습니다.

열째, 취직에 유리합니다. 이중언어 화자는 관광, 운수, 은행, 행정, 번역, 비서, 유통, 법률, 교육 등의 영역에서 상대적으로 수월하게 취직할 수 있고, 급여도 높습니다.

다시 한번 강조하지만, 이중언어 사용에는 수많은 장점이 있고 단점은 거의 없습니다.

부모가 자녀의 이중언어 사용을
걱정하는 이유

부모는 자녀를 이중언어 화자로 키우는 데 결정적 역할을 합니다. 이들이 임신 7개월부터 두 언어로 태교하고(J. Werker, 2010), 출산 10개월까지 두 언어를 많이 들려주고(K. King & A. Mackey, 2007), 3세까지 이중언어 교육을 지속하면 자녀의 뇌 브로카Broca 영역에 두 개의 모국어가 같은 자리에 형성됩니다(J. Hirsch, 1997).

그런데 많은 부모가 이런 사실을 모를 뿐만 아니라 자녀의 이중언어 사용을 오히려 걱정합니다. 여기서는 이중언어 사용에 대한 대표적인 부모의 우려parental fear에 대해서 자세히 알아보겠습니다.

첫 번째 우려는 두 개의 언어를 배우면 언어 발달이 지체language delay된다는 것입니다. 이에 대해 베이커는 근거가 없다고 단언합니다.[12] 말이 늦거나 언어 발달이 뒤처진 상태를 가리키는 언어 지체는 청각장애, 자폐성, 심리적 불안 등 다양한 요인에 기인합니다. 베이커는 언어 지체를 이중언어 사용과 연결하는 생각은 과학적으로 전혀 근거가 없다고 주장합니다.

두 번째 우려는 두 언어를 배우면 한 언어를 배울 때보다 반만 배운다는 것입니다. 이에 대해 베이커는 절대 아니라고 주장합니다. 이중언어 아동의 어휘력은 각 언어를 기준으로 보면 단일언어 아동의 어휘력보다 떨어질 수 있지만 어휘력의 총량을 기준으로 보면 훨씬 큽니다. 또 이중언어 아동의 언어 발달 속도가 느려 보일 수 있지만 아동이 거치는 언어 발달

제6부 | 이주배경학생을 위한 맞춤형 교육

단계는 똑같습니다.

　세 번째 우려는 두 언어를 혼용한다는 것입니다. 베이커는 이것이 자연스럽고 일시적인 현상이라고 주장합니다. 두 언어를 배우는 학생은 언어들을 혼용할 수 있습니다. 하지만 유아기에만 일어나는 자연스럽고 일시적인 현상입니다. 이중언어 아동은 어느 정도 시간이 지나면 언제 누구에게 어떤 언어를 사용해야 하는지 자연스럽게 구분합니다. 따라서 부모는 자녀의 언어 혼용을 나무라거나 걱정하는 모습을 보이면 안 됩니다.

　네 번째 우려는 이중언어 사용으로 인해 학습장애가 발생한다는 것입니다. 이에 대해 베이커는 근거가 없다고 말합니다. 많은 사람들은 이중언어 아동이 제대로 읽지 못하고 수학 문제를 잘 풀지 못하면 이중언어 사용 때문이라고 속단합니다. 하지만 이 문제를 연구한 학자들은 이중언어 구사가 학습장애의 원인이 되는 경우는 거의 없다고 주장합니다. 학습장애는 부적절한 교육 방법, 모국어를 무시하는 분위기, 제2언어로 평가하기, 낮은 자존감, 교실에서 일어지는 차별, 무모한 기대와 같은 요인들에 기인할 가능성이 더 크다고 봅니다.

　다섯 번째 우려는 이중언어 사용으로 인해 정서 및 행동 장애가 일어난다는 것입니다. 베이커는 이것도 근거가 없다고 단언합니다. 이중언어 화자가 경제적으로 열악하거나 차별받는 소수민족일 때 정서적으로 위축될 수는 있지만, 이중언어 사용 자체가 정서 및 행동 장애의 원인이 된다고 볼 수는 없다는 것입니다. 외교관의 자녀가 두 언어, 세 언어를 구사하는 것에 대해서는 이렇게 말하지 않는다는 사실을 상기할 필요가 있습니다.

이주배경학생을 이중언어 화자로 성장시키려면 이런 우려부터 불식해야 합니다. 이때 가장 중요한 역할을 하는 곳이 가족센터와 학교입니다. 가족센터는 결혼이민자에게 이중언어 교육의 중요성과 방법을 자세히 알려주어야 하고, 아이가 입학하면 학교가 그 일을 맡아야 합니다.

가정에서 이뤄지는 이중언어 교육

박정은은 자녀를 이중언어 화자로 키우려면 네 가지 조건을 만족시켜야 한다고 주장합니다.[13] 이 네 가지는 어머니의 모어에 대한 신념, 가족의 협조, 일관된 언어생활, 양질의 대화입니다.

첫째, 외국인 어머니는 이중언어 교육에 대한 확고한 신념과 최소한의 지식을 갖고 있어야 합니다. 외국인 어머니는 "자신에게 가장 자신 있고 언어적 경험이 풍부한 언어로 육아를 할 권리가 있고, 아이 또한 엄마의 언어를 접하며 자랄 권리가 있다"라는 확고한 신념을 가져야 합니다. 임신 7개월부터 모어로 태교하고, 출생 후 10개월까지 어머니의 목소리를 최대한 많이 들려주고, 출생 후 만 3년 동안 어머니가 자녀에게 모어로 말하면 자녀는 자연스럽게 이중언어 화자가 된다는 사실도 알고 있어야 합니다. 한국어에 서툰 어머니가 한국어로 육아하는 것은 "질 좋은 옷감을 가지고 있는 최고의 재봉사에게 허름한 옷감으로만 옷을 만들라고 하는 것"이라는 지적에 귀 기울일 필요가 있습니다.[14]

둘째, 가족의 적극적 이해와 협조가 있어야 합니다. 외국인 어머니가 자녀의 이중언어 교육에 아무리 확고한 신념을 갖고 있어도 내국인 남편이나 시부모가 이를 탐탁지 않게 여기고 반대하면 이중언어 교육은 거의 불가능합니다. 실제로 한국인 아버지가 아이의 한국어 실력이 걱정된다거나 어머니와 아이가 하는 말을 자기만 못 알아듣는다고 하면서 이중언어 교육을 반대하는 경우가 많습니다. 단일민족 의식이 강한 조부모가 비슷한 입장을 보이면 이중언어 교육은 더욱 어려워집니다. 이런 반대 때문에 대다수 이주배경학생은 어머니의 말을 알아만 듣거나 아예 알아듣지 못합니다. 이것은 자녀의 경쟁력을 떨어뜨리고 외가와의 관계를 단절해 사회적·국가적으로 큰 손실입니다. 따라서 가족센터나 지자체는 남편과 시부모에게 이중언어 교육의 중요성을 지속적으로 알려야 합니다.

셋째, 외국인 어머니가 자녀에게 모어만 사용해야 합니다. 이중언어 이론에 따르면, 자녀를 이중언어 화자로 키우려면 부모가 1인 1어one parent one language 원칙을 지켜야 합니다. 외국인 어머니는 자녀가 한국어에 익숙해지면 한국어로 대화하는 경우가 많은데, 이것은 바람직하지 않습니다. 자녀는 밖에 나가면 또래들과 한국어로 놀고 유치원에서 한국어로 수업을 받기 때문에 집에 와서도 한국어로 대화하려고 할 것입니다. 이때 외국인 어머니는 한국어를 사용하지 말고 모어를 사용해야 합니다. 그러지 않으면 자녀는 어느 쪽의 언어를 사용해도 상관없다고 생각하고 더 편한 한국어로만 말할 것입니다.

　넷째, 어머니와 양질의 대화를 나누어야 합니다. 자녀의 언어 습득 수준은 해당 언어에 노출된 양과 질에 달려 있습니다. 외국인 어머니는 직장생활이나 가정생활로 바쁘다는 이유로 자녀에게 휴대전화나 인터넷으로 모어를 들려주거나 비디오를 틀어주는 경우가 많은데, 이것은 이중언어 교육에 별 도움이 되지 않습니다. 외국인 어머니는 자녀와 함께 책을 읽거나 놀이하면서 양질의 대화를 나누어야 합니다.

　이 네 가지에 하나를 덧붙이자면, 유치원과 학교에서 이중언어 교육을 제도적으로 지원해야 한다는 것입니다. 예를 들어 창의적 체험활동 시간에 관련 활동 하기, 방과 후 모어 교실 운영, 공립종합외국어고등학교 설립, 교대 및 사범대 특례 입학 등이 있습니다.

이중언어 교육 관련 제도적 지원

　　　　　　　　이주 배경 가정에서 자녀를 이중언어 화자로 길렀더라도 유치원, 초·중·고, 대학교 같은 공식 교육기관에서 이 능력을 인정하고 유지해주지 않으면 '균형 잡힌' 이중언어 화자가 될 수 없습니다. 공식 교육기관에서 이중언어 능력을 높여주는 가장 좋은 방법은 캐나다, 미국, 독일에서처럼 두 언어로 수업하는 것이지만(사실 이것이야말로 진정한 이중언어 교육입니다) 한국에는 두 언어로 가르칠 수 있는 교사가 거의 없고 한국어를 잘 구사하는 외국인 교사를 외국에서 데려오기도 쉽지 않아서 적어도 당장은 이런 교육을 실행하기 어려워 보입니다.

현재 우리가 고려해볼 수 있는 제도적 지원은 방과 후 모어 교실 운영, 공립종합외국어고등학교 설립, 교대 및 사범대 특례 입학입니다.

먼저, 유치원, 초등학교, 중학교에서는 방과 후 모어 교실을 운영하여 학생의 이중언어 능력을 유지하거나 향상할 수 있습니다. 교육청이나 교육지원청은 이중언어 강사를 양성해 방과 후 모어 교실을 운영하는 학교에 보냅니다. 학교에서는 모어 교육을 원하는 이주배경학생들을 한 반에 모아 교육합니다. 강사료는 교육청이나 교육지원청에서 지원하고, 만약 여의치 않으면 지자체에 재정 지원을 요청할 수도 있습니다. 이중언어 강사는 본국에서 사용하는 유치원, 초등학교의 교과서를 가져와 가르칠 수 있습니다. 만약 교과서의 내용이 학생의 언어 수준보다 많이 높으면 좀더 낮은 수준으로 조정합니다.

다음으로, 공립종합외국어고등학교(가칭)를 설립하여 학생의 이중언어 능력을 키워줄 수 있습니다. 학교가 공립이면 이주배경학생의 학비 부담이 적어집니다. 2019년 기준 사립 외고의 연간 평균 학비는 1,154만 원이고 공립 외고의 연간 학비는 평균 495만 원입니다.[15] 이주 배경 가정은 경제 수준이 대체로 낮은 편이어서 이처럼 비싼 학비를 감당하기 어렵습니다. 학교명에 '종합'이 붙으면 취업반과 진학반으로 나뉘어 운영된다는 뜻입니다. 취업반은 고등학교 성적이 낮아 대학에 들어가기는 어렵지만 한국어와 [부]모어를 아주 잘하는 학생들을 선발하여 고등학교 졸업 후 취업을 준비해주는 반입니다. 한국에 온 지 얼마 안 된 중도 입국 학생에게는 학습 동기를 부여해줄 수 있는 좋은 제도입니다. 진학반은 한국어, [부]모어, 영어 등 언어적 재능이 탁월하고 학업 성적도 좋은 학생을 선발하여 대학에 진학시키는 반입니다. 이 반에는 외국어에 특별한 재능이 있는 한국 학생도 들어올 수 있습니다.

마지막으로, 교육대학이나 사범대학은 공립종합외국어고등학교 진학반 졸업생 중 일부를 정원 외로 입학시켜 교원으로 양성할 수 있습니다. 4년 동안 교원 양성 교육을 받으면 이들은 명실상부한 이중언어 교사로 성장할 수 있을 것입니다. 교육청은 이들을 이주배경학생이 밀집한 학교에 보내 이중언어 교육을 담당시킬 수 있습니다. 교사가 한국어로 수업하다가 학생들이 어려워할 때 학생들의 [부]모어로 설명해주면 학생들에게 여러모로 유익할 것입니다. 일단 이주배경학생의 학습 부진율을 줄일 수 있을 것입니다. 학업 부진율을 줄이면 학업 중단율도 줄어들겠죠. 또 이중언어 교사는 이주배경학생에게 좋은 역할 모형이 될 것입니다. 이주배경학생은 자신도 열심히 하면 선생님처럼 교대나 사대 진학해 이중언어 교사가 될 수 있다고 생각하고 학업에 더욱 전념할 것입니다.

제7부

다문화 친화적 교육환경

"역지사지는 학교생활에서도 매우 중요합니다.
'교사의 역량이란 학생의 공감 능력 신장에 관심과 열의를 가지고
공감 교육을 설계하고 실행하는 역량을 의미'하기 때문입니다.
다시 말해 교사는 학생의 자아와 정서를 이해하고, 학생에게 관심과 열의를 가지고,
공감 교육을 이해하고, 공감 수업을 설계하고 실행할 수 있어야 합니다."

제1장

다문화 친화적 학교환경 만들기

다문화 친화적 학교환경을 만들려면
무엇을 준비해야 할까?

　　　　　　　　　　　　　「2020 다문화교육 정책학교 운영
가이드라인」의 세 번째 영역은 '다문화 친화적 학교환경 조성'입니다. 「가
이드라인」은 이를 이루고자 다음과 같은 네 가지 실행을 권장합니다.

　첫째, '교구 및 도서 비치'는 다양한 다문화교육 자료와 교구, 다문화와
관련한 도서를 일정한 공간에 비치하는 것입니다. 실제로 많은 학교가 특
정 공간을 만들어 다문화교육과 관련한 자료와 교구를 비치했습니다. 이
와 관련해 한 가지 유감스러운 점은 자료나 교구가 전통의상, 모자, 악기,
놀이 도구인 경우가 많다는 것입니다. 이런 것들은 학생들의 호기심을 끄
는 데는 효과적이지만 인식을 바꾸지는 못합니다. 학생들의 인식을 바꾸
려면 자료나 교구를 국어, 사회, 음악, 미술 등 다양한 수업시간에 적절히
활용해야 합니다.

　둘째, '다문화 게시판 운영'은 다문화 관련 주제 및 작품(다문화 감수성을
주제로 한 포스터, 다문화 관련 독후 감상화 등)을 활용하여 게시판을 구성하는
것입니다. 게시판을 운영할 때 한 가지 유의할 점은 과거의 남북통일 표어
나 포스터처럼 단순히 전시 효과만 노려서는 안 된다는 것입니다. 그리고
'다문화 게시판'을 따로 만들기보다는 모든 학생이 사용하는 게시판의 일
부를 사용하는 방법이 더 효과적입니다.

　셋째, '다문화 급식 운영'은 다양한 나라의 음식을 먹어볼 기회를 제공

하는 것입니다. 이때 간과하지 말아야 할 점은 학생들이 이미 가정이나 식당에서 다양한 외국 음식을 먹어보았다는 사실입니다. 중국의 자장면과 탕수육, 일본의 생선회, 베트남의 포(쌀국수), 인도의 커리, 이탈리아의 스파게티와 피자, 미국의 햄버거 등은 모두 외국 음식입니다. '다문화 급식 운영'과 관련해 한 가지 제안하는 방법은 일반 학부모들을 위한 외국 음식 체험 시간을 자주 갖는 것입니다. 예를 들어 베트남 학부모에게 가장 대중적인 베트남 음식 한두 가지를 만들어 학교에 가져와달라고 부탁하고, 일반 학부모에게 그 음식을 맛보게 할 수 있습니다. 이때 일반 학부모에게 소정의 참가비를 받아 음식을 만들어온 학부모에게 경비 및 봉사료를 지불하면 모든 사람에게 큰 경제적 부담을 주지 않을 것입니다. 음식을 만든 베트남 학부모가 음식의 의미, 조리법, 먹을 때 주의 사항, 음식 문화 등을 이야기해주면 더욱 효과적일 것입니다.

넷째, '이중언어 관련 자료 비치'는 이중언어 교재, 중도 입국·외국인 학생의 모국어 사전 등을 비치하는 것입니다. 이 실행법은 의도가 나쁘지는 않지만 효과가 의문스럽습니다. 학교에서 모국어 교육을 실시하지 않는다면 이주배경학생이 이중언어 교재나 사전을 잘 사용하지 않기 때문입니다. 이 실행법은 자칫하면 학교가 이주배경학생을 배려하고 있음을 전시하는 생색내기로 비칠 것입니다.

학교가 다문화 친화적인 환경을 조성하는 방법으로 간단하지만 진심을 전할 수 있는 사례를 소개하겠습니다. 학교 본관 앞 입간판이나 행정실 벽에 학생들을 환영한다는 문구를 이주 배경 재학생들의 모국어로 써서 붙이는 것입니다. 학교를 방문한 외국인 학부모는 모국어로 쓰인 문구를 보고 감동할 것입니다. 실제로 저는 뉴질랜드에서 딸들이 다니는 초등학교를 처음 방문했을 때 행정실 벽에 붙은 '환영합니다'라는 한글 문구를 보고 크게 감동했습니다. 이 문구는 영어 'Welcome', 중국어 '欢迎(후안잉)' 아래에 쓰여 있었는데, 어느 한국 초등학생이 썼는지 삐뚤빼뚤한 글씨였지만 저에게 감동을 주기에는 부족함이 없었습니다. 이 방법은 큰돈을 들이지 않고도 학부모의 마음을 열 수 있는 좋은 방법입니다. 사람은 자기 언어가 존중받을 때 자기 자신도 존중받는다고 느끼니까요.

교원 역량 강화는 어떻게 해야 할까?

다문화 친화적 환경 조성과 관련해 「가이드라인」이 두 번째로 강조하는 점은 교원 역량 강화입니다. 교육계에서 흔히 하는 말 중에 "교육의 질은 교사의 질을 넘지 못한다"라는 말이 있습니다. 이 말은 교원의 역량이 교육에서 매우 중요하다는 뜻입니다. 이는 다문화/상호문화교육에서도 마찬가지입니다. 다문화/상호문화교육의 질을 높이려면 교사의 다문화/상호문화교육 역량을 높여야 합니다.

교육부도 이 점을 잘 알아서 2006년부터 지금까지 교사 교육을 계속 강조했습니다. 2006년 다문화교육 대책은 교사들에게 한국어 및 한국문화교육 연수를 권장했고, 2007년 대책은 국제이해교육 연수를 권장했습니다. 교육부는 이때까지만 해도 다문화교육을 한국어 교육이나 국제이해교육 정도로 생각했던 것 같습니다. 2008년에는 중앙다문화교육센터를 만들어 교사 대상 다문화교육 연수를 준비하게 했는데, 이때 미국의 다문화교육이 본격적으로 유입되었습니다. 2009년에는 교원 양성 및 연수기관이 다문화교육을 직무연수에 포함하라고 권고했습니다. 또 교대에 다문화교육 강좌를 개설해 예비교사의 다문화 역량을 강화하라고 했습니다.

2010년에는 교대의 다문화교육 강좌 성과를 사범대까지 확대하라고 권장했습니다. 또 유치원 교사도 연수 대상에 포함하라고 제안했습니다. 2012년에는 학교 관리자 대상 다문화교육을 의무화했고, 교사 연수도 대폭 확대했습니다. 이렇게 해도 다문화교육 연수를 받은 교사는 전체의 4퍼센트에 불과했습니다. 그래서 2013년에는 모든 교원이 7시간 이상 연수를 받도록 했습니다. 그리고 신규교사 직무연수에 다문화교육을 포함하고, 정교사 자격 연수과정에도 의무적으로 포함하도록 했습니다. 2015년에는 각종 직무 자격연수에서 다문화교육을 2시간 이상 실시하게 했습니다. 2017년에는 다문화가족지원법 5조 6항에 "교육부 장관과 지자체 교육감은 유아교육법과 초·중등교육법에 따른 학교의 교원에 대해 대통령령이 정하는 바에 따라 다문화 이해교육 관련 연수를 실시해야 한다"라는 규정을 추가했고, 2018년부터는 이 교육을 법적으로 의무화했습니다.

이처럼 교육부는 2006년부터 교사의 다문화교육 역량을 향상하고자 노력했지만 여전히 부족해 보입니다. 아직도 다문화교육을 '이주배경학생을 위한 한국어 교육'이라고 여기거나, 국제이해교육처럼 '여러 나라의 문화를 가르치면 된다'거나, '사회 교사나 하는 교육'이라고 생각하는 사람이 많습니다. 한편으로 다문화교육의 어려움을 토로하는 교사가 많습니다. 주된 이유는 과도한 업무 부담, 다문화교육 자료 부족, 동료 교사의 비협조적 태도 등이었습니다.[1]

교사의 다문화/상호문화교육 역량을 강화하려면 앞에서 언급한 오해나 편견부터 불식해야 합니다. 즉 다문화/상호문화교육은 '다문화사회의 교육적 대안'이라는 사실, '평등을 추구하는 교육개혁운동'이라는 사실, '단일성이 아니라 다양성을 추구하는 교육철학'이라는 사실, '특정 프로그램이 아니라 모든 교과목과 관련된 것'이라는 사실, '많은 문화를 가르치는 것이 아니라 문화와 문화의 만남을 가르치는 교육'이라는 사실을 교사에게 분명히 이해시켜야 합니다. 이렇게 오해를 불식한 다음, 교사에게 상호문화 역량이 무엇인지 알려주고, 수업 시간에 어떻게 하면 다문화/상호문화교육을 할 수 있는지 구체적으로 알려줘야 합니다. 교사에게 궁극적으로 필요한 것은 교육철학이나 이론이 아니라 실제이기 때문입니다.

상호문화 역량이란?

상호문화 역량intercultural competence은 "자신과 언어적·문화적으로 다른 사람들과의 상호작용에서 효과적이고

적절하게 처신하는 데 필요한 일련의 능력들"(A. Fantini & A. Tirmizi, 2006;
UNESCO, 2013)을 말합니다. 여기서 '효과적effectively'이란 상호작용의 목적
을 달성하는 데 도움이 되는 것을 의미하고, '적절하게appropriately'란 주어
진 상황, 문화, 대인관계에 부합하는 것을 의미합니다. 상호문화 역량과 관
련된 대표적 모형은 디어도르프D. Deardorff(2006)의 상호문화 역량 과정 모형
Process Model of Intercultural Competence과 이 모형을 수정한 상호문화 역량 피라미
드 모형Pyramid Model of Intercultural Competence입니다. 여기서는 후자를 살펴보겠
습니다. 이 모형을 보면 맨 아래에 태도가 있고, 그 위에 지식과 이해와 기
술이 있고, 그 위에 내적 결과가 있고, 맨 위에 외적 결과가 있습니다.

피라미드 가장 아래쪽의 태도attitudes는 존중, 개방, 관심, 발견으로 이루
어집니다. 존중respect은 다른 문화에 가치를 부여하는 태도를 말합니다. 자

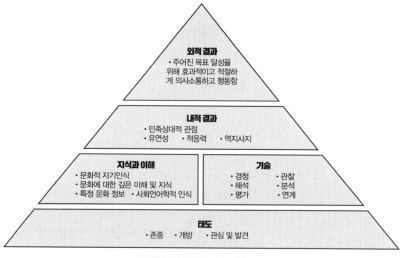

디어도르프의 피라미드 모형

기 문화를 존중받으려면 남의 문화도 존중해야 합니다. 개방^{openness}은 다른 문화를 판단하지 않고 환대하는 태도를 말합니다. 관심^{curiosity}은 문화 차이를 학습의 기회로 보는 시각을 말합니다. 발견^{discovery}은 자신에게 익숙한 영역 너머로 가보려는 태도를 말합니다.

다음으로 지식과 이해^{knowledge & comprehension}는 문화적 자각, 문화의 심층 이해 및 지식, 특정 문화 정보, 사회언어학적 인식 등으로 구성됩니다. 문화적 자각^{cultural self-awareness}은 자신이 산 사회의 문화가 자신의 세계관을 만들었다는 사실을 깨닫는 것입니다. 태어난 지 몇 달 만에 입양되어 프랑스로 간 한국 사람은 한국 문화가 아니라 프랑스 문화를 자기 문화로 여깁니다. 문화의 심층 이해 및 지식^{deep understanding & knowledge of culture}은 문화의 영향, 역할, 맥락 등에 대한 지식과 이해를 말합니다. 이것은 의상, 음악, 춤과 같은 표층 문화^{surface culture}에 대한 추상적 지식과 이해와는 다른 것입니다. 특정 문화 정보^{culture-specific information}는 어느 한 문화의 변별적 자질에 대한 정보로, 일반 문화 정보^{culture-general information}와 대비됩니다. 예를 들어 길에서 아는 사람을 만났을 때 악수하는 행위는 일반 문화 정보지만, 손을 잡는 시간, 세기 등은 특정 문화 정보입니다. 사회언어학적 인식^{sociolinguistic awareness}은 주어진 상황과 상대에 알맞은 단어와 문장을 선택하는 것을 말합니다. 예를 들어 길에서 친구를 만나면 "Hey, Larry"라고 말하지만 사장을 만나면 "Excuse me, Mr Brown"이라고 말합니다.

기술^{skills}에는 경청, 관찰, 해석, 분석, 평가, 연계^{relate} 등이 있으며 지식을 처리하는 데 필요합니다. 문화가 다른 사람을 만났을 때 정보만으로는 제대로 처신하기 어려우며, 정보를 이해하고 처리하는 기술도 필요합니다.

내적 결과internal outcome에는 적응력, 유연성, 민족상대적 관점, 역지사지가 포함됩니다. 적응력adaptability은 다른 의사소통 양식과 행동에 적응하는 능력을 말하고, 유연성flexibility은 상황에 따라 적절한 의사소통 양식과 행동을 선택하는 인지적 능력을 말합니다. 민족상대적 관점ethnorelative view은 다른 문화를 수용-적응-통합하는 관점을 말하고, 역지사지empathy는 타인의 상황을 타인의 입장에서 생각해보는 자세를 말합니다.

마지막으로, 외적 결과external outcome는 자신의 상호문화적 태도, 지식, 기술에 기초해서 주어진 목표를 달성하고자 효과적이고 적절하게 의사소통하고 행동하는 것을 말합니다.

민족상대적 관점이란?

상호문화 역량은 태도, 지식, 기술, 내적 결과, 외적 결과로 이루어집니다. 민족상대적 관점은 내적 결과 중 하나로서 다문화 친화적 교육환경을 조성하는 데 핵심적인 요소입니다. 이 관점을 이해하기 위해 베넷의 상호문화감수성 발달 모형Developmental Model of Intercultural Sensitivity(M. Bennett, 1986, 1993, 2004, 2013)을 알아보아야 합니다. 이 모형은 부정, 방어, 최소화라는 민족중심적 단계와 수용, 적응, 통합이라는 민족상대적 단계로 나뉩니다.

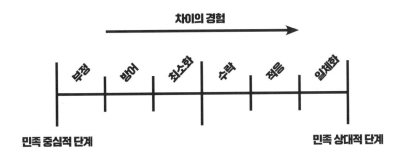

베넷의 상호문화감수성 발달 모형

부정denial은 문화적 차이를 처음 접하는 사람들이 흔히 보이는 태도입니다. 이들은 자기 문화 안에서만 살기를 고집하며 스스로를 고립isolation하거나 자신을 문화적 차이로부터 의도적으로 격리separation합니다. 미국 백인들이 같은 지역의 이민자나 소수민족을 기피할 때 자주 보이는 태도입니다.

방어defense는 자기 문화가 최고라고 생각하며 다른 문화를 폄훼denigration하거나 우월감을 보이는 태도입니다. 이와 반대로, 어떤 사람들은 현재 살고 있는 외국 사회의 문화가 자신의 원래 문화보다 우월하다고 여기고 현지인처럼 되려고 하는 전도reversal된 태도를 보이기도 합니다.

최소화minimization는 인간의 보편성을 내세워 문화적 차이를 최소화하는 태도를 말합니다. 이 단계에 있는 사람들은 모든 사람이 기본적으로 똑같은 문화적 가치를 공유한다고 보고, 문화적 차이가 별로 중요하지 않다고 생각합니다.

이상의 민족중심적ethnocentric 관점이 자기 문화의 세계관을 모든 현실의 중심에 놓는 단계라면 민족상대적ethnorelative 관점은 하나의 문화를 고유한 맥락에서 이해하려는 단계입니다.

수용acceptance은 자기 문화가 동등한 여러 문화 중 하나임을 인정하고, 문화적 차이에 관심을 두고 존중하는 태도입니다.

적응adaptation은 다른 문화를 수용하고 다른 문화에서 적절하게 행동하는 태도입니다. 적응은 동화와 다릅니다. 적응이란 개인의 신념과 행위의 범위가 넓어짐을 의미하지, 한 문화를 다른 문화로 대체함을 의미하지 않기 때문입니다. 따라서 이 단계에 있는 사람들은 다른 문화에서 적절하게 행동하려고 자신의 문화적 정체성까지 부정할 필요는 없다고 생각합니다.

통합integration은 자신을 특정 문화에 가두지 않고 주어진 상황에 따라 적절한 문화를 선택하는 태도를 말합니다. 이 단계에 있는 사람들은 자신이 상황에 따라 다양한 문화적 참조 기준을 적용할 수 있다고 여기고 자신의 문화적 정체성을 늘 새롭게 만들어갑니다.

모든 사람은 이 여섯 단계 중 어느 한 단계에 속합니다. 가장 바람직한 것은 가능한 한 빨리 민족중심적 단계에서 민족상대적 단계로 넘어가는 것입니다.

역지사지와 동정은
어떻게 다를까?

상호문화 역량의 내적 결과 중 또

하나 중요한 것은 역지사지empathy입니다. 역지사지는 "다른 사람이 경험하는 것을 당사자의 기준이나 틀 안에서 이해하거나 느끼는 능력, 즉 자신을 다른 사람의 위치에 두는 능력"을 말합니다. 이 능력은 다른 사람의 고통이나 필요에 대한 인식, 이해, 반응으로 정의되는 동정sympathy과는 다릅니다. 동정이 정의적이라면 역지사지는 인지적입니다.

베넷은 자신의 경험담을 통해 역지사지와 동정을 구분해 설명합니다.[2] 그는 자기와 아내 중 한 사람이 아프면 늘 불화가 생기는 이유를 생각해 보았습니다. 그 결과, 한쪽이 아플 때 상대방에게 바라는 바가 서로 다르다는 사실을 깨달았습니다. 베넷은 자기가 아플 때 아내가 자기를 혼자 내버려두길 바랐고, 아내는 자신이 아플 때 남편이 옆에서 세심하게 돌봐주길 바랐던 것입니다. 사람마다 성향이 다를 수 있으니 이것은 극히 자연스러운 일입니다. 문제는 상대방이 아플 때 상대방이 아니라 자기가 바라는 대로 행동하는 데 있었습니다. 다시 말해 그는 아내가 아플 때 자기 식대로 아내를 조용히 내버려두었고, 아내는 남편의 태도를 서운하게 여겼습니다. 반대로 베넷의 아내는 남편이 아플 때 자기 식대로 그를 하나하나 세심히 돌보았고, 베넷은 그런 아내가 성가셨던 것입니다. 이것이 바로 동정sympathy의 한계입니다. 동정 자체는 나쁘지 않지만 불화를 불러일으킬 수 있습니다. 그래서 그는 "이후 우리는 동정하기보다는 역지사지하려고 노력했다"라고 말합니다.

역지사지와 동정의 차이는 한국 시어머니와 몽골 며느리 사이에서도 찾아볼 수 있습니다. 몽골 며느리가 출산하자 한국 시어머니는 한국의 관습대로 미역국을 정성껏 끓여주었습니다. 하지만 몽골 며느리는 미역국이 입에 맞지 않아 매우 힘들어했습니다. 몽골은 바다가 없는 나라라 미역국 같은 해산물을 먹어본 적이 없기 때문입니다. 이것 역시 동정의 한계입니다. 만약 시어머니가 역지사지했다면 몽골 며느리가 출산하기 전에 몽골에서는 산모에게 어떤 음식을 주는지 물어보고 그 음식을 준비할 수 있었을 것입니다. 만약 시어머니가 직접 만들기 어려우면 주위에 사는 몽골 사람에게 부탁할 수도 있었겠지요. 참고로 몽골에서는 산모에게 양고기탕과 빵을 준다고 합니다. 중국에서는 좁쌀죽과 닭곰탕을, 베트남에서는 후추를 넣어 조린 돼지고기를, 인도네시아에서는 강황을 챙겨준다고 합니다.

역지사지는 학교생활에서도 매우 중요합니다. "교사의 역량이란 학생의 공감 능력 신장에 관심과 열의를 가지고 공감 교육을 설계하고 실행하는 역량을 의미"[3]하기 때문입니다. 다시 말해, 교사는 학생의 자아와 정서를 이해하고, 학생에게 관심과 열의를 가지고, 공감 교육을 이해하고, 공감 수업을 설계하고 실행할 수 있어야 합니다.

저는 이와 관련해 다음 두 가지를 강조하고 싶습니다. 첫째, 교사는 역지사지와 동정의 차이를 분명히 알아야 합니다. 역지사지를 동정과 혼동한다면 역지사지 교육을 제대로 하기 어려우니까요. 둘째, 이주배경학생의 심리와 정서에 각별한 관심을 가져야 합니다. 여러 번 언급했지만 이주배경학생은 언어, 문화, 정서 등이 일반 학생과 많이 다를 수 있습니다. 이들을 대할 때 교사 입장에서 뭘 해주려고 하기보다는 학생이 원하는 바를 알아보고 그것을 해주려고 노력해야 합니다.

다문화 친화적 사회환경 만들기

가정 연계 및 학부모 교육은
어떻게 해야 할까?

                                            다문화 친화적 교육환경을 조성할 때 학부모와 밀접하게 연계하는 것이 매우 중요합니다. 다문화 친화적인 학교가 되려면 학생들이 다문화 친화적인 자세를 가져야 하는데, 학생들은 가정에서 학부모에게 많은 영향을 받기 때문입니다.

학교는 일반 가정 학부모에게 다문화사회의 도래, 학교 현황, 이주배경 학생의 어려움, 이주배경학생을 대상으로 한 일반 학생의 차별적 행동 등을 알려주어야 합니다. 2007년 교육부 대책은 학부모를 대상으로 국제이해교육을 실시하라고 권장했습니다. 일반 가정 학부모를 교육 대상으로 삼았다는 점은 긍정적으로 평가할 수 있지만, 교육 내용이 국제이해교육이었다는 점은 유감입니다. 2010년에는 일반 가정 학부모와 이주 배경 학부모가 자녀교육을 매개로 상호 이해하고 교류할 수 있는 프로그램을 개발하라고 권장했습니다. 2013년에는 일반 학생, 교원, 학부모의 다문화 인식 개선이 매우 중요하다고 역설했습니다. 2020년에는 학생, 교원, 학부모, 지역사회 등을 다문화교육에 적극 참여시켜 다양한 문화가 공존하는 조화로운 교육환경을 조성하라고 권고했습니다. 하지만 이런 권고가 학교에 제대로 반영되지 않고 있습니다. 많은 학교가 인식 부족, 예산 부족 등으로 일반 가정 학부모 교육을 소홀히 하고 있습니다.

반면 이주 배경 학부모에게 교육 지원이 편중되어 있습니다. 교육부가 이주 배경 학부모를 과도하게 지원하는 이유는 그들이 한국어를 잘 못하고 한국의 교육과정을 잘 모르기 때문입니다. 2006년부터 지금까지 발표한 교육부 대책에서 이주 배경 학부모에 대한 지원을 통시적으로 살펴보면 다음과 같은 사실을 알 수 있습니다. 먼저, 2009년부터 2013년 사이에 특히 다양한 지원이 이루어졌습니다. '다문화가정 학부모 교육 및 상담 지원' 항목은 2009년부터 2013년까지 존재했고, 2014년에 사라졌다가 2015년에 부활하여 2017년까지 존속했습니다. 다음으로, 이주 배경 학부모에 대한 지원은 이들을 교육의 '대상'으로 하는 지원과 교육의 '주체'로 만드는 지원으로 구분됩니다. 전자에 해당하는 지원 방법으로 한글·정보화 교육, 정보 제공, 상담 지원, 일반 학부모-이주 배경 학부모 연계, 평생교육이 있고, 후자에 해당하는 지원 방법으로 이중언어 강사, 다문화 이해 교육 강사, 멘토, 기여자가 있습니다. 선진국과 비교해보면 종류가 지나치게 많습니다. 향후에는 정보 제공, 상담 지원, 일반 가정 학부모와의 연계, 이중언어 교육 지원 등으로 종류를 줄이는 것이 적절해 보입니다.

저는 가정 연계 및 학부모 교육 부문에서 특히 중요한 요소가 학교 운영을 대상 연수라고 생각합니다. 학교 운영위원회는 학부모, 교원, 지역 인사가 학교 운영에 참여해 학교 정책 결정의 민주성 및 투명성을 확보하여 지역 실정과 학교 특성에 맞는 다양한 교육을 창의적으로 실시할 수 있도록 심의 및 자문하는 기구입니다. 학생 수가 200명 미만이면 위원 수는 5~8명이고, 200명 이상 1,000명 미만이면 9~12명입니다. 운영위원회가 심의하거나 자문하는 사항은 학칙 제정 또는 개정, 학교 예산 및 결산, 교육과정 운영, 교과용 도서 및 교육자료 선정, 방과 후 및 방학 기간 교육 활동, 학교 운영지원비 조성 및 운영, 학교 급식, 학교 운영 관련 제안 및 건의에 이르기까지 매우 광범위합니다. 학교 운영위원은 이렇게 광범위한 영역을 심의 또는 자문하는 영향력 있는 사람인 만큼 교육과 학교의 변화에 대해서 잘 알아야 합니다. 그리고 학교 내 고정관념, 편견, 차별을 줄이는 방법을 진지하게 고민해야 합니다. 따라서 이들을 대상으로 한 다문화/상호문화교육 연수가 반드시 필요합니다.

지역사회와는
어떻게 연계할 수 있을까?

"한 아이를 키우려면 온 마을이 필요하다It takes a whole village to raise a child"라는 아프리카 속담이 있습니다. 아이를 안전하고 건강한 환경에서 키우려면 부모만이 아니라 마을 주민 모두가 협력해야 한다는 말이지요. 이 속담은 마을과 같은 지역사회가 교육에 큰 역할을 할 수 있고 또 해야만 한다는 뜻으로 해석할 수도 있습니다.

지역사회에는 여러 가지 유형의 단체가 있습니다. 이 중에서 특히 주목하는 곳은 가족센터입니다. 가족센터는 여성가족부의 지원을 받아 가족 형태나 관계에 따라 다양한 교육, 상담, 지원을 실행하는 시설입니다. 2021년까지 '건강가정·다문화가족지원센터'라고 불리다가 이 명칭이 부

한 아이를 키우려면 온 마을이 필요하다

부와 자녀로 이루어진 '정상 가정'이나 '다문화가정'만을 위한 센터라는 오해를 불러일으킨다고 해서 현재의 이름으로 바꾸었습니다. 하지만 주요 업무는 여전히 가족·부모 교육 및 상담과 다문화가족 지원입니다.

이 중 다문화가족 지원은 결혼이민자 역량 강화, 방문교육 서비스 제공, 이중언어 환경 조성, 자녀 언어발달 지원, 통·번역 서비스, 사례 관리 등으로 이루어집니다. 이 중에서 학교 교육과 관련된 것은 방문교육 서비스, 자녀 언어발달 지원, 이중언어 환경 조성입니다. 방문교육 서비스는 지리적·개인적 여건 때문에 센터에 오기 힘든 결혼이민자를 대상으로 자녀 양육 및 생활지도, 한국어 교육 등을 실시하는 서비스입니다. 자녀 언어발달 지원은 언어발달이 부진한 자녀에게 언어 평가 및 일대일 언어 촉진 교육을 제공하는 서비스입니다. 이중언어 환경 조성은 이중언어를 가정 내에서 활용할 수 있는 다양한 프로그램을 제공하는 서비스입니다. 앞선 두 지원이 자녀의 한국어 교육과 관련된 것이라면 마지막 지원은 이중언어 교육과 관련된 것입니다. 이 사업에서 한 가지 아쉬운 점은 이중언어 교육을 왜, 언제부터, 어떻게 해야 하는지를 충분히 알려주지 않는다는 것입니다. 그래서 결혼이민자의 대부분이 자녀를 균형 잡힌 이중언어 화자balanced bilingual로 키우지 못하고 있습니다. 가족센터는 지금부터라도 임신했거나 출산 계획이 있는 젊은 결혼이민자를 대상으로 관련 정보를 제공하고 교육을 강화해야 합니다. '왜'와 관련해서는, 자녀의 이중언어 사용이 개인의 장점, 가정의 연대 강화, 사회의 자산, 국가의 경쟁력이라는 점을 강조하고, "이중언어를 사용하게 된다는 것에는 많은 장점이 있고 단점은 거의 없다"[4]라는 점을 확실히 이해시켜야 합니다. '언제부터'와 관련해서는, 임신 7개월부터 한 부모 한 언어one parent one language 원칙을 준수하고, 출산 후 10개월까지 부모의 언어를 가능한 한 많이 들려주고, 이렇게 3년간 지속하면 아기의 대뇌 브로카 영역에 두 개의 모국어가 나란히 자리 잡는다는 사실을 알려주어야 합니다. '어떻게'와 관련해서는, 결혼이민자의 이중언어 사용에 대한 확고한 신념, 배우자와 시부모의 적극적인 협조, 일관된 이중언어 사용, 양질의 의사소통[5]이 필요하다는 사실을 강조해야 합니다.

이렇게 가족센터의 지원과 노력으로 이주 배경 자녀를 이중언어 화자로 성장시키면 그다음은 유치원, 그다음은 초등학교가 이주배경학생이 이중언어 능력을 유지할 수 있도록 지원해야 합니다. 이처럼 지역사회인 가족센터와 유치원·학교 같은 교육기관이 유기적으로 연계하는 것이 매우 중요합니다. 유치원과 초등학교에서 이주배경학생의 이중언어 능력을 유지해주는 좋은 방법 중 하나는 이들의 능력을 수업시간에 최대한 활용하는 것입니다. 이렇게 하면 이주배경학생과 일반 학생 모두에게 유익할 수 있습니다. 이주배경학생은 자신의 언어가 가치 있게 여겨지는 경험을 해 높은 자존감을 갖게 되고, 일반 학생은 다양한 외국어 체험을 통해 언어의 다양성과 문화의 다양성을 이해하게 될 것입니다.

준공식 상호문화교육

가족센터 같은 지역사회 단체는 준공식 교육기관이라고 부를 수 있습니다. 2014년 유럽평의회와 유럽연합이 공동으로 발간한 『Developing Intercultural Competence through Education』은 상호문화교육을 비공식, 공식, 준공식 상호문화교육으로 나눕니다.

① 비공식 상호문화교육

비공식informal 상호문화교육은 부모, 형제, 친구 등과의 대화나 접촉으로 이루어집니다. 이 교육의 특징은 자발성과 예측 불가성입니다. 자발성spontaneity은 교육이 아무런 의도나 계획 없이 자연스럽게 이루어지는 것을 말하고, 예측 불가성unpredictability은 교육이 언제, 어디서 이루어질지 예측할 수 없음을 의미합니다. 비공식 상호문화교육은 아동기뿐만 아니라 성인기에도 이루어집니다. 아동과 성인의 주된 차이점은 자기 학습에 대한 책임의 비중입니다. 성인의 책임이 훨씬 더 크다는 것은 따로 설명할 필요가 없 겠지요. 비공식 상호문화교육은 상호문화 학습intercultural learning이라고도 부 릅니다.

② 공식 상호문화교육

공식formal 상호문화교육은 교사가 미리 만든 교육과정과 교과서를 통해 서 이루어집니다. 일반적으로 인문, 사회 과목을 가르치는 교사는 자신이 상호문화교육과 밀접하게 관련 있다고 여기고, 자연·예체능 과목을 가르 치는 교사는 그렇게 여기지 않습니다. 하지만 후자도 상호문화교육과 관 련이 많습니다. 아무튼 공식 상호문화교육은 학교가 다문화사회의 현실에 맞추어 교육을 개편하라고 요구합니다. 『Education Pack』(1995)은 소수집 단 학생들에게 평등한 교육 기회를 제공할 것, 문화적 차이에 대한 인식을 개선하여 차별에 맞서게 할 것, 사회 내 복수주의pluralism를 지지하고 확산 할 것, 공동의 목표를 강조하여 학생들 간의 갈등을 효과적으로 해소할 것 을 요구합니다.

③ 준공식 상호문화교육

준공식non-formal, 準公式 상호문화교육은 가족센터, 지역아동센터, 청소년 문화센터, 도서관 등 지역사회에서 이루어집니다. 이 교육의 목표는 공식 상호문화교육과 비슷합니다. 차이가 있다면 교육자, 교육 장소, 교육 방법 에 있습니다. 교육자는 대개 가족센터, 지역아동센터, 청소년문화센터의 직원이나 강사입니다. 비록 소정의 교육 자격을 갖추었더라도 이들은 교사처럼 장시간 동안 체계적으로 양성된 사람은 아닙니다. 사실 이 유형의 교육에서 가장 훌륭한 교육자는 청소년이나 성인 자신입니다. 이들은 서로를 가르치고 서로에게서 배울 수 있습니다. 교육 장소는 대개 센터 내 강의실입니다. 강의실은 칠판, 빔프로젝터, 책상, 걸상 등 기본 시설을 갖추었지만 학교 교실처럼 처음부터 모든 것을 교육에 맞추어 설계된 공간은 아닙니다. 교육 방법 면에서는 다음과 같은 여섯 가지 차이점이 있습니다.

첫째, 준공식 상호문화교육은 자발적입니다. 참여자들은 자기가 원하는 활동에 참가할 수 있습니다. 둘째, 교육자는 참여자의 관심과 주의를 끌기 위해 더 많이 노력해야 합니다. 셋째, 교육자는 참여자와 정서적으로 친밀한 관계를 형성해야 합니다. 넷째, 교육 내용을 참여자의 필요에 맞추어 설정해야 합니다. 다섯째, 교육 목표와 활동을 자유롭게 설정할 수 있습니다. 여섯째, 능동적 · 참여적 방법을 더 많이 사용할 수 있습니다.

위의 세 가지 유형의 상호문화교육은 서로 연결돼 있습니다. "많은 면에서 준공식 상호문화교육은 공식 상호문화교육 없이는 존재할 수 없고" 두 교육은 비공식 상호문화교육의 영향을 받기 때문입니다. 실제로 고정관념과 편견이 만연한 가정에서 자란 학생을 학교나 청소년센터에서 제대로 교육하기는 매우 어렵습니다.

제8부

다문화 선진국의 사례 및 조언

"상호문화적 교실 환경 조성은 모든 학생을 위해 꼭 필요합니다.
이런 환경 조성은 학생들에게 다양성의 정상성 normality of diversity 을 이해시키고
학생들의 상상력, 비판력, 편견 및 차별 인식과 처리 능력,
사회적 기술 등을 향상해줄 것입니다."

제1장

유럽의 상호문화교실 만들기

유럽연합은 어떤
언어 지원을 권장할까?

유럽연합은 2013년 『Study on Edu-
cational Support for Newly Arrived Migrant Children』이라는 보고서를
발간해 신규 이민 학생^{Newly Arrived Migrant Student}의 교육을 지원하는 방법으로
언어 지원, 학업 지원, 학부모 및 공동체 참여, 상호문화교육을 제시했습니
다. 여기에서는 언어 지원^{linguistic support}에 대해 설명하겠습니다.

수용국 언어능력은 이민 학생의 학업에서 가장 중요합니다. 수용국의
언어를 잘하지 못하면 학업과 학교생활에서 큰 어려움을 겪기 때문입니
다. 따라서 이민 학생 교육정책에서 언어 지원의 비중이 가장 큽니다. 언어
지원은 적절한 초기 언어능력 평가, 수용국 언어 교육, 지속적인 언어 지
원, 수용국 언어를 제2언어로 가르치는 교사 양성, 모국어에 가치 부여하
기 등을 포함합니다.

먼저, 신규 이민 학생이 들어오면 그 시점에 학생의 언어능력을 정확히
평가해야 합니다. 교사–학생 간의 면담 또는 사전에 개발된 언어 평가 도
구를 통해 언어능력을 평가합니다. 전자는 지방분권적 나라에서, 후자는
중앙집권적 나라에서 좀더 효과적입니다.

다음으로, 수용국 언어 지원을 정규 교실에서 시작하기를 권고합니다.
이렇게 하면 신규 이민 학생이 원어민 친구들과 상호작용을 하면서 언어
를 쉽게 배울 수 있기 때문입니다. 하지만 여전히 많은 나라가 환대^{welcoming}

유럽연합이 2013년에 발간한 『Study on Educational Support for Newly Arrived Migrant Children』

또는 수용reception 학급을 따로 만들어 언어를 가르칩니다. 특별반은 이민 학생의 능력에 맞추어 교육할 수 있다는 장점이 있지만 차후에 특별반에서 정규반으로 옮겨 가야 한다는 단점도 있습니다. 이때 중요한 점은 특별반에서 충분한 시간을 보내게 한 후 정규반으로 이동시키고, 정규반에 배정한 후에도 언어 지원을 계속해야 한다는 것입니다.

다음으로, 수용국 언어 지원을 지속해야 합니다. 보통 유치원이나 초등학교 때 수용국 언어 지원을 많이 하고 중·고등학교로 올라가면 점차 줄어듭니다. 하지만 신규 이민 학생이 중도 입국 학생인 경우에는 오히려 중·고등학교에서 언어 지원이 더 많이 필요합니다. 또 이민 학생이 1, 2년 간 언어 지원을 받는다고 해서 교육 언어를 다 배울 수는 없습니다. 따라서 언어 지원은 방과 후 교실 운영, 교실 내 언어 중계자in-class mediators 활용 등 다양한 형태를 통해 지속적으로 이루어져야 합니다.

다음으로, 수용국 언어를 외국어처럼 가르칠 교사를 양성해야 합니다. 일부 국가는 신규 교사 양성과정이나 현직 교사 연수 커리큘럼에 관련 교육을 넣습니다. 중요한 점은 언어 교사만이 아니라 다른 과목 교사도 교육

받을 수 있도록 하는 것입니다. 경우에 따라서는 수용국 언어를 외국어로 가르치는 교사와 교과목을 가르치는 교사가 함께 수업을 진행합니다. 이렇게 하면 수업 내용과 언어가 연결된 상태에서 학생을 가르칠 수 있고, 언어능력 부족으로 인한 학생의 학업 부진을 막을 수 있습니다.

마지막으로, 모국어 교육을 실시해야 합니다. 이민 학생은 여러 언어를 잘 알거나 유창하게 구사할 수 있습니다. 이것은 학교, 나아가 사회 전체의 소중한 자산입니다. 이민 학생의 모국어를 가치 있는 자산으로 여기는 시각은 다양성과 정체성 차원에서도 매우 중요합니다. 모국어 능력을 계속 향상하려면 학교는 이민 학생의 언어를 외국어 과목에 포함하거나, 이민 학생을 이중언어 교실 보조자로 활용하거나, 모국어 교사와 팀티칭을 하는 등 다양한 방법을 고려해볼 수 있습니다. 참고로 스웨덴은 한 학교에 같은 언어를 사용하는 이민 학생이 다섯 명 이상이고 스웨덴어와 이민 학생의 언어로 가르칠 수 있는 교사가 있으면 이 언어를 하나의 교과목으로 개설해줍니다.

유럽연합은 어떤 학업 지원을 권장할까?

언어 지원 다음으로 필요한 것은 학업 지원academic support입니다. 이 지원에는 포괄적 환대 체제, 학생의 발전에 대한 평가와 점검, 예방적 지원 및 재통합 프로그램 운영 등이 있습니다.

먼저, 포괄적 환대 체제comprehensive reception mechanisms를 갖춰야 합니다. 이민 학생을 어떻게 맞이하고 배정하느냐는 매우 중요한 문제입니다. 이때 학생의 나이, 능력, 환경을 반드시 고려합니다. 프랑스에서는 신규 이민 학생이 들어오면 제일 먼저 해당 교육구敎育區 신규입국·유랑아동교육센터Centre académique pour la scolarisation des nouveaux arrivants et des enfants du voyage, CASNAV가 이들을 맞이하고 평가합니다. 이때 수학은 학생의 모국어로 평가하고, 읽기와 쓰기는 프랑스어로 평가합니다. 그 후 면담 또는 전문 도구로 평가를 계속합니다. 면담에서는 학생의 교육, 이력, 가족 환경 등을 파악하는데, 학생의 프랑스어 능력도 평가할 수 있는 좋은 기회가 됩니다.

다음으로, 학생의 성장 정도를 평가하고 점검monitoring and evaluation of students' progress해야 합니다. 학교는 학력 부진 학생을 파악하고 지원해주어야 합니다. 스칸디나비아 국가들에서는 모든 학생이 매년 학업 계획서를 제출하는데, 신규 이민 학생도 예외가 아닙니다. 학교는 봄학기에 학부모 면담을 하기 1주일 전에 학부모에게 자녀의 학업 계획서를 보내줍니다. 청소년사정관youth councilor은 각 학생의 능력과 성숙도를 평가하고 교육 계획을 수립합니다. 학생들은 학년 내내 사정관을 만나서 자신의 학업 계획을 상의하고, 사정관은 개인마다 적절한 교육 계획을 세워줍니다.

다음으로, 예방적 지원 프로그램prevention support programmes을 실행해야 합니다. 학력 부진 학생은 학년 내내 지원을 받아야 합니다. 많은 국가가 학

학생을 맞이하는 카스나브 직원

력 부진 학생에게 학습 지원을 하고 있는데, 이민 학생도 이 제도를 적용받을 수 있습니다. 학력 부진 학생을 파악하고 지원하는 것은 조기 학업 중단을 방지하고 학력 격차를 줄이는 데 매우 중요한 조치입니다. 덴마크의 일부 학교는 특별반을 만들어 16~18세 학생들이 의무교육(초등학교·중학교)을 이수한 후 후기중등교육(고등학교)을 받을 수 있게 해줍니다. 특별반에는 또래보다 학업 성적이 부진하거나 학업상 어려움을 많이 겪어 후기중등교육을 받기 어려운 학생도 들어갈 수 있고, 주로 직업교육 과정을 밟게 됩니다.

마지막으로, 재통합 프로그램reintegration programmes 을 실행해야 합니다. 이 프로그램은 이미 학교를 떠났지만 교육과 훈련을 더 받고자 하는 젊은이들을 위한 프로그램입니다. 비정규교육인 재통합 프로그램의 목표는 학교 밖 청소년에게 관련성 및 효율성 있는 양질의 교육과 연수를 제공하는 데 있습니다. 아일랜드 회생 교육Back to Education Initiative 은 조기 학업 포기자나 자신의 기술을 향상하길 원하는 성인 학습자에게 제2의 교육 기회를 제공합니다. 이 교육 덕분에 15~20세 청년들이 다시 교육을 받고 취업할 수 있습니다. 이 교육은 학습자의 공인 자격 취득도 도와줍니다. 룩셈부르크의 두 번째 기회 학교$^{École de la 2e chance}$는 학교를 중퇴하고 실업 상태인 16~20세 청소년의 재통합을 도와주는 프로그램을 운영하고 있습니다. 이 교육 프로그램은 언어 및 수학을 가르치는 일반교육, 농업, 수공업, 상업, 관광업 등 분야에 취직하기 위한 직업교육, 문화, 예술, 스포츠 활동을 위한 보충활동으로 구성되어 있습니다.

유럽연합은
학부모를 어떻게 지원할까?

유럽은 1980년대부터 학부모를 다양하게 지원해왔습니다. 오늘날에도 학부모 지원을 성공적인 자녀교육의 매우 중요한 요인으로 여깁니다.

이민 학생의 부모는 수용국 언어에 서툴러서 자녀의 학교생활을 적극적으로 지원하기 어렵고 자녀의 교육에 큰 도움을 주지 못합니다. 따라서 학교는 이민 학부모를 자녀 교육에 참여시키기 위해 여러 가지 조치를 강구해야 합니다. 구체적인 조치로 이민 학부모 지원하기, 정보 제공하기, 이민 학부모의 역량 강화하기, 이민 공동체 자원 활용하기, 경험 공유하기 등이 있습니다.

먼저, 이민 학부모를 지원해야 합니다. 이민 학부모들은 언어능력 부족과 낮은 교육 수준 때문에 학교와 의사소통할 때뿐만 아니라 자녀교육을 지원하는 데도 큰 어려움을 겪습니다. 이 문제를 해결하기 위해 프랑스는 '성공적 통합을 위한 학교 개방Open School to Parents for Successful Integration' 계획을 실행한 바 있습니다. 이 계획에 따라 학교는 8~15명의 학부모를 한 반으로 편성해 120시간 동안 프랑스어를 가르치고 프랑스 교육체제를 설명해줍니다.

다음으로, 정보를 제공해야 합니다. 이민 학부모가 자녀교육에 참여하는 데 가장 큰 장애물은 수용국 교육체제를 잘 모르고, 학교에서 해야 할 자신의 역할에 자신감이 없다는 것입니다. 오스트리아 교육·예술·문화부는 교육체제에 대한 정보를 제공하고 다른 학부모와 연계하는 방법을 설명하는 DVD를 만들어 이민 학부모에게 배포했습니다.

다음으로, 이민 학부모의 역량을 강화해야 합니다. 이민 학부모는 학교 이사회나 자문회에 참여하는 경우가 드뭅니다. 학교와 지방자치단체는 이민 학부모에게 가까이 다가가 자녀교육에 참여하고 가정에서 자녀를 도와주라고 독려해야 합니다. 아일랜드는 '가정-학교-지역사회 연대Home School Community Liaison Scheme'라는 프로그램을 실시합니다. 이 프로그램의 목적은 학부모와 학교 사이의 협력 관계를 강화하여 학생의 학습 기회를 늘리는 것입니다. 지역 공동체와의 협력도 매우 강조합니다. 이 프로그램은 정주자 공동체, 이민 공동체, 지역 기관들이 학교의 일상생활에 적극 참여하라고 권고합니다.

다음으로, 이민 공동체의 자원을 잘 활용해야 합니다. 이민 공동체와 시민단체는 학교가 이민자 교육을 계획하고 실행하는 데 좋은 재원 및 지원이 될 수 있습니다. 이민 공동체의 성인 이민자가 이민 학생에게 모국어를 가르치면 이민 학생은 학업뿐만 아니라 학교에서 자신감 있게 생활하는 데 도움을 받을 수 있습니다. 덴마크 통합부Ministry of Integration는 2002/2003년에 "우리는 모든 청소년이 필요하다Brug for alle"라는 구호 아래 지원 운동을 벌인 바 있습니다. 이 운동의 목표는 더 많은 이민 청소년이 직업교육 프로그램에 참여하도록 장려하는 것입니다.

마지막으로, 경험을 교환하고 공유해야 합니다. 학교가 이민 학생들을 교육과정에 통합할 때 겪는 어려움 중 하나는 이민 학생의 필요를 효과적으로 반영하는 데 필요한 지침이 부족하다는 것입니다. 실제로 학교나 교사들이 서로 경험을 공유할 기회가 별로 없습니다. 따라서 학교 간의 교류를 확대하고, 실행 과정을 지속적으로 점검하고, 구체적인 실행 사례를 교직원에게 알리는 일이 매우 중요합니다.

유럽연합이 권장하는 상호문화교육

상호문화교육은 모든 학생을 위한 교육education for all입니다. 이 교육은 이민 학생에게는 우호적인 학습 분위기를 조성해주고, 수용국 학생에게는 다른 문화와 문화다양성을 가르치는 교육입니다. 그러려면 우호적인 학습 분위기 조성, 교사를 대상으로 한 문화다양성 연수, 이주 배경 교사 채용 등이 필요합니다.

먼저, 우호적인 학습 분위기를 조성해야 합니다. 오늘날 학생의 언어적·문화적 배경은 점점 다양해지고 있습니다. 따라서 학교는 이런 다양성을 반영하는 학교 분위기와 학습환경을 조성하고, 교사는 자기 수업시간에 이런 다양성을 잘 활용해야 합니다. 가르치는 방법 역시 다양성과 학생의 배경에 맞추어 수정해야 합니다. 예를 들어 키프로스^{Cyprus}는 정규수업시간 외에 하는 상호문화적 활동을 강조합니다. 여기에는 상호문화 학교 동아리, 여러 나라의 음식, 캐롤 등을 소개하는 상호문화적 활동, 학교 내 모든 학생의 언어로 표기한 '인사' 게시판 설치, 학교 내 모든 학생의 출신국 국기 게시 등 상호문화적 전시 등이 포함됩니다.

다음으로, 교사를 대상으로 한 문화다양성 연수를 실시해야 합니다. 언어적·문화적 배경이 다양한 학생들을 가르치려면 능숙한 기술이 필요합니다. 하지만 교사 양성과정에서 이 기술을 습득하지 못한 교사가 여전히 많습니다. 그래서 일부 국가에서는 발령 전후에 문화다양성 연수를 추가로 실시합니다. 하지만 이 연수는 선택 사항이거나 방과 후 시간에 이루어지는 경우가 많아, 참석 여부는 전적으로 교사 자신의 의지에 달려 있습니다. 따라서 교사 대상 문화다양성 교육 또는 상호문화교육 연수를 의무화할 필요가 있습니다. 이 연수는 교사들에게 학생의 다양한 필요를 충족시키는 지식과 기술을 제공하고, 교사들이 이주 배경 학생들의 잠재력과 기회에 초점을 맞추도록 도와줄 것입니다. 스웨덴의 교사 학습증진^{A Boost for}

Teachers 프로그램은 자신의 지식을 심화하길 원하는 교사들을 지원하는 프로그램입니다. 이 프로그램에 참여하는 교사는 단과대학이나 종합대학에서 공부하는 동안 봉급의 80퍼센트를 받을 수 있습니다. 비용은 정부가 지자체에 준 재정으로 충당합니다.

마지막으로, 이주 배경 교사를 많이 채용해야 합니다. 학생의 다양성은 점증하는 데 비해 교사들은 여전히 원어민, 중류층, 여성 등으로 동질적이어서, 수요와 공급의 불일치가 심화되고 있습니다. 이것은 이민 학생에게 또 다른 어려움이 될 수 있습니다. 그래서 덴마크 등 일부 국가는 학교의 직업 역량을 다양화하기 위해 이주 배경이나 소수민족 배경의 교사를 가능한 한 많이 채용하라고 권장합니다. 이런 교사를 많이 고용함으로써 이민 학생과 학교 사이의 문화적 간격을 줄이고, 이민 학생의 가정과 공동체를 학교와 더욱 긴밀하게 연결할 수 있습니다. 이런 교사는 이민 학생에게는 중요한 역할 모형role model이 될 수 있습니다.

우호적인 학교 분위기 조성과 상호문화교육과정 실행은 학생을 학교와 교육과정에 통합할 때도 매우 중요합니다. 다시 말해 학교나 교사의 선의만으로는 부족합니다. 교육부도 교사 대상 문화다양성 연수와 상호문화적 지침의 실행을 적극 권고해야 합니다. 실제로 덴마크 교육부가 교육기관이 사회 내 다양성을 교육 내용과 기관 운영에 반영해야 한다고 계속 강조한 결과, 코펜하겐시 학교들은 이주 배경 교사의 모국어와 문화적 역량을 점점 중시하는 방향으로 나아가고 있습니다.

한국은 유럽연합 회원국이 아니라서 유럽연합의 이 같은 권고를 따를 의무는 없습니다. 하지만 한국의 이민 역사와 지리적 여건이 유럽의 그것과 비슷하고 유럽이 우리보다 일찍 이 문제를 진지하게 고민해온 만큼, 유럽연합의 권고를 주의 깊게 검토할 필요가 있습니다.

독일의 「상호문화교육 권고문」

독일은 1950년대 전후 복구를 위해 외국인 노동자를 많이 받아들였고, 이와 함께 그 자녀들도 점증했습니다. 하지만 1960년 이전 독일은 이주 배경 자녀의 교육을 의무교육으로 여기지 않았습니다. 1960년 주문교장관회의Kultusministerkonferenz가 이주 배경 자녀를 취학시키고 독일어를 가르치라고 처음으로 권고했습니다. 1964년에는 모든 주가 이주 배경 자녀의 교육을 의무화하라고 권고했습니다. 이후 출신 언어문화 교육, 상호문화교육 등을 권고했습니다. 하지만 1980년대에도 실행은 지지부진했습니다. 이런 와중에 1989년 독일 통일, 1990년대 초 공산권의 붕괴, 1993년 유럽연합의 출현, 1990년대 중반 세계화 등으로 국내외 현실이 크게 바뀌면서 교육개혁이 더욱 절실해졌습니다. 이에 1996년 주문교장관회의는 「학교 상호문화교육Interkulturelle Bildung und Erziehung in der Schule 권고문」을 냈습니다.

이 권고문은 첫째, 모든 과목의 지침과 교육과정을 상호문화적 차원에서 점검·수정하고, 둘째, 상호문화적 측면을 필수로 다루는 교육자료를 개발하고, 셋째, 비독일 학생들의 정체성을 고려하는 텍스트와 그림을 수록한 교과서만 허용하고, 넷째, 모든 교과목에 비독일 교사의 채용을 권장하고, 비독일 교사와 다른 교사들 간의 협력을 강화하고, 다섯째, 상호문화적 측면을 교사 연수에 포함하라고 권고했습니다.

주문교장관회의는 2013년 개정한 「학교 상호문화교육 권고문」을 냈습니다. 이 권고문은 서문과 여섯 개 장으로 이루어져 있습니다. 서문은 학교가 상호문화교육을 해야 하는 이유를 설명합니다. 제1장은 학교가 준수해야 할 네 가지 일반 원칙을 제시하고, 제2장은 교육 당국의 책무를 규정하고, 제3장은 학교의 실행을 강조하고, 제4장은 구체적인 지원체계를 밝히고, 제5장은 학교와 외부 협력자 간의 협력을 강조하고, 제6장은 향후 발전에 필요한 권고안을 제시합니다.

여기에서는 제3장 학교의 실행에 대해서 좀더 알아보겠습니다. 제3장은 제1장에서 밝힌 네 가지 원칙을 다음과 같이 자세히 설명합니다.

첫 번째 원칙은 "학교는 다양성을 정상적이고 잠재력 있는 것으로 인식해야 한다"입니다. 이를 실행하기 위해 새로 들어온 학생을 환대하는 지침을 마련하고, 학생과 학부모가 이해할 수 있는 방식으로 정보를 제공하고, 방과 후 교실을 운영하여 학생을 도와주고, 또래 교수-학습, 멘토 프로그램 등을 운영하고, 학생·학부모·교사 간의 갈등을 평화적으로 해결하고, 모든 차별에 맞서 싸우고, 출신국 언어를 포함한 다중언어 능력을 인정하고 존중해야 합니다.

두 번째 원칙은 "학교는 모든 정규수업과 방과 후 활동을 통해 상호문화 역량을 신장시켜야 한다"입니다. 이를 실행하기 위해 수업자료에 다양성이 반영되었는지 검토하고, 수업자료에 다양한 관점을 포함하고, 다양한 정보, 사고의 틀, 평가를 명료화하고, 탐구적이고 협력적인 수업을 통해 학생들에게 다관점성을 이해시키고, 학교 교육과정과 학부모, 외부 협력자, 국제적 학교교류 프로그램을 밀접하게 연결하고, 유럽교육, 민주교육, 지구적 학습, 지속가능 발전 교육을 실시해야 합니다.

세 번째 원칙은 "학교는 학문적 언어능력을 키우는 가장 중요한 공간이어야 한다"입니다. 이를 위해 모든 과목이 언어교육을 핵심과제로 여기고, 언어교육을 통해 교육단계 간 이동을 쉽게 하고, 제2언어 학습을 지원하고, 수업시간에 다중언어 능력을 활용하고, 방과 후에 언어를 배울 기회를 제공해야 합니다.

마지막 원칙은 "학교는 학부모와 적극적인 교육적 협력 관계를 수립해야 한다"입니다. 이를 실행하기 위해 학부모를 환대하고, 학부모 상담을 강화하고, 학부모를 수업에 참여시키고, 학부모가 다른 학부모를 도와주고 학교 운영에 적극 참여할 수 있게 해주어야 합니다.

스위스의
「상호문화교육 권고문」

                                      스위스 교사 양성 대학장 회의는 2007년 「교사 대상 상호문화교육 권고문Recommandations relatives à la formation des enseignantes et enseignants aux approches interculturelle」을 발표했습니다. 이 권고문은 총 여섯 가지 권고로 이루어져 있는데, 그 주요 내용을 소개하면 다음과 같습니다.

    첫 번째 권고는 교육 담당자들이 각자의 역할을 분명히 인식하라는 것입니다. 교사 교육자는 모든 교사를 대상으로 상호문화교육 연수를 실시하고 학교가 상호문화성interculturalité을 잘 구현하고 있는지 평가하고, 교육 정책 수립자는 수립한 정책이 상호문화성과 양립 가능한지 확인하고, 교육 연구자는 교사 양성 기관의 상호문화교육과 관련된 개념들을 체계적으로 연구해야 합니다.

    두 번째 권고는 통합된 개념들을 장려하라는 것입니다. 학교는 모든 학생이 함께 배우는 곳이고, 교실은 다양한 재능, 동기, 성별, 출신, 언어를 가진 학생들이 함께 생활하는 곳입니다. 따라서 교사는 이런 현실이 요구하는 역량, 즉 학생 개인에게 적합하고 차별화된 교육을 제공하는 능력, 교육 언어를 제2언어처럼 가르치는 능력, 학교의 모든 관계자와 상호문화적으로 협력하는 능력을 갖추어야 합니다. 그리고 이민자의 경험과 다중언어 사용을 마치 그들의 단점이나 장애처럼 여겨서는 안 됩니다.

세 번째 권고는 상호문화교육의 포괄적 개념을 정립하라는 것입니다. 각 학교가 자기 학교의 특성에 맞추어 조정하기만 하면 되는 '단 하나의 유일한' 상호문화교육 개념은 존재하지 않습니다. 상호문화교육 개념에는 상호문화교육의 실행 전략 구상, 신규 교사 양성과 현직 교사 연수에서 다룰 내용 제시, 특정 과목에서 가르칠 내용과 다른 과목과 통합하여 가르칠 내용, 지식, 기술, 태도의 통합 신장 전략 등이 포괄적으로 담겨 있어야 합니다.

네 번째 권고는 협력자들의 역량을 강화하라는 것입니다. 상호문화교육을 제대로 실행하려면 학교가 역량 있는 인력을 충분히 확보해야 합니다. 상호문화교육의 책임자뿐만 아니라 상호문화교육 교수자도 상호문화교육 연수를 지속적으로 받아야 합니다.

다섯 번째 권고는 국내적·국제적으로 개방적이어야 한다는 것입니다. 그러려면 이주 배경 교원과 직원 채용하기, 교사 양성 과정을 이수하고 있는 이주 배경 대학생에 대한 지원, 상호문화적·국제적 역량을 갖춘 사람을 간부로 채용하기, 학생 및 교수의 국내적·국제적 이동 지원, 신규 교사 양성과 현직 교사 연수, 연구 및 개발, 서비스 제공과 관련된 국내적·국제적 교류 및 협력이 필요합니다.

여섯 번째 권고는 상호문화교육 연수를 실행하라는 것입니다. 연수 과정에서 사회와 학교 내 문화 차이에 대한 지식, 세계 이주와 그 결과에 대한 지식, 상황·재능·능력이 상이한 학생들을 위한 성공적인 학습환경 조성, 상호문화 의사소통의 능력과 재능, 상호문화적 환경에서 사회적 능력을 키워주는 방법론적·교육학적 능력 등을 함양해야 합니다.

이탈리아의
상호문화 전략

이탈리아 상호문화교육의 출현과 발전 과정은 영국, 프랑스, 독일, 벨기에 등과 비슷합니다. 초창기 교사들은 이민 학생의 언어적 어려움 해결에 전념했습니다. 이후 그들의 출신 언어와 문화를 가르쳤고, 지금은 다양한 언어·문화·종교를 이해하여 함께 살아가기를 가르치고 있습니다. 최근 몇 년 동안 이탈리아 교사들은 다양한 상호문화 전략을 구사하고 있습니다. 밀라노-비코카Milano-Bicocca 대학의 니그리스E. Nigris 교수는 이 전략을 여섯 가지로 요약합니다.[1]

첫 번째 전략은 환대 전략입니다. 입학한 외국 학생을 따뜻하게 맞이하는 환대 지침reception protocol이 있어야 합니다. 이 지침에 따라 입학 및 등록 절차, 학급 배정 기준, 교내 시설 소개 등을 진행합니다. 이 단계에서 중요한 점은 외국 학생의 이력 및 출신학교 정보, 양국의 교육체제 비교, 기존의 교육 방법 등을 알아보는 것입니다.

두 번째 전략은 이탈리아어를 제2언어로 가르치는 전략입니다. 이탈리아어에 서툰 외국 학생에게는 매우 중요한 전략이지요. 외국 학생은 의사소통 언어와 학습 언어를 배워야 합니다. 의사소통 언어language for communicating는 일상생활에서 교사나 친구들과 의사소통을 할 때 필요한 언어고, 학습 언어language for studying는 수업에서 개념을 이해하고 표현할 때 사용하는 언어입니다. 의사소통 언어-이탈리아어는 비교적 짧은 시간 내에 배울 수 있지만 학습 언어-이탈리아어는 습득하는 데 수년이 걸릴 수 있습니다. 제2언어-이탈리아어 능력을 키우려면 모든 교사가 여기에 참여해야 합니다. 학습 초기에는 게시판, 알파벳 표, 지도, 단순화한 텍스트, 시청각 교구 등을 사용하는 것이 효과적입니다.

세 번째 전략은 문화를 비교하고 존중하는 태도를 가르치는 전략입니다. 학교에서 다양한 문화를 가르친 지는 오래되었습니다. 이민을 받아들이기 시작한 초창기에는 학교가 축제, 놀이, 음식 등 다양한 문화에 대한 지식을 가르쳤습니다. 그런데 이런 접근법은 문화를 전통적이고 민속적인 것으로 축소하거나 동질적이고 경직된 문화관을 조성할 위험이 있습니다. 이런 위험에서 벗어나기 위해 이제는 상호문화적 실행을 강조하고 있습니다.

네 번째 전략은 다양한 관점을 가르치는 전략입니다. 교사는 학생들이 특정 문화적 주제와 요소들을 다양한 관점에서 바라보게 유도해야 합니다. 이렇게 하면 학생들은 동일한 대상을 바라보는 관점이 여러 가지라는 사실을 이해할 수 있습니다. 알다시피 민족중심적 태도는 모든 문화, 모든 사회집단에 존재하는 보편적인 태도입니다. 비판적 민족중심주의critical ethnocentrism만이 이런 태도를 수정할 수 있습니다.

다섯 번째 전략은 고정관념과 편견의 위험을 가르치는 전략입니다. 이 전략을 통해 학생들이 자신의 문화적·인식론적 가정을 다시 한번 생각해 보게 합니다. 민족중심적 태도와 마찬가지로 고정관념과 편견도 누구에게나 존재합니다. 근거 없는 고정관념이나 편견을 막으려면 무엇보다도 먼저 자신이 이것들을 가지고 있다는 사실부터 인식하고 인정해야 합니다.

마지막 전략은 학습 영역의 변화를 모색하는 전략입니다. 이 전략의 목표는 교육과정에 새로운 요소를 도입하거나 기존 요소를 수정하는 것입니다. 이민이라는 주제는 교육과정에서 빠지는 경우가 많지만, 여러 학습 영역에서 다룰 수 있습니다. 소설, 수필, 시와 같은 문학 작품은 이민이라는 주제를 다양한 각도에서 다룰 수 있습니다. 모로코 출신 프랑스 작가 벤 젤룬T. Ben Jelloun은 자신의 이민 경험을 토대로 많은 작품을 썼는데, 교사는 이런 작품을 훌륭한 상호문화교육자료로 사용할 수 있습니다.

아일랜드의 상호문화교실 만들기

아일랜드는 학교 환경을
어떻게 점검할까?

2005년에 아일랜드 교육과정평가원이 발간한 지침서인 『Intercultural Education in the Primary School』은 학교 환경을 상호문화적 관점에서 점검해볼 것을 권장합니다(33쪽).

학교는 문화다양성을 인정하고 긍정적으로 다루는 환경을 조성해야 합니다. 이렇게 해야만 상호문화교육을 교실 내에서 다루는 내용 정도로만 여기는 인식에서 벗어날 수 있습니다. 상호문화적 관점에서 학교 계획을 수립하는 것은 포용적이고 상호문화적인 학교를 만드는 데 핵심 역할을 합니다.

학교 구성원, 특히 교장과 교감은 다음에 소개하는 점검표를 통해서 학교 환경이 얼마나 상호문화적인지 점검해볼 수 있습니다. 응답자는 점검표의 11개 항목에 '예', '약간', '아니요' 중 하나로 대답하면 됩니다.

이 항목들에 대해 긍정적 대답이 많을수록 그 학교는 그만큼 상호문화적이라고 할 수 있습니다. 반대로 부정적 대답이 많으면 그 학교는 문제점을 개선하고자 노력해야 합니다. 학교 관리자는 부정적 대답을 긍정적 대답으로 바꾸는 데 필요한 개선 방법과 시기 등을 심사숙고해야 합니다.

이 일람표를 우리 관리자들도 작성해보기를 바랍니다. 그러면 상호문화적 학교환경 조성에 대해 훨씬 더 구체적으로 생각할 수 있을 것입니다.

영역	점검 내용	예	약간	아니요
물리적 환경	1. 국가와 학교 내 다양한 문화 및 민족 집단들이 학교의 그림, 다언어 게시판, 기타 요소에 나타나 있습니까?			
사회적 환경	2. 새로 들어온 학생을 환영하기, 그들이 학교 구성원이 되도록 도와주기, 그들의 문화를 존중하기와 관련된 규정이 마련되어 있습니까?			
	3. 새로 들어온 학생의 능력과 필요를 파악하는 절차가 마련되어 있습니까?			
	4. 학교의 행사와 목표가 모든 학생이 이해할 수 있게 분명히 제시되어 있습니까?			
	5. 인종주의적 언행을 다루는 절차가 마련되어 있습니까?			
	6. 학생들이 선택할 수 있는 다양한 방과 후 활동이 있습니까?			
	7. 학교 내 모든 문화를 포용할 수 있는 특별 행사들이 있습니까?			
	8. 학교 내 모든 문화의 주요 축제와 특별한 날이 인정되고 있습니까?			
	9. 소수집단 구성원의 정체성이 긍정적으로 인식되고 있습니까?			
	10. 학교는 이 분야와 관련된 모든 법규를 준수하고 있습니까?			
교육자료	11. 학교 교과서와 기타 자료에 포함된 이미지와 메시지의 적절성을 점검하는 방법이 있습니까?			

아일랜드는 교실 환경을 어떻게 점검할까?

상호문화적 교실 환경 조성은 모든 학생을 위해 꼭 필요합니다. 이런 환경 조성은 학생들에게 다양성의 정상성normality of diversity을 이해시키고, 학생들의 상상력, 비판력, 편견 및 차별 인식과 처리 능력, 사회적 기술 등을 향상해줄 것입니다. 교실 내 전시물은 국가의 다양성을 보여주고, 다양한 배경의 사람들이 국가의 예술, 과학, 문화에 기여했음을 알려주어야 합니다. 또한 인권과 사회 정의를 위해 투쟁한 사람들을 역할 모형으로 제시해야 합니다.

영역	점검 내용	예	약간	아니요
물리적 환경	1. 교실 내에 있는 그림, 언어, 공고, 기타 요소들이 국가와 학교의 다양한 문화 및 민족 집단을 잘 반영하고 있습니까?			
사회적 환경	2. 새로 들어온 학생을 환영하기, 그들이 학교 구성원이 되도록 도와주기, 그들의 문화를 존중하기, 학생들의 능력과 필요 파악하기와 관련된 규정이 마련되어 있습니까?			
	3. 교실 내 규칙이 모든 학생에게 분명하게 알려져 있습니까?			
	4. 학생들과 교사가 서로의 이름을 정확히 부를 수 있습니까?			
	5. 학생들이 서로의 장점을 인정하고 서로 배우는 협력적 학습 활동에 참여하고 있습니까?			
	6. 소수집단 구성원들의 정체성이 긍정적으로 여겨지고 있습니까?			
	7. 차별적 행동을 다루는 전략들이 준비되어 있고 실행되고 있습니까?			
	8. 교사와 학생들이 상호작용을 할 때 적절한 언어와 행동이 규정되어 있습니까?			
	9. 제2언어 학습자를 위한 지원책이 마련되어 있습니까?			
교육자료	10. 학교 교과서와 기타 자료에 포함된 이미지와 메시지의 적절성을 판단하는 방법이 있습니까?			

다음은 『Intercultural Education in the Primary School』(39쪽)에 나오는 교실 환경 점검표입니다. 학교 환경 점검표의 내용과 겹치는 부분이 있지만, 교실 환경 점검 내용은 좀더 구체적입니다.

교사는 상호문화적 교실을 만드는 데 핵심 역할을 하는 사람입니다. 따라서 교실에서 일어나는 일을 늘 관심 있게 살펴보아야 합니다. 교사는 교실에서 다양성에 반하는 언행이 일어나면 다음과 같이 적극적으로 행동해야 합니다.

첫째, 그와 같은 언행을 무시하거나 그 언행이 저절로 고쳐지기를 기다리지 말고 즉각 개입해야 합니다. 둘째, 합의된 교실 내 규칙을 학생들에게 상기시키면서 어떤 언행은 규칙에 어긋나는 부적절한 언행이라는 점을 분명히 말해줘야 합니다. 셋째, 차별적 언행의 피해자가 된 학생을 적극적으로 도와줘야 합니다. 넷째, 차별적 언행에 가담한 학생들이 만약 자기가 비슷한 방식으로 차별을 받는다면 기분이 어떨지 생각해보게 유도해야 합니다. 다섯째, 학생들이 차이를 거북하게 느끼는 이유를 말해보게 해야 합니다.

아일랜드는 이주배경학생을 어떻게 맞이할까?

아일랜드는 1980년대부터 유랑자 집단traveller communities, 베트남, 보스니아 난민 등을 받아들였습니다. 이와 함께 아일랜드에서 태어나지 않은 아동도 많이 늘어났습니다. 이때부터 학교의 다양성이 엄연한 현실로 여겨지기 시작했습니다. 1995년 정부는 『The White Paper on Education』을 통해 이를 확인했고, 이에 따라 교육·과학부는 외국 아동의 교육에 관한 지침을 배포해왔습니다. 학교 교육과정을 바꾸고 교사 교육도 실시했습니다. 그러던 중 2004년 폴란드, 리투아니아, 라트비아 등 동유럽 국가가 유럽연합에 가입하면서 또 한 번의 큰 이민이 있었습니다. 이에 아일랜드교사협의회Irish National Teachers' Organization 와 국가교육과정평가원은 교사들에게 다른 문화·종교·국적에 대한 편견을 없애고 다른 문화에 관용적인 태도를 가지라고 요구했습니다.

교육·과학부가 이렇게 교육과정을 바꾸고 교사를 교육하고 지침을 발표한 것은 교육이 사회를 만들고 그 발전을 주도한다고 보았기 때문입니다. 실제로 학교는 아동과 청소년의 상호문화적 태도, 지식, 기술, 행동을 길러주는 가장 중요한 장소입니다. 학교의 진정한 임무는 상호문화주의를 확산하는 것이 아니라 그것을 실행하도록 가르치는 것입니다.

하지만 아일랜드도 다른 유럽연합 국가들과 마찬가지로 학교에 이주배경학생을 맞이하고 통합하는 데 어려움을 겪고 있습니다. 구체적인 어려움을 열거하면, 수용국 언어능력 부족, 그로 인한 학업 부진, 친구 및 교사와의 의사소통 어려움, 의무교육에 대한 이해 부족, 출신국 언어와 문화에 대한 지식 부족, 문화적 차이에 대한 거북함과 두려움, 외국 아동에 대한 교사나 학교의 준비 부족, 이주배경아동과의 정서적 관계 형성의 어려움, 부모와의 의사소통 어려움, 교육자료 준비의 어려움, 이주배경아동에 적합한 평가 수단의 부족 등입니다.[2]

아우구스티니악J. Augustyniak은 다음 질문을 통해서 이런 어려움들을 극복하기를 제안합니다.

① 학생과 학부모 이름을 정확히 어떻게 발음하나요?

② 학생은 어떤 언어를 사용하나요?

③ 학생은 이 언어를 어느 정도 수준으로 구사하나요?

④ 학생의 언어로 인사하기 같은 필수적 표현('부탁합니다', '고마워요', '같이 해봐요', '멈춰요', '잘했어요' 등)을 어떻게 말하나요?

⑤ 학생은 이전에 공식 교육을 받았나요?

⑥ 교내에 학생이 아는 다른 학생이 있나요?

⑦ 특정 과목의 교수와 학습과 관련해 어떤 문제가 있나요?

⑧ 학생의 특별한 관심사는 무엇인가요?

⑨ 학생의 종교는 무엇인가요? 종교와 관련해 실생활에서 하는 행동이 있나요? 학생의 종교적 실행을 위해서 학교와 교실에서 배려해야 할 점은 무엇인가요?

⑩ 음식, 장식물, 옷과 관련해 학생에게 특별히 문제가 되는 것이 있나요?

⑪ 교실 활동에 영향을 미칠 수 있는 문화적 실행이 있나요?

⑫ 다수 집단에는 문제가 되지 않지만 이주배경학생의 출신 문화에서는 부적절하거나 무례하다고 여겨지는 행동이 있나요? (예를 들어 아프리카 문화에서는 아동이 어른의 눈을 똑바로 쳐다보는 것은 무례한 행동이고, 어떤 문화에서는 상대방에게 바짝 다가앉는 행동이 무례하게 인식됩니다.)

아일랜드는 제2언어를 어떻게 지원할까?

『Intercultural Education in the Primary School』은 정규 교실에서 신규 이민 학생의 제2언어를 지원하는

다양한 방법을 제시합니다.

먼저, 교실에서 신규 이민 학생을 소개할 때 그의 언어능력을 가능한 한 긍정적으로 소개해야 합니다. 예를 들어 프랑스에서 온 티에리를 소개할 때 "이 친구는 티에리인데, 영어도 못하고 게일어도 못해"라고 하기보다는 "이 친구는 티에리인데, 프랑스어를 유창하게 하고 영어도 조금 하고 게일어는 배우는 중이야"라고 말해주라는 것입니다. 실제로 이주배경학생 중에는 영어나 게일어는 잘 못해도 여러 언어를 유창하게 구사하는 학생이 많습니다. 교사는 이주배경학생이 교육 언어를 하지 못하더라도 다른 학생이 그를 마치 언어장애인처럼 여기지 않도록 주의시켜야 합니다. 교사는 이주배경학생들이 영어나 게일어를 제2언어로 배우고 있다는 사실, 이들이 언어적 어려움으로 학교생활을 제대로 하기 힘들다는 사실을 말해주고, 아일랜드 학생들이 역지사지하도록 유도하고, 이주배경학생들이 시간적 여유를 가지고 언어능력을 키우도록 도와주고, 혹시 이들이 언어적 실수를 하더라도 다른 학생들이 비웃지 않도록 지도해야 합니다.

다음으로, 교사 자신이 언어와 언어 다양성에 긍정적 태도를 보여야 합니다. 이주배경학생을 처음 접하는 교사는 그러기가 어려울 수 있습니다. 이때 제2언어 학습자를 도와주는 몇 가지 간단한 방법이 있습니다. 예를 들어 제2언어 학습자에게 처음에는 듣기만 하고 말은 하지 않는 침묵기silent period를 허용하는 것입니다. 개인에 따라 침묵기가 한 달이 될 수도 있고 더 길어질 수도 있습니다. 그러나 시간이 지나면 어느 날 갑자기 말문이 트일 것입니다. 그러므로 조바심을 갖거나 지나치게 우려하지 말고,

다양한 방법으로 학습을 도와야 합니다. 예를 들어 교육자료를 제시할 때 추상적인 자료보다는 상황이나 맥락으로 의미를 쉽게 추정할 수 있는 구체적인 자료를 제시하는 것입니다. 어떤 이야기를 할 때는 직접 시연해 보이거나 시청각 자료를 보여줌으로써 내용을 쉽게 이해하도록 도와줘야 합니다.

마지막으로, 학교와 교사는 이주배경학생의 모국어를 존중하고 그 언어를 계속해서 유지하도록 지원해줘야 합니다. 구체적인 방법을 제시하면 다음과 같습니다. 첫째, 학부모에게 집에서는 자녀와 모국어로 대화하라고 제안합니다. 부모는 종종 자녀에게 제2언어를 빨리 배우게 할 목적으로 모국어를 일부러 쓰지 않는데, 좋지 않은 방법입니다. 둘째, 학교 게시판에 무언가를 공고할 때 이주배경학생들의 언어로도 공고합니다. 만약 관련 언어가 너무 많으면 가장 다수인 언어 서너 개로 한정하더라도 꼭 이렇게 해야 합니다. 예를 들어 방문을 환영하는 현수막, 학부모-교사 간담회 안내, 개학 및 종강, 시상식 등 특별한 행사가 있는 날에는 이주배경학생들과 관련된 언어를 병기하는 것이 좋습니다. 셋째, 만약 이주배경학생과 의사소통하기가 어려우면 학생, 학부모, 지역사회 주민에게 번역이나 통역을 요청합니다. 넷째, 이주배경학생이 모국어 단어나 표현을 사용하는 것에 자부심을 느끼도록 지지해줍니다. 교사는 수업시간에 이주배경학생에게 "이 말은 네 나라말로는 뭐라고 하니?" "네 나라말에도 이런 표현이 있니?"라고 물어보면서 학생에게 기회를 줄 수 있습니다. 여기서 한 가지 명심할 점은, 이런 상황을 거북하게 여기거나 싫어하는 학생도 있다는 것입니다. 따라서 교사는 사전에 학생이 이런 활동을 부담스러워하지 않는지 확인해야 합니다.

아일랜드는 이주배경학생을
어떻게 가르칠까?

　　　　　　　　　　　　　　　　아일랜드 이주배경학생들이 겪는
가장 큰 어려움은 당연히 영어 구사 능력 부족입니다. 그래서 아일랜드 교사들은 이주배경학생들에게 영어를 효율적으로 가르치고자 최선을 다합니다. 교사는 처음에 학생들의 언어 이해와 표현에 초점을 맞추어야 합니다. 학습 초기에는 손동작과 몸동작, 시각자료, 사진, 놀이, 활동 등이 매우 유용할 수 있습니다. 또 국적이 같은 학생 두 명을 한 조로 묶는 것도 좋습니다. 이때 두 명 중 한 명은 영어를 잘하고 학교생활도 잘 알아야 합니다. 이 학생은 언어 도우미language helper가 되어 통역이나 번역을 통해서 다른 학생의 언어적 어려움을 덜어주어야 합니다. 영어가 유창하지 않은 학생에게는 다음과 같은 배려가 필요합니다.[3]

첫째, 처음에는 학생이 듣기만 하고 대답하지 않아도 되는 기간을 둡니다. 외국어를 배울 때는 일종의 침묵기slient period를 거칩니다. 크라셴S. Krashen(1987)에 따르면 침묵기는 차후 말하기의 바탕이 되는 가치 있는 시기입니다.

둘째, 학급 전체 활동보다는 소집단 활동이나 조별 활동을 많이 합니다. 소집단이나 조별 활동은 개인 간의 사적 대화처럼 여겨지기 때문에 영어가 어눌한 학생도 자신의 의견을 큰 부담 없이 피력할 수 있습니다.

셋째, 과제 수행에 문제가 있으면 언제 어디서든 학생을 도와줍니다. 영어를 잘하지 못하는 학생은 과제 자체를 잘 이해하지 못할 수 있습니다.

넷째, 사진, 그림, 지도 등 시각자료를 가능한 한 많이 사용합니다. 이주배경학생은 시각자료를 통해서 주어진 상황이나 하려는 활동에 대한 정보를 많이 얻을 수 있습니다.

다섯째, 글로 대답하기 어려우면 말이나 시각적으로 대답할 수 있게 합니다.

여섯째, 학교생활 전반에서 짝이 되어줄 학생이 있으면 도우미 체제를 도입합니다. 도우미 체제는 특히 영어 학습 초기에 큰 도움이 됩니다.

일곱째, 나선형 접근이 가능한 경우에는 낮은 수준부터 시작합니다.

여덟째, 학교 도서관에 다른 언어로 쓰인 책들을 비치합니다. 예를 들어 프랑스에서 온 학생이 있으면 프랑스어로 쓰인 영어 문법책이나 회화책을 비치합니다.

아홉째, 학생이 주제, 어휘 등을 좀더 잘 다룰 수 있도록 컴퓨터를 사용하게 합니다.

열째, 학생의 과제를 줄여서 성공률을 높여줍니다. 학습 초기에는 적은 과제라도 자신 있게 수행하는 것이 더 중요합니다.

열한째, 새로운 국가에 대해 가르칠 때는 지도를 사용합니다.

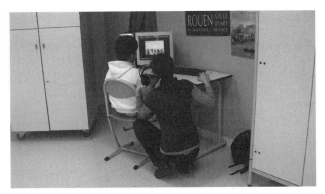

몽골 중도 입국 학생이 개인 언어교육을 받는 모습

열두째, 다양성을 보여주는 포스터를 많이 사용합니다. 이주배경학생은 자신과 관련된 포스터를 보면서 자존감을 느낄 수 있습니다.

열셋째, 다양한 국가의 노래와 놀이를 사용합니다.

열넷째, 학생이 학급에 적응하면 다른 학생에게 인사나 감사 등과 관련된 모국어 단어를 가르치게 합니다.

열다섯째, 미술을 자기표현이나 대화의 출발점으로 활용합니다. 휴식이 필요한 아동을 위한 미술치료의 일종으로 교실 뒤에 이젤easel을 준비해두는 것도 좋습니다.

열여섯째, 다른 교사나 학교 밖 외부인에게 도움을 청합니다. 이들의 다양한 지식과 경험으로 교수-학습을 더 풍요롭게 만들 수 있습니다.

열일곱째, 특정한 주제의 날이나 주weeks를 많이 만듭니다. 이주배경학생의 축제나 국경일도 잘 활용하면 매우 유익합니다.

열여덟째, 실제 자료authentic materials를 많이 사용합니다. 식단표, 전철 지도, 달력 등의 실제 자료는 교수-학습에 생기를 불어넣을 수 있습니다.

열아홉째, 교육과정과 교과서 내 상호문화적 요소를 활용합니다. 교육과정, 성취기준, 교과서 안에 상호문화적으로 다룰 내용이 많다는 점을 잊지 말아야 합니다.

제 3 장

캐나다의 상호문화교실 만들기

온타리오주의
다차원 지원 모형

2019년 캐나다 이민자는 754만 명으로 전체 인구의 21.9퍼센트를 차지했습니다. 이 비율은 지난 20년간 계속 증가해왔고, 앞으로도 계속 늘어 2036년에는 28.2퍼센트까지 올라갈 거라고 합니다(Statistics Canada, 2017). 2016년 캐나다 통계조사에 따르면 외국 태생이거나 부모 중 적어도 한 명이 외국인인 아동(15세 이하)은 220만 명으로, 캐나다 전체 학생의 37.5퍼센트를 차지합니다. 이들의 수와 비율 역시 계속 증가할 전망입니다.

이처럼 캐나다 학교 내 이주배경학생이 늘어나고 다양해짐에 따라 정부와 학교는 이들을 교육체제에 성공적으로 통합할 수 있는, 일관적이고 효율적인 정책을 수립하는 데 고심하고 있습니다. 이민 친화적 정책 수립은 이민 학생의 성공적인 학교생활뿐만 아니라 이들의 미래 사회·경제생활과도 연결된 매우 중요한 문제이기 때문입니다.

그간 캐나다의 많은 교육기관은 모든 학생에게 평등한 교육 기회를 제공하고자 노력해왔지만 이 목표를 달성한 기관은 여전히 소수입니다.[4] 이 문제를 해결하기 위해서 로라 & 볼란테 C. C. Lora & L. Volante는 캐나다 온타리오주에서 발간한 이민 아동의 교육과 통합과 관련된 정책 자료를 모아 분석한 바 있습니다.[5] 이들은 유럽집행위원회가 2013년에 제시한 네 가지 지원 대책(언어 지원, 학업 지원, 부모 참여, 상호문화교육)에 더해 심리 지원, 낮은 사회·경제적 지위 지원을 추가해 이것을 다차원 지원 모형Multi-dimensional support model이라고 불렀습니다. 한국 교육부나 교육청이 이주배경학생 지원계획을 수립할 때 이 모형을 참고해도 좋을 것 같아 여기에서 간략히 소개합니다.

첫째, 언어 지원linguistic support은 제2언어(영어) 학습자 평가, 제2언어 교육 방법, 특별/과도기 학급, 언어 연수, 교사 대상 제2언어(영어) 연수, 모국어 교육 관련 정책, 절차, 전략을 말합니다(유럽집행위원회, 2013).

둘째, 학업 지원academic support은 학년 배정, 환대 계획, 도입 프로그램, 학습 필요 파악, 맞춤형 지원, 멘토/튜터 지원, 재통합 프로그램 관련 정책, 절차, 전략을 말합니다(유럽집행위원회, 2013).

셋째, 부모 참여parental involvement는 부모 참여의 이해, 다양한 경로를 통한 정보 제공, 통역 활용, 이민 학생과 부모 환대 및 안내 관련 정책, 절차, 전략을 말합니다(유럽집행위원회, 2013).

넷째, 상호문화교육과 우호적 학습환경intercultural education and friendly learning environment은 교직원 대상 다양성 연수, 다양한 이민 배경 교사와 강사 채용, 교육과정 내 문화다양성 포함, 유산언어heritage language 교육, 상호문화적 교육자료 사용, 문화적 적응cultural accommodations 관련 정책, 절차, 전략을 말합니다(유럽집행위원회, 2013).

다섯째, 심리 지원psychological support은 상담, 심리적 지원 서비스, 공동체 단체와 학교 간의 협력, 따돌림 방지 전략 관련 정책, 절차, 전략을 말합니다(Ballard et al., 2014; McKenzie et al., 2016).

〈다차원 지원 모형을 활용한 이민 학생의 교육과 통합 코딩 트리〉

이민 학생의 교육과 통합

언어 지원	학업 지원	부모 참여	상호문화교육과 우호적 학습환경	정서 및 심리 지원	낮은 사회경제적 지위 지원
제2언어 (영어) 학습자 평가	학년 배정 (절차와 정책)	이민 학생과 그 가족 환대와 지원	교사 대상 다양성 연수	상담 서비스 제공	낮은 사회경제적 지위 학생을 위한 프로그램과 서비스
제2언어 (영어) 교육	환대 계획과 도입 프로그램	이해와 개선에 참여	다양한 배경의 교사 임용 (이민 배경 멘토)	학교 내 정신 건강 서비스 실시	열악한 학교를 위한 재정 지원
특별/과도기 학급	특별한 학습 필요 지원(방과 후 특별학급)	이민 부모의 모국어로 다양한 채널을 통한 의사소통	교육과정에 문화다양성 포함	공동체 기반 클리닉과 학교 사이의 협력	
언어 연수/ 학습	맞춤형 지원- 멘토/튜터 포함	통역사와 번역사 활용	유산언어 교육	따돌림 방지 대책과 프로그램	
교사 연수 (제2언어 영어)	재통합 프로그램		상호문화교육을 위한 교재 사용		
모국어 교육			문화적 적응 (공휴일과 의상)		

여섯째, 낮은 사회경제적 지위[low socioeconomic status] 지원은 사회경제적 지위가 낮은 가정의 이민 학생 지원, 열악한 학교 지원 관련 정책, 절차, 전략을 말합니다(Schleicher & Zoido, 2016; Strekalova-Hughes, 2017).

앨버타주의 상호문화교실 ①
-자신 이해하기

캐나다 앨버타주 교사협의회Alberta Teachers' Association는 버그A. Berg 등이 공동집필하고 발로건G. Balogun 외 스물세 명의 조언을 받아 2010년 『Here Comes Everyone: Teaching in the Intercultural Classroom』이라는 44쪽짜리 교사용 지침서를 발간했습니다.

서론에서는 지침서의 집필 배경을 설명합니다. 앨버타주는 급격한 인구 변화를 겪어왔습니다. 이에 따라 문화다양성이라는 주제가 부상해 주내 모든 학교에 큰 영향을 미치고 있습니다. 학교환경이 달라짐에 따라 학교와 교사도 변화해야 할 필요성에 직면했습니다. 학교에는 학생들에게 "다양성은 강점이다Strength lies in diversity"라고 가르쳐야 합니다. 일선 교사는 상호문화적 환경에 필요한 교육을 준비하고, 문화적으로 다양한 학생들에게 필요한 지식, 기술, 태도를 습득시키는 방법을 고민하고, 문화적 배경이 다른 학생을 효과적으로 교육하고 학부모와 원활히 의사소통하는 방법을 생각해보아야 합니다.

본론은 자신 이해하기, 포용적 교실 만들기, 불평등과 고정관념에 맞서기, 교육적 실행 바꾸기, 가족과 공동체 참여시키기, 관리자가 상호문화적 관점을 확산하는 데 필요한 조언으로 구성되어 있습니다.

여기에서는 '자신 이해하기Understand Yourself'를 살펴보겠습니다. "우리 자신의 문화는 우리가 세계를 볼 때 쓰는 렌즈고, 세계를 규정하는 논리이고, 세계를 이해하는 문법이다"(K. Avruch & P. Black)라는 말을 상기할 필요가 있습니다. 그 이유는 문화적으로 다양한 교실에서 훌륭한 교사가 되려면 무엇보다도 자신의 문화 정체성부터 생각해보아야 하기 때문입니다. 실제로 문화는 우리 세계관의 기초가 되고, 우리의 사고와 행동에 영향을 주고, 우리의 편견, 선입견, 차별의 '씨앗'이 됩니다. 문화 정체성은 우리의 성별, 인

캐나타 앨버타주 교사협의회가 발간한
『Here Comes Everyone』

종, 성적 성향, 이념, 국적, 종교, 직업, 언어, 관계 등에 의해서 형성된 것입니다. '자신 이해하기'를 하려면 문화적 자기성찰이 상호문화 역량 향상의 출발점이라는 것, 그리고 교사의 개인적 편견이 교육에 지대한 영향을 미친다는 점을 인정하고, 용감한 대화courageous conversations에 적극 참여해야 합니다.

이 대화는 싱글턴 & 린턴G. Singleton & C. Linton이 2006년에 제안한 것으로, 인종 문제 같은 민감한 주제에 대해 나누는 진솔한 대화를 말합니다. 교사는 다음에 열거한 자신의 추정assumptions을 비판적으로 성찰하는 과정을 통해 이런 대화를 준비할 수 있습니다. "아시아 학생이 수학을 더 잘한다", "여학생은 수학을 못한다", "한부모는 학교 활동에 참여할 시간이 없

다", "영어를 잘 못하는 것은 지능과 관련 있다", "캐나다 원주민 학생에게 우등반은 너무 힘들다", "게이 학생은 동성 부모 가정에 대해서 전혀 언급하지 않는 교육과정에 영향을 받지 않는다" 등입니다. 교사는 여러 유형의 차이를 언급할 때 구체적 사례를 들어 명확하게 말하고 다양성, 문화, 다문화주의같이 추상적인 용어는 가급적 사용하지 않는 게 좋습니다. 예를 들어 "우리 학교는 점점 다양해지고 있어요"라고 말하기보다는 "수단과 소말리아에서 오는 학생이 매년 늘고 있어요"라고 구체적으로 말하고, "교직원은 학생의 다양성을 반영하지 못하고 있어요"라고 말하기보다는 "우리 학교 학생의 82퍼센트가 캐나다 원주민과 혼혈인데 교직원은 모두 백인입니다"라고 말하는 것이 좋습니다.

앨버타주의 상호문화교실 ②
-포용적 교실 만들기

여기에서는 '포용적 교실 만들기Build inclusive classrooms'에 대해서 알아보겠습니다. 포용적 교실은 모든 학생이 온전한 소속감을 느끼는 교실을 말합니다. 교사는 학생들이 안전하다고, 환대받는다고, 배려받는다고 느끼는 교실을 만들 책임이 있습니다. 특히 소수집단 학생들에게 포용적 교실이 더욱 필요합니다. 거듭 강조하지만, 포용적 교실을 만들고 긍정적 상호작용을 이끌어내고 갈등을 건설적으로 해결하는 것은 거의 전적으로 교사에게 달려 있습니다.

학교나 교실에 소속감을 느끼는 학생은 교사와 다른 학생들을 신뢰하게 됩니다. 비록 학생들의 철학, 관점, 가치가 달라도 말입니다. 이렇게 신뢰가 구축되면 민감한 주제도 안전하게 토론할 수 있고, 문제나 갈등을 쉽게 해결할 수 있습니다. 또 학생들이 온전한 소속감을 느끼면 자신의 관점을 자유롭게 표명할 수 있습니다. 이러한 분위기는 교실의 소중한 문화적 자산cultural capital이 되고, 모든 학생에게 이익이 돌아갈 것입니다.

포용적 교실을 만들려면 교사는 학생들의 소속감을 강화하고, 학생들이 서로를 잘 이해하도록 돕고, 수업시간에 학생들의 문화를 반영하는 자료와 전략을 사용하고, 학교가 모든 학생을 환대하는 곳으로 만들기 위해 노력하고, 교사 자신이 긍정적 역할 모형이 되어야 합니다.

학생들의 소속감을 강화하기 위해 교사는 학생들의 이름과 배경을 기본적으로 파악해야 합니다. 이름을 정확히 발음하고, 줄여서 부르거나 영어식으로 바꾸지 않는 것이 좋습니다. 학년 초에 공 던지며 이름 부르기 놀이Ball-toss name game를 하는 방법도 효과적입니다. 학생들을 원형으로 마주 보게 세운 다음 한 학생에게 공 하나를 줍니다. 그 학생은 맞은편에 있는 학생의 이름을 부르며 공을 던집니다. 공을 받은 학생은 앞쪽에 서 있는 다른 학생의 이름을 부르며 공을 던집니다. 이렇게 하면 빠른 시간 내에 서로의 이름을 외울 수 있습니다.

교사는 학생들에게 자신의 문화적 가치, 경험, 실행을 자유롭게 공유할 기회를 제공해야 합니다. 만약 어떤 학생이 머뭇거리거나 꺼리면 따로 불러 자유롭게 시도해보라고 권해봅니다. 이때 다른 학생들이 보는 자리에서는 언급하지 않는 게 좋습니다. 교실 내 전시물이나 자료에 학생들의 문화를 반영하는 것도 중요합니다. 적절한 자료를 구입해서 교실에 비치하거나 인터넷 자료를 통해 사람, 문화, 관점의 다양성을 보여줄 수도 있습니다.

포용적 학교를 만들고 싶은 교사는 교무회의 시간을 잘 활용할 수 있습니다. 이 시간에 교사는 성공적 사례를 소개하고, 혹시 모든 교사가 특별히 주의해야 할 학생이 있으면 사진과 내용을 공유할 수 있습니다. 먼저 입학한 이주배경학생을 새로 들어온 학생의 멘토로 연결해주는 방법도 좋습니다. 먼저 들어온 학생은 새로 온 학생의 두려움, 걱정, 질문에 대해서 누구보다도 잘 알 것입니다. 자기도 동일한 과정을 거쳤을 테니까요. 문화적으로 다양한 학생들이 많으면 학생들의 모국어로 작성한 안내서를 제작, 보급하는 것도 좋은 방법입니다.

또 교사는 학생의 긍정적 역할 모형role model이 되도록 노력해야 합니다. 교실 안팎에서 포용적이고 존중하는 분위기를 만드는 가장 좋은 방법 중 하나는 교사가 긍정적 역할 모형이 되어주는 것입니다. 학생은 주위 성인들을 관찰하면서 수용 가능한 행동을 배웁니다. 교사는 자신이 학생을 대하는 태도를 보고 학생들이 무엇을 배울지 자문하면서 자기 자신을 성찰하는 시간을 가질 필요가 있습니다.

앨버타주의 상호문화교실 ③
-불평등과 고정관념에 맞서기

여기에서는 불평등과 고정관념에 맞서기^{Confront inequality and assumptions}에 대해서 알아보겠습니다. 교사는 교실에서 불평등을 찾아내고 시정해야 합니다. 권력관계는 국가, 사회, 학교 어디에나 존재합니다. 교실 내 불평등을 다루려면 교사는 주류 집단 학생에게 기회와 우선권을 더 많이 주는 상황을 찾아내야 합니다.

교사는 평등과 공정을 구별해야 합니다. 평등^{equality}은 모든 학생을 (그들의 차이를 무시하고) 똑같이 대하는 것을 말하고, 공정^{equity}은 모든 학생이 학습상 필요에 기초하여 똑같은 학습 목표를 달성하게 하는 것을 말합니다. 예를 들어 계단을 이용해야만 학교 건물에 들어갈 수 있다면 이것은 불평등한 상황입니다. 왜냐면 휠체어를 탄 학생은 학교 건물에 들어갈 수 없기 때문이지요. 모두에게 공정하려면 경사로를 만들어 휠체어를 탄 학생도 학교 건물에 쉽게 들어가도록 해줘야 합니다. 또 다른 불평등의 예는 학교가 일부 학생의 (공휴일, 기도 시간 등) 종교적 실행만 인정하는 경우입니다. 모두에게 공정하려면 다른 종교적 실행도 똑같이 인정해야 합니다.

불평등을 시정하려는 교사는 학생들과 서로 신뢰하고 존중하는 관계를 만들어야 합니다. 그러려면 교사는 자기가 고정관념에 따라 학생들을 차별하지 않는지 자문해야 합니다. 예를 들어 남학생과 여학생에 대한 기대치가 다른 건 아닌지, 모든 학부모가 영어를 잘해서 자녀의 숙제를 잘 도와줄 수 있다고 여기지 않는지 등을 생각해보아야 합니다. 교사는 교실에서 자신의 위치에 대해서도 생각해볼 필요가 있습니다. 학생들은 앉아 있고 교사는 서 있는 게 늘 효과적일까요? 교실 맨 앞에 서 있는 교사는 학생들의 관심을 한 몸에 받는 위치를 차지한 채 모든 것을 결정할 수 있는 사람임을 보여주는 것입니다. 이보다는 종종 학생들 옆에 앉아서 이야기하는 게 더 효과적일 수 있습니다.

교사는 권력과 우선권이 학교와 교실에서 어떻게 작용하는지도 잘 살펴보아야 합니다. 무엇보다도 학교에 불평등이 존재한다는 사실부터 인정해야 합니다. 교실과 학교 정책에서 공정을 지지하는 것은 무엇이고, 공정을 가로막는 것은 무엇인지 살펴볼 필요가 있습니다.

교사는 문화의 드러난 부분과 숨겨진 부분에 대해서 생각해보아야 합니다. 어느 한 문화의 음식, 축제, 의상처럼 드러난 부분만이 아니라 그 문화의 의사소통 방식, 역할 기대, 가족 및 공동체 구성과 같은 숨겨진 부분도 알아보아야 합니다. 학생 중에는 종교에 따라 특별한 옷을 입어야 하거나, 공동체의 문화 행사에 참여하느라 결석하는 학생도 있습니다. 교사는 이들의 이중문화적 삶을 존중함으로써 모든 학생에게 존중과 수용의 메시지를 전달할 수 있습니다.

교사는 학생 모두가 인간으로서 동등하지만 개개인마다 필요한 바나 그 정도가 다르다는 사실을 명심해야 합니다. 학생들은 불공정한 상황이나 태도를 재빨리 알아차립니다. 이럴 때 교사는 학생들에게 평등과 공정의 차이를 잘 이해시키고, 자신이 모든 학생을 늘 똑같이 대하지는 않는다고 말해줄 필요가 있습니다. 하지만 차이를 너무 강조하거나 차이에 지나친 관심을 보이면 안 됩니다. 그러면 학생들이 불편할 수 있기 때문입니다. 차이를 인식하는 것은 중요하지만 차이가 늘 관심 대상이 되면 안 됩니다. 또 한 가지 상기할 점은 소수집단 학생이 자기 문화집단 전체를 대변하지는 않는다는 것입니다. 학생들은 각자의 의견만 피력할 뿐입니다. 교사는 학생의 개인적 관점을 일반화하면 안 되고, 다른 학생들도 그러지 않도록 지도해야 합니다. 개인의 생각과 그가 속한 집단의 문화가 일치할 수도 그렇지 않을 수도 있기 때문입니다.

앨버타주의 상호문화교실 ④
-교사의 역할

문화감응적culturally responsive인 교사가 되고 싶다면 모든 학생이 교육과정을 적절히 이수하도록 지도하는 창의적인 방법을 끊임없이 찾아보아야 합니다.

그중 하나가 이주배경학생이 모국어를 잘 유지하도록 돕는 것입니다. 학생이 모국어를 유지하면 언어 습득과 학업 성취에 큰 도움이 됩니다. 에스트라다 등의 연구에 따르면, "문해력에 기초한 능력은 언어들 간에 상호 의존적이고, 따라서 한 언어로 습득한 지식과 기술을 다른 언어에도 적용할 수 있다"라고 합니다.[6] 이중언어 프로그램을 운영하는 학교의 학생들은 수업시간에 모국어를 사용할 수 있어서 매우 성공적으로 학업을 수행할 수 있습니다. 통념과 달리 새로운 언어, 즉 주류언어로 말을 잘한다고 해서 학업을 늘 성공적으로 수행하는 것은 아닙니다. 그동안 사람들은 주류언어에 완전히 몰입시키는 것이 이주배경학생이 학업을 성공적으로 이어나가는 데 절대적이라고 믿어왔습니다. 하지만 이 방법을 사용하면 학생들이 언어를 배우는 데 치중한 나머지 수업 내용에 소홀해질 가능성이 높습니다. 요컨대 이중언어 프로그램은 풍요로움 또는 추가적 접근additive approaches이고, 다른 언어들을 성공적인 학업 수행의 장애물이 아니라 하나의 자산으로 여깁니다.

또 다른 방법은 학생의 문화, 언어, 학습양식을 알아봄으로써 교육과정 방법을 더욱 의미 있고 적절하게 만드는 것입니다. 교과목과 관련해 몇 가지를 예시하면 다음과 같습니다. 첫째, 과학 시간에 원주민의 관점에서 자연현상을 설명해보게 할 수 있습니다. 무지개 색깔 이야기를 좋은 사례로 활용할 수 있습니다. 둘째, 사회 시간에 특정 사건을 다양한 관점에서 살펴보는 다관점 접근multiple-perspective approach을 시도해볼 수 있습니다. 콜럼버스의 탐험은 백인에게는 신대륙 '발견'이었지만 원주민에게는 영토 '침략'이었습니다. 셋째, 수학 시간에 수학 지식은 동서고금에 존재한 여러 문화의 산물임을 강조할 수 있습니다. 인도에서 생긴 0 개념은 수학사적 관점에서 엄청난 발상이었지요. 넷째, 체육, 음악, 미술, 드라마 등 예체능 시간에 현재 우리가 향유하는 문화는 캐나다와 전 세계의 수많은 문화가 상호 침투하고 융합한 결과라는 사실을 확인시킬 수 있습니다. 다섯째, 역사와 언어 시간에 여성과 관련된 정보를 더 많이 다룰 수 있습니다. 지금까지 이 과목들에서 다룬 지식은 지나치게 남성 쪽에 편중되었습니다.

다음은 방법과 관련된 몇 가지 조언입니다. 첫째, 학생들이 각기 편한 학습방법을 선택하게 해줍니다. 구어 전통이 매우 강한 학생이라면 (적어도 처음에는) 수업시간에 배운 내용을 글이 아니라 말로 표현하도록 허용해줍니다. 지식이나 의견을 그림이나 예시로 표현하는 전통을 지닌 학생이라면 선다형 질문에 답하는 방식 대신에 그림이나 예시로 표현하도록 허용해줍니다. 둘째, 학습 결과를 다양한 방식으로 평가하도록 평가 방법을 조정합니다. 논리적이고 일관적이며 공정한 지시문을 개발해서 학습 초기에 사용합니다. 셋째, 특별한 관심사, 학생의 지도력, 사회 정의를 중점으로 다루는 학술대회, 행사 등을 되도록 많이 개최합니다.

또 다른 방법은 모든 학생의 삶과 관련된 소재와 활동을 다루어 학생들의 경험에 가치를 부여하는 것입니다. 학생들은 자신의 경험이 교육과정, 전시, 수업, 평가 등에 활용되는 모습을 보면 학습에 더 적극적으로 임하고, 그 결과 교육내용을 더 쉽게 이해하고 습득할 수 있습니다. 이렇게 하려는 교사는 교실이나 자료에 문화적 편견이 없는지, 혹시 빠진 것은 없는지 비판적으로 살펴봐야 합니다.

이처럼 문화감응적인 교사는 자신의 기준을 분명히 세우고, 그 기준에 기초하여 수업자료에 토크니즘^{tokenism}적이거나 시혜적인^{patronizing} 부분은 없는지 늘 살펴보아야 합니다.

앨버타주의 상호문화교실 ⑤
-가족과 공동체 참여시키기

학교는 모든 학생에게 평등한 학습기회를 보장해야 합니다. 따라서 학교는 무엇보다도 학교와 교사가 정책, 과정, 실행을 통해서 다양성을 지향한다는 사실을 분명히 천명해야 합니다.

조금만 경험이 있는 교사라면 많은 신규 이민 학생이 주류 집단에 끼지 못하고 쉽게 주변화된다는 사실을 알 것입니다. 게다가 신규 이민 학생은 학교와 집에서 이중적인 삶을 강요받기도 합니다. 예를 들어 신규 이민 학생은 학교에서는 공부하고, 집에 가면 부모의 사업이나 장사를 도와야 해서 제대로 공부하지 못하는 경우가 많습니다. 또 무슬림 학생은 학교에서는 그렇지 않아 보이지만 집에 가면 종교적 전통을 철저히 따라야 할 수도 있습니다. 이때 교사는 가족이나 공동체와 대화하여 학생의 학교 밖 생활을 잘 알아봐야 합니다. 이런 지식과 정보를 축적하면 교사는 학생을 효과적으로 지도할 수 있고, 학생은 학교 환경에 원만히 적응할 수 있을 것입니다.

모든 가정과 공동체는 자녀의 학업적·직업적 성공을 원합니다. 하지만 학부모의 행동이나 반응이 교사의 예상과 다를 수 있습니다. 예를 들어 어떤 학부모는 자녀에게 가족에 대한 책임감을 가르친다는 명분으로 시간제 일을 강요합니다. 또 어떤 학부모는 자녀의 훈육을 교사에게 완전히 맡

겨버리기도 합니다. 또 다른 학부모는 자녀가 종교 행사에 참여하기 위해 결석하는 것을 당연하게 여기기도 합니다. 이런 학부모는 종교가 자녀의 전인교육에 매우 중요하다고 생각합니다. 이럴 때 교사는 학부모를 만나 그들의 생각을 들어보고, 교사의 생각을 말해주고, 학교의 규칙을 잘 설명해주어야 합니다.

학부모는 가능한 한 일찍 만나는 게 좋습니다. 교사는 개학 후 몇 주 내에 학부모에게 전화해 첫 만남을 제안할 수 있습니다. 만약 학부모가 영어를 못하면 자녀에게 통역해줄 수 있는지 물어보고, 그것도 어려우면 통역사나 문화중재자cultural broker의 도움을 받을 수 있습니다. 문화중재자는 문화 간의 다리 역할을 하는 사람으로서 대개 오래전에 이민한 학부모가 그 역할을 담당합니다. 문화중재자는 양국의 문화적 차이를 잘 알기 때문에 교사와 학부모가 서로 이해하도록 도와줄 수 있습니다. 학부모와 대화를 나눌 때는 학부모가 최대한 편안하게 이야기할 수 있는 분위기를 조성해야 합니다. 교사도 학생의 성공을 바란다고 분명히 말해준 후, 서서히 민감한 문제로 접근하는 것이 좋습니다. 학부모가 말하면 가능한 한 말을 끊지 말고 기다려줍니다. 캐나다에서는 말을 끊는 게 별문제가 되지 않지만 일부 문화권에서는 상당한 결례로 여겨집니다.

학교와 교실은 가족과 공동체가 보여주는 다양성을 최대한 활용해야 합니다. 그들은 교육적으로 매우 가치 있는 자원입니다. 학부모를 초청해 직업, 관심, 문화 등에 대해 들어보는 자리를 마련하는 것도 유익한 방법입니다. 그들이 겪은 편견과 차별, 어려움의 실상과 그것을 극복한 이야기는 모든 학생의 상호문화 역량을 키워주는 좋은 기회가 될 것입니다. 공동체의 연장자나 지도자들은 공동체의 특유한 지혜가 무엇인지 말해줄 수 있습니다. 학교는 이들을 학교 운영위원회 위원으로 위촉하여 가족 자원 조정자 family resources coordinator 역할을 해달라고 부탁할 수 있습니다. 이들은 학교를 둘러보고 수업이 이루어지는 과정을 확인한 후, 같은 나라에서 온 다른 학부모들에게 학교의 관례, 기대치, 교육과정 등을 잘 설명해줄 것입니다.

앨버타주의 상호문화교실 ⑥
-학교 관리자의 역할

앨버타주 지침서 본문의 마지막 장은 상호문화적 관점을 확산하고자 하는 학교 관리자에게 조언하는 내용입니다. 학교 관리자는 모든 학생에게 평등한 교육 기회를 보장하고, 교사가 학생의 다양성에 맞추어 가르치도록 권장해야 합니다. 또 교사들이 다양성을 하나의 자산asset으로 여기고, 교육적으로 최대한 활용하라고 권장해야 합니다. 이렇게 하면 모든 학생에게 혜택이 돌아갈 것입니다.

학교는 사회의 축소판이자 학생들이 문화적 차이를 처음으로 경험하는 공간입니다. 학교 관리자는 시대와 사회의 상호문화적 명령intercultural imperative을 겸허히 받아들이고, 교사는 교실에서 공정을 철저히 실행해야 합니다. 또 교사는 학교와 교실에 엄연히 존재하는 문화의 힘을 인정하고,

이 힘으로 인한 주변화를 막기 위해 최선을 다해야 합니다. 이런 교사는 상호문화적 안경intercultural lens을 통해 세상을 보고 교육할 수 있기 때문에 모든 학생의 학업 성취도를 높이고, 다양성이 하나의 유용한 자산으로 여겨지는 안전한 상호문화 교실을 만들 수 있습니다.

학교 관리자는 학교 내에 상호문화적 관점을 확산하기 위해 다음과 같이 노력해야 합니다.

첫째, 학교의 교훈과 교육목표가 다양성과 포용을 지지하는지, 학교의 정책과 과정이 평등과 공정에 기초해 있는지 살펴보아야 합니다.

둘째, 학교와 교실에서 힘power과 특권privilege이 어떻게 작동하고 있는지 잘 살펴보아야 합니다. 학교의 체제와 운영 중 일부가 공정하지 않을 수 있음을 인정해야 합니다. 학교 정책과 실행 과정에서 무엇이 공정을 지지하는지 아니면 가로막는지 알아봐야 합니다.

셋째, 학생과 배경이 비슷한 교사를 초빙하려고 노력해야 합니다. 이렇게 초빙된 교사는 배경이 다양한 학생들에게 좋은 멘토 역할을 할 것입니다.

넷째, 다양성, 공정, 인권과 관련된 활동이 활발히 이루어지고 있는지 살펴보아야 합니다. 교직원에게는 이 주제들과 관련 있는 학술대회나 강연에 적극 참여하라고 권장하고, 교직원들이 대회나 강연을 준비할 시간을 허용하고 재정적으로 지원해줘야 합니다.

다섯째, 다양성 관련 활동에 대한 교사들의 제안을 긍정적으로 수용해야 합니다. 모든 학생에게 포용적인 학습환경을 만들겠다는 교사의 노력이 실현되도록 지원해줘야 합니다.

여섯째, 교직원협의회 시간에 문화적 차이에 대해 자유롭고 솔직하게 논의하는 분위기를 조성해야 합니다. 이렇게 하면 다양성의 적절성과 중요성을 널리 알리고, 다양성이 교사들의 주요 의제[agenda]가 될 것입니다.

일곱째, 학부모와 학생을 위한 안내 행사를 개최해줘야 합니다. 먼저 이민한 학생이 새로 이민한 학생에게 학교의 체제, 정책, 기대치 등을 설명해주게 하는 것도 효과적인 방법입니다.

여덟째, 교사와 학부모가 함께 공동체의 문화적 자원을 찾아내고 공유하도록 도와야 합니다. 공동체 단체를 방문하여 필요한 정보를 얻고, 단체 구성원을 학교에 초청하여 자신의 문화, 관점, 관례 등을 알려달라고 요청할 수 있습니다.

아홉째, 주류 집단의 주변에 머무는 학생들을 위해 교내에 안전한 공간을 마련해줘야 합니다. 학교가 이들의 어려움을 이해하고 있음을 보여주면 이들에게 큰 힘이 됩니다.

열째, 배경이 다양한 사람들과 만날 수 있는 자리에 적극적으로 참여해야 합니다. 배경과 관점이 다른 사람을 만나는 것은 개인적으로나 직업적으로나 유익한 일입니다.

열한째, 주변화된 학생들을 지원하는 데 필요한 재정을 확보하기 위해 노력해야 합니다. 지방자치단체, 시민단체, 자선단체 등에 요청하면 좋은 방법을 찾을 수도 있습니다.

제4장

호주의 상호문화교실 만들기

호주의 상호문화교실은
어떻게 운영될까?

호주 남동쪽 빅토리아주 교육과

정평가원Curriculum and Assessment Authority은 2019년 『Navigating Intercultural Issues in the Classroom: Teacher Guide』라는 교사용 지침서를 발간했습니다.

이 지침서의 목적은 교사가 교실에서 상호문화적 주제를 다룰 때 필요한 지식과 기술을 알려주는 것입니다. 주요 내용은 교사의 준비, 교실 운영, 교실 활동으로 구성되어 있습니다.

먼저 교사의 준비부터 알아보면, 상호문화적 주제를 다루기를 원하는 교사는 주관적 지식과 감성적 지능을 모두 갖춰야 합니다. 그리고 교실에서 존중과 배려의 모범이 되어야 합니다. 그래야 학생들은 상호문화적 토론을 안전하고 가치 있는 것으로 여길 것입니다. 다음은 교사가 상호문화적 접근을 할 때 참고할 몇 가지 지침입니다.

첫째, 교사는 문화와 관련된 핵심 개념과 용어를 잘 알아야 합니다. 어떤 용어는 그대로 가르쳐도 되지만 어떤 용어는 학생들의 선행 학습과 이해 수준에 따라 다소 수정해야 합니다.

둘째, 교사는 문화적 혼종cultural hybridity에 대해서 잘 알아야 합니다. 호주에는 중국-동티모르, 애버리지니Aborigine-이탈리아, 네덜란드-마오리, 아랍-기독교, 우간다-수단 등 문화적으로 혼종적 정체성을 가진 학생이 많습니다. 교사는 상호문화 역량을 가르치기 전에 교실 내 모든 학생의 문화적 혼종 상태를 파악해야 합니다. 그다음 문화적 혼종이 문화에 대한 대화를 더 풍요롭게 해준다고 학생들에게 말해야 합니다.

셋째, 교사는 자신의 편견에 대해서 성찰해보아야 합니다. 대다수 사람은 자기에게 편견이 없다고 생각합니다. 하지만 우리 모두는 편견을 가지고 있습니다. 겉으로 드러나지 않는 편견을 일컫는 묵시적 편견은 고정관념이나 추정에 기초하지만 우리의 이해, 행동, 결정 등에 큰 영향을 미칩니다. 편견이 있는 교사는 어떤 집단의 학생에게는 우호적으로 대하고 그 외집단의 학생에게는 적대적으로 대하기 쉽습니다. 따라서 교사는 충분한 시간을 가지고 자신의 편견에 대해서 생각해보아야 합니다. 이는 모든 학생을 평등하게 대하기 위해 필수 불가결한 준비입니다.

넷째, 교사는 교육을 시작하기 전에 학부모와 만나야 합니다. 교사는 학부모에게 편지를 보내 학부모의 문화적 배경과 실행에 대해서 자녀와 이야기해보라고 요청할 수 있습니다. 교육을 시작한 후에는 학생의 가족을 교육에 가능한 한 자주 참여시키려고 노력해야 합니다. 예를 들어 학부모에게 전통 음식을 만드는 활동을 도와달라고 요청하거나, 학교에 방문해 자녀의 발표를 들어보라고 요청하거나, 문화적 실행에 대해서 말해달라고 요청할 수 있습니다.

다섯째, 교사는 학교 전체 활동 whole-school approach에 적극 협력해야 합니다. 그러기 위해 교사는 "어떻게 하면 우리 학교를 문화적으로 포용적인 공간으로 만들 수 있을까요?" 같은 메시지를 담은 포스터를 교무실에 붙일 수 있습니다. 또 학교 전체의 협력을 얻어내기 위해 문화위원회^{culture} committee를 조직할 수도 있습니다. 학교를 이끌어가는 사람들의 상호문화 역량을 키우고 학교의 교육목표에 포함할 수도 있습니다. 또 학교의 현재 상황을 알려주는 통계나 정보를 수집하고 분석해 무엇을 개선해야 할지 생각해볼 수 있습니다.

교사가 갖춰야 할 태도·지식·기술은 무엇일까?

앞에서 설명한 상호문화교육의 기초작업을 마친 교사는 교실에서 상호문화적 주제를 실제로 다루어볼 수 있습니다. 이때 교사는 다음과 같은 사실을 염두에 두어야 합니다.

첫째, 상호문화교육을 가능한 한 일찍 도입해야 합니다. 기존 연구들에 따르면, 아동은 만 3세부터 자기와 타인을 피부색과 외모에 기초하여 지각하고 판단한다고 합니다. 만약 이것이 사실이라면, 상호문화교육을 이때부터 시작해야 한다는 뜻입니다. 다만 아동의 이해 수준을 고려해서 처음에는 이해하기 쉬운 개념과 사례를 소개하고, 점차 복잡한 개념과 사례로 옮겨가는 것이 좋습니다. 그런데 일부 교사는 교실에서 민족적·인종적 다양성이나 인종주의 같은 문제를 다루기를 꺼립니다. 또 이 문제를 다루더라도 대개 사후에^{reactively} 다루지, 사전에^{proactively} 다루지는 않습니다. 다시 말해 인종주의와 관련된 사건이 일어나 언론에 대서특필되고 세상에 알려지면 그제야 관심을 둔다는 것입니다. 이런 소극적인 자세와 태도는 지양해야 합니다.

둘째, 기본적인 토론 규칙을 정해서 분명하게 알려줘야 합니다. 교실에서 토론할 때 교사는 "나는 네가 …라고 말하는 걸 들었어", "우리에게 …에 대해 자세히 말해줄 수 있겠니?", "그런데 넌 그걸 어떻게 아니? 혹시 증거나 예를 들 수 있어?", "내 경험에 따르면 …일 것 같은데", "이 교실에 없는 사람들은 다르게 보지 않을까?"라고 말하면서 학생들의 성찰과 토론을 이끌어줍니다. 신문 기사, 소설, 영화 같은 자료를 제시하고 같이 살펴보는 활동도 좋습니다.

셋째, 학생들이 자신에 대해서 말하도록 유도해야 합니다. 일부 학교에서는 이주 배경이 다양한 학생들을 몇 명 뽑아 교육한 다음, 이들이 자기와 배경이 같은 학생들에게 자신에 대해 말하는 방법을 가르치도록 했는데, 결과가 매우 성공적이었다고 합니다.

넷째, 교실에 반편견^{anti-bias} 분위기를 조성해야 합니다. 학교는 모든 학생에게, 모든 면에서 안전한 공간이어야 합니다. 따라서 교사는 인종주의에 단호하게 대처하고, 학생들이 다양한 관점을 자유롭게 표명하도록 환경을 조성하고, 불의^{injustice}로 피해를 입는 사람들을 옹호하고, 탐색 질문^{probing questions}을 많이 하고, 학생들이 자신의 편견을 비판적으로 성찰하게 하고, 인종주의와 불평등을 더 넓은 맥락에서 살펴보게 하고, 불의를 보면 목소리를 높이도록 가르쳐야 합니다.

다섯째, 사물이나 경험을 활용하여 활발한 토론을 유도해야 합니다. 교사는 개인에게 의미 있는 사물이나 공유된 경험을 활용해서 토론을 이끌 수 있습니다. 이 방법은 상호문화적 주제를 좀더 개인적인 것, 구체적인 것으로 만들 수 있습니다. 예를 들어 다 함께 전통 음식을 준비하고 먹는 활동은 상호문화적 경험을 제공하고, 가족 구성원을 교실에 초청하는 기회가 되고, 문화적·종교적 의식과 실행을 경험하게 하고, 사회적 연대감을 강화하고, 문화에 대해 더욱 심도 있는 대화를 가능하게 합니다.

여섯째, 상호문화적 관계 형성의 중요성을 강조해야 합니다. 자신과 문화적 배경이 다른 친구를 가진 학생은 역지사지나 다관점 같은 사회적 기술을 좀더 쉽게 배울 수 있습니다. 포용적인 교실 환경에서 학생들은 혼성 집단에 들어가 책임감과 지도력을 키울 수 있을 것입니다.

호주 태즈메이니아 대학의 자기평가 설문지

호주 태즈메이니아Tasmania 대학 건강과학대학은 〈Best practice in the intercultural classroom〉이라는 자료를 인터넷[7]에 올렸습니다.

이 자료는 상호문화교실 만들기에 참여하려는 교사들에게 매우 유익해 보입니다. 여기에서는 상호문화 역량을 평생 키워야 할 역량이라고 강조합니다. 그리고 디어도르프^{D. Deardorff}(2009)의 이론을 참고해 교사가 갖춰야 할 태도, 지식, 기술, 행동을 열거합니다. 다음은 이 자료가 제시한 자기평가 설문지 내용입니다.

존중, 개방, 관심이라는 태도와 관련해서는 다음과 같이 자문해볼 수 있습니다.

- 나는 문화적, 사회·경제적, 종교적으로 다른 사람들에게 얼마나 개방적인가?
- 나는 어떤 학생에 대해 빨리 추정하는 편인가? 나는 학생이나 상황을 사전에 판단하는가, 아니면 상황의 여러 면을 알아보기 전까지는 판단을 유보하는가?
- 나는 학생의 언행을 내 문화적 기준으로 평가하는가, 아니면 학생의 문화적 기준을 토대로 이해하려고 노력하는가?
- 나는 배경이 다른 사람들의 가치를 인정하는가? 나는 어떤 학생의 신념과 견해에 동의하지 않아도 그를 인정한다는 사실을 어떻게 보여주는가?
- 나는 다른 문화에 대해서, 특히 내 학생의 배경과 경험에 대해서 배우기 위해 얼마나 노력하는가? 나는 더 많이 배우려고 노력하는가?

문화적 자각, 상호문화적 경험, 세계관에 대한 심층 이해 등과 같은 지식과 관련해서는 다음과 같이 자문해볼 수 있습니다.

- 나는 자신이 문화적으로 조건화되어 있다는 것을 설명할 수 있는가? 어떤 문화적 가치가 다른 사람들에 대한 내 언행에 영향을 미치는가? 내 중요한 신념은 무엇이고, 그것은 어떤 문화적 영향을 받았는가?
- 나는 내 세계관을 어떻게 기술하는가?
- 나는 내 학생의 세계관을 어떻게 기술하는가? 학생의 세계관은 내 세계관과 어떻게 다른가?
- 나는 내 학생의 문화적 배경에 대해서 어느 정도 아는가? 내가 놓친 정보, 특히 특정 문화적 지식은 무엇이고, 그 정보를 어떻게 얻는가?
- 나는 내 학생의 세계관을 수업자료에 어떻게 포함하는가?
- 내가 최근 수업자료를 통해서 보여준 세계관은 무엇인가? 수업자료에 다른 세계관을 포함하려면 무엇을 개선해야 하는가?

청취, 관찰 등의 기술과 관련해서는 다음과 같이 자문해볼 수 있습니다.

- 나는 학생의 말을 얼마나 경청하는가?
- 나는 교실 내 학생 간의 상호작용, 나와 학생들 간의 상호작용을 (미묘한 차이에 주의하면서) 세심히 관찰하는 편인가?
- 나는 내 수업 활동 또는 문화적 배경이 다른 사람들과 나눈 상호작용에 대해 진지하게 성찰하는가?
- 나는 갈등 상황에서 무슨 일이 벌어졌는지, 이런 상황으로부터 무엇을 배울 수 있는지 찾아내려고 노력하는가?

- 나는 일어난 일에 대한 문화적 설명을 이해하고 상호문화적 렌즈를 통해 상호작용과 상황을 평가하는 방법을 아는가?

유연성, 적응력, 역지사지 등의 내적 결과internal outcome와 관련해서는 다음과 같이 자문해볼 수 있습니다.

- 나는 학생이 자기를 어떻게 대해주기를 원하는지 아는가? 아니면 그 학생이 내 문화적 기준에 따라 대해지길 원한다고 생각하는가?
- 나는 문화적으로 의사소통 방식이 다른 학생들을 위해 내 행동과 의사소통 방식을 조절할 줄 아는가?
- 나는 학생의 필요를 그의 문화적 관점에서 이해하려고 노력하고 맞춰줄 정도로 유연한가?
- 나는 지식, 문화적 산물artifacts, 상황, 문제를 다양한 관점으로 보는 것을 어려워하는가?

적절하고 효과적인 의사소통이라는 외적 결과external outcome와 관련해서는 다음과 같이 자문해볼 수 있습니다.

- 나는 학생과 상호작용을 할 때 문화적으로 어느 정도 적절히 행동했는가? 그리고 수업에서는 어느 정도 그러했는가? 학생들은 이 질문에 뭐라고 대답하는가?

〈상호문화 역량 자기평가표〉

존중(다른 문화에 가치를 부여함)	5	4	3	2	1
개방(상호문화적 학습, 문화가 다른 사람들에게 개방적인 자세)	5	4	3	2	1
애매함에 대한 관용	5	4	3	2	1
유연성(적절한 의사소통 양식과 행동, 상호문화적 상황에서의 유연성)	5	4	3	2	1
관심과 발견	5	4	3	2	1
판단 유보	5	4	3	2	1
문화적 자각 및 이해	5	4	3	2	1
타인의 세계관 이해	5	4	3	2	1
특정 문화 지식	5	4	3	2	1
사회언어학적 인식(사회적 맥락에 따라 다른 언어를 사용함)	5	4	3	2	1
청취하고 관찰하고 해석하는 기술	5	4	3	2	1
분석하고 평가하고 연결하는 기술	5	4	3	2	1
역지사지(다른 사람의 입장에서 생각해보는 것)	5	4	3	2	1
적응력(다른 의사소통 양식 및 행동에 적응, 새로운 문화적 환경에 적응)	5	4	3	2	1
의사소통 기술(상호문화적 상황에서 적절하고 효과적인 의사소통)	5	4	3	2	1

- 나는 수업 목표를 적절하고 효과적으로 달성할 수 있는가?
- 내가 다른 사람과 상호작용하거나 수업을 할 때 내 의사소통과 행동을 좀더 적절하고 효과적으로 만들려면 무엇을 바꾸어야 하는가?

이상의 질문에 대답한 교사는 〈상호문화 역량 자기평가표〉를 통해서 자신의 상호문화 역량을 평가해볼 수 있습니다.

- 이 표의 항목은 상호문화 역량을 키우는 데, 그리고 문화가 다른 사람과 효과적이고 적절하게 상호작용하는 데 매우 중요한 항목입니다. 다음 수치로 자신을 평가해보기 바랍니다. (5 = 매우 높음, 4 = 높음, 3 = 평균, 2 = 평균 이하, 1 = 낮음)

상호문화 역량을 기르기 위한
구체적 행동단계

　　　　　　　　　　　　　　태즈메이니아 건강과학대학은 교실에서 상호문화 역량을 키우는 데 필요한 세 가지 조언도 했습니다. 첫째는 문학, 음악, 음식 같은 문화적 산물을 넘어서 가치, 신념 같은 주관적 문화로 나아가라는 것입니다. 둘째는 교실 내 문화적 차이를 활용해 학생들이 서로 배우게 하라는 것입니다. 셋째는 교육자료를 학교 밖에서, 즉 공동체 집단에서도 많이 찾아보라는 것입니다.

이상의 세 가지 조언을 실행하려면 다음과 같은 구체적인 행동단계action steps를 밟아야 합니다.

제1단계에서는 어떻게 하면 상호문화교육을 성공적으로 실행할 수 있는지 논의해야 합니다. 외부 강사의 강연을 들을 수도 있고, 교사들이 모여 이와 관련된 연구들을 함께 살펴볼 수도 있습니다.

제2단계에서는 앞서 제시한 자기평가 설문지로 교사 자신을 비판적으로 성찰해야 합니다. 자기 성찰은 상호문화 역량 신장의 출발점입니다.

제3단계에서는 교실 내 문화적 차이를 확인하고, 모든 학생의 상호문화 학습에 문화적 차이를 적극 활용해야 합니다.

제4단계에서는 다른 문화에 대한 학습, 배경이 상이한 사람들과의 관계 형성, 새로운 상호문화적 지식과 경험 추구를 통해서 상호문화적 생활을 실천해야 합니다.

제5단계에서는 다양한 문화적 관점을 반영한 자료를 교육과정에 포함해야 합니다.

제6단계에서는 교육과정에서 객관적 문화objective culture만 다루는 기준을 지양하고, 주관적 문화subjective culture를 더 많이 가르치려는 노력을 해야 합니다.

제7단계에서는 (외국인 교사, 대학 내 교환학생, 학생 동아리, 이민 공동체 등) 교사와 학생 모두의 상호문화 학습에 도움이 되는 재원을 찾기 위해서 대학, 공동체 등 더 넓은 기관과 연대해야 합니다.

한편 교사는 학생의 상호문화 역량을 어떻게 하면 더 효과적으로 키워줄 수 있을지 늘 생각해야 합니다. 이럴 때 다음의 몇 가지 질문이 도움이 될 것입니다.

첫째, 교사는 어떻게 하면 학생의 문화적 관점을 수업에 잘 도입할 수 있나?

둘째, 교사는 어떻게 하면 학생이 자신의 상호문화 역량을 성찰하는 기회를 마련할 수 있나?

셋째, 교사는 학생이 상호문화 역량을 키워나갈 때 어떤 멘토 역할을 수행할 수 있나?

넷째, 공동체 구성원들은 학생의 상호문화 역량을 향상하는 데 어떤 역할을 할 수 있나?

다섯째, 기기technology는 학생이 배경이 다른 사람들과 관계를 형성하는 과정에 필요한 지식과 기술skills을 습득하는 데 어떤 역할을 할 수 있나?

여섯째, 교사는 학생이 세계관이 다른 사람들을 (문화적으로 적절한 방식으로) 존중하게 하려면 어떻게 해야 하나?

일곱째, 학생들은 수업 중에 어떻게 하면 (소집단으로든 팀별로든) 효율적으로 그리고 적절하게 함께 활동할 수 있나?

여덟째, 교사는 교실에서 어떻게 하면 객관적 문화에서 (학생들이 다른 학생들과 실제로 상호작용하는 방식에 큰 영향을 미치는) 주관적 문화로 옮겨갈 수 있나? 교사는 어떻게 하면 학생들이 상호문화적 렌즈를 통해 세계를 바라보게 할 수 있나?

책을 펴내며 | 상호문화교육은 아이들의 미래를 위한 교육입니다

1 코나아이 시스템다이내믹스팀 지음, 『대한민국의 붕괴』, 양서원, 2022.

2 이현훈 지음, 『예정된 미래』, 파지트, 2022.

제1부 | 다문화사회 이해하기

1 이 용어는 2016년 스위스 다보스에서 열린 세계경제포럼(World Economic Forum) 에서 회장 클라우스 슈밥이 처음 제시했다.

2 마달레나 드 카를로 지음, 장한업 옮김, 『상호문화 이해하기』, 한울, 2011, 43쪽.

3 이들을 '고려인'이라고 부르기 시작한 것은 1988년부터다.

4 마우로 F. 기옌 지음, 우진하 옮김, 『2030 축의 전환』, 리더스북, 2020, 55쪽.

5 이 중에서 남자는 7만 7천 명, 여자는 29만 6천 명으로, 여자가 80퍼센트 정도다.

6 http://durebang.org/?p=7111 (2023년 1월 25일 검색).

7 https://fr.wikipedia.org/wiki/Discrimination (2023년 1월 25일 검색).

8 제니퍼 케르질 · 즈느비에브 뱅소노 지음, 장한업 옮김, 『상호문화: 학교의 원칙 과 현실』, 교육과학사, 2013, 48쪽.

9 상호문화도시(Intercultural City) 프로그램도 이 운동 중 하나다. 2008년 유럽평의 회와 유럽연합이 공동으로 시작한 이 프로그램은 도시와 관련된 12개 영역, 90개 의 질문으로 도시 내 내국인과 외국인 간의 통합 상태를 평가한다. 한국에서는

2011년 귀디코바(I. Guidikova)가 이 프로그램을 처음 소개했다. 2019년 4월 장한업은 수원 노보텔에서 개최된 전국다문화도시협의회에서 '다문화도시에서 상호문화도시로의 전환'을 권고했고, 2019년 10월 안산 시청에서 고위 공무원에게 비슷한 권고를 했다. 그 결과, 안산시청은 2020년 2월에, 구로구청은 같은 10월에 이 프로그램에 가입했다.

제2부 | 이주배경학생이 겪는 현실

1 여성 1명이 평생 낳을 것으로 예상되는 평균 출생아 수를 말한다. 참고로, 인구 대체가 가능한 수준은 2.1명이다.

2 손소연 지음, 『다문화 친구들, 울끈불끈 사춘기가 되다』, 팜파스, 2015, 58~59쪽.

3 위의 책, 21쪽.

4 위의 책, 26~27쪽.

5 위의 책, 169쪽.

6 위의 책, 164쪽.

7 위의 책, 165쪽.

8 https://m.kmib.co.kr/view.asp?arcid=0924069028 (2022년 6월 5일 검색).

9 위의 책, 166쪽.

10 김지혜 외, 『한국사회의 인종차별 실태와 인종차별철폐를 위한 법제화 연구』, 국가인권위원회, 2019.

11 종(種)이 다른 두 동물 사이에서 난 새끼를 가리킨다. 말과 당나귀 사이에서 태어난 노새, 암호랑이와 수사자 사이에 태어난 라이거가 그 대표적인 예다.

12 김기영, 「한국 다문화 교육 정책의 변화과정에 관한 연구」, 『입법과 정책』 9(1), 2017, 371쪽.

13 Palaiologou, N. et al., *Diversity within the school context: Valuing diversity and committing to it*, 2015에서 재인용.

14 ESL은 제2언어-영어(English as a Second Language), FLE는 외국어-불어(français langue étrangère), DaF는 외국어-독어(Deutsch als Fremdsprache)의 약자다.

15 황상심, 『다문화아동의 언어발달 특성』, 이담, 2011.

제3부 | 다문화교육과 상호문화교육

1 제임스 A. 뱅크스 지음, 모경환 · 임정수 · 이경윤 옮김, 『다문화교육 입문』, 아카데미프레스, 2022, 203쪽.

2 예외성(exceptionality)은 어떤 사람이 장애를 가졌는지 혹은 천부적 재능을 가졌는지는 사회가 결정한다는 것이다.

3 마르틴 압달라-프렛세이 지음, 장한업 옮김, 『유럽의 상호문화교육: 다문화 사회의 새로운 교육적 대안』, 2010, 72쪽.

4 제임스 A. 뱅크스 지음, 모경환 · 임정수 · 이경윤 옮김, 『다문화교육 입문』, 아카데미프레스, 2022, 69~72쪽.

5 스페인어로 cinco는 5라는 숫자고, de는 영어 of에 해당하는 전치사고, mayo는 5월이라는 명사다.

6 장인실 외, 『다문화교육의 이해와 실천』, 학지사, 2012.

7 Brandt, R. "On educating for diversity: A conversation with James A. Banks", *Educational Leadership* v51 n8, 1994.

8 서종남, 『다문화교육: 이론과 실제』, 학지사, 2010.

9 오은순, 「제9장 - 다문화교육을 위한 교수-학습의 방법」, 장인실 외, 『다문화교육의 이해와 실천』, 학지사, 2012.

10 Bonwell, C., Eison, J., *Active learning : Creating Excitement in the Classroom*, ERIC, 1991. (https://files.eric.ed.gov/fulltext/ED336049.pdf, 2022년 6월 20일 검색).

11 서종남, 『다문화교육: 이론과 실제』, 학지사, 2010, 261쪽.

12 Gay, G., *Culturally Responsive Teaching: Theory, Research, Practice*, New York: Teacher College, Columbia University, 2000, pp.29~35.

13 Palaiologou, N. et al., *Diversity within the school context: Valuing diversity and committing to it*, 2015. (Gundara, 2000에서 재인용)

14 UNESCO, *UNESCO Guidelines on Intercultural Education*, UNESCO, 2006, p. 18.

15 Council of Europe, *Education Pack*, 2016, p. 13.

16 위의 책, p. 40.

17 위의 책, p. 42.

18 Martineau, S., *Quelques principes pour intervenir dans l'esprit de l'éducation interculturelle*, Québec : Presses de l'université Laval, 2006.

19 Meunier, O., *Approches interculturelles en éducation: étude comparative internationale*, Institut national de recherche pédagogique, 2007.

20 장한업, 『상호문화교육』, 박영사, 2020.

제4부 | 다문화교육 정책학교

1 교육부의 「다문화교육 정책학교 운영 가이드라인」은 중앙다문화교육센터 홈페이지(www.edu4mc.or.kr) 자료실에서 다운로드 받을 수 있다.

2 중도입국·외국인학생이 다수 재학할 경우 한국어학급을 설치해 맞춤형 한국어교육을 제공하는 학교를 말한다.

3 http://file.edu4mc.or.kr/nime_upload/attach/00000/2621/20200331102545284.
pdf (2022년 6월 15일 검색).

4 마르틴 압달라-프렛세이 지음, 장한업 옮김, 『유럽의 상호문화교육: 다문화 사회
의 새로운 교육적 대안』, 2010, 130쪽.

5 위의 책.

6 Phinney, J. S., "A three-stage model of ethnic identity development in
adolescence", In: M. E. Bernal & G. P. Knight (Eds.), *Ethnic identity: Formation
and transmission among Hispanics and other minorities*. State University of
New York Press, 1993, pp. 61~79.

7 유네스코의 『세계시민교육: 정책 개발을 위한 가이드』(2017, 61~64쪽)는 다음과
같은 21개의 변혁적 교육을 소개하고 있다. 군축교육, 평화교육, 갈등 해결과 전환
을 위한 교육, 인권교육, 국제이해교육, 개발교육, 상호문화교육 · 다문화교육, 반
인종차별주의교육, 토착교육, 시민성교육, 민주시민교육, 글로벌교육, 가치교육,
생활기술교육, 지속가능발전교육, 국민총행복교육, 마음챙김교육, 종교간대화교
육, 위기상황교육, 세계시민교육, 극단주의예방교육.

제5부 | 다문화/상호문화교육의 교과연계

1 국립국어원, 『숫자로 살펴보는 우리말』, 2010, 6쪽.

2 박노자, 『당신들의 대한민국』 1, 한겨레출판, 2001.

3 김욱동은 이 표현을 통해 "속담이나 격언에는 알게 모르게 가부장적인 남성중심
주의와 그에 따른 성차별이 숨겨져 있다"라고 말한다(『경향신문』 2023년 2월 2일
자).

4 마달레나 드 카를로 지음, 장한업 옮김, 『상호문화 이해하기』, 한울, 2011, 78쪽.

5 Martine Abdallah-Pretceille, Louis Porcher, *Éducation et communication interculturelle*, Presses universitaires de France, 1996.

6 이하의 내용은 이지은, 「상호문화의사소통능력 함양을 위한 교수학습지도안 개발: 고등학교 영어교육을 중심으로」(『커뮤니케이션학 연구』 29(1), 2021)에서 제안한 것을 저자가 수정한 것이다.

7 위와 같음.

8 송륜진, 주미경, 「다문화수학교육의 원리와 방법」, 『교육과정평가연구』 14(2), 2011.

9 위의 논문.

10 위의 논문.

11 『사회과 교육과정』, 2015, 3쪽.

12 「"함께 달리자, 무스타파"…아프간 특별기여자 자녀들의 특별한 어린이날」 https://www.donga.com/news/Society/article/all/20220505/113241797/1 (2022년 6월 29일 검색).

13 「다문화 유공 대통령표창 차윤경 교수 "단군신화는 다문화 상징"」https://www.sedaily.com/NewsView/1OL43ZS5UK (2022년 6월 29일 검색).

14 강준식, 『다시 읽는 하멜표류기』, 그림씨, 2020, 11쪽.

15 "The history of all cultures is the history of cultural borrowing."(P. Burke, *Cultural Hybridity*, Polity, 2009에서 재인용).

16 에도 시대에 일본과 네덜란드 사이의 무역을 위해 나가사키 해안에 만든 인공섬이다. 일본은 1641년부터 1859년까지 이곳에서 네덜란드와 교류했다.

17 「한국 여성 국회의원 비율 세계 121위, 작년보다 더 하락」, 『여성신문』 2019년 3월 21일자.

18 마르틴 압달라-프렛세이 지음, 장한업 옮김, 『유럽의 상호문화교육』, 한울, 2010.

19 「다문화가족 생활체험 수기 수상작 - "표현은 달랐어도 사랑은 하나"」, 『경남일

보』2012년 10월 17일자.

20 「설날에 한복 입지 않는 이유, "불편하고, 비싸고, 관리 힘들다"」 https://moneys. mt.co.kr/news/mwView.php?no=2016020510468086698 (2023년 1월 24일 검색).

21 http://www.sigmapress.co.kr/shop/shop_image/g65200_1471507977.pdf (2022년 8월 8일 검색).

22 「BTS 음악엔 많은 상징과 깊은 이야기가 있다」, 『한국일보』 2018년 5월 29일자.

제6부 | 이주배경학생을 위한 맞춤형 교육

1 조형숙, 『多문화 톨레랑스』, 나노미디어, 2015.

2 두드림팀은 기초학력 부진 학생 중 복합적 요인으로 어려움을 겪는 학생을 지원하기 위해 학교 내에 설치한 단위학교 다중지원팀이다.

3 학습종합클리닉센터는 기초학력 미달의 주요 원인임에도 불구하고 전문적 지원이 미흡하여 사각지대에 놓인 ADHD, 우울, 난독증 등으로 어려움을 겪는 기초학력 미달 학생을 지원하는 외부 연계·협력 기관이다. Wee센터, 특수교육지원센터, 건강지원센터, 지역사회복지관, 다문화가족지원센터 등이 있다.

4 한국교육학술정보원, 〈다문화학생 진로·진학지도 및 상담의 이해〉, 5강. 다문화학생 전문상담의 이해 (자료 링크: http://www.kocw.net/home/search/kemView. do?kemId=1339217)

5 배주미 외, 『2010년 전국 청소년 위기 실태조사』, 한국청소년삼당복지개발원, 2010.

6 양미진 외, 『다문화 청소년 상담매뉴얼 개발』, 한국청소년상담원, 2011, 1쪽.

7 Erickson, E., *Identity Youth and Crisis*, New York: W.W. Norton & Company, 1968.

8 김애순, 『청년기 갈등과 자기이해』, 시그마프레스, 2005.

9 송선진, 「국제결혼가정 자녀의 사회화 과정이 자아정체감에 미치는 영향: 다문화 교육을 위한 시사점을 중심으로」, 서울대학교 대학원, 2007.

10 질 베르분트 지음, 장한업 옮김, 『상호문화사회』, 교육과학사, 2012.

11 콜린 베이커 지음, 정부연 옮김, 『이중언어 교육 가이드』, 넥서스, 2006, 22쪽.

12 위의 책.

13 박정은 지음, 『다문화사회에서 생각하는 모어교육: 이주가정과 국제결혼가정을 중심으로』, 일지사, 2007.

14 위의 책, 84쪽.

15 「사립외고 학비 평균 1154만원…경기외고 1866만원」, 『에듀인뉴스』 2019년 10월 8일자.

제7부 | 다문화 친화적 교육환경

1 김효선, 「교사의 다문화교육 운영 경험에 관한 질적 메타분석」, 『미래교육연구』 12-1, 2022.

2 Bennett, M., *Basic Concepts of Intercultural Communication* (2nd ed.), Intercultural Press, 2013.

3 동효관, 「공감 능력 신장을 위한 학교 교육, 어떻게 할 수 있을까?」, 『서울교육』 243호, 2021.

4 콜린 베이커 지음, 정부연 옮김, 『이중언어 교육 가이드』, 넥서스, 2006.

5 박정은, 『다문화사회에서 생각하는 모어교육: 이주가정과 국제결혼가정을 중심으로』, 일지사, 2007.

1 Nigris, E., *La didattica interculturale nella scuola italiana*, 2003.

2 Augustyniak, J., "Irish Intercultural Education", *General and Professional Education*, 3/2013, 2013.

3 위의 논문.

4 Schleicher, A. & Zoido, P., "Global Equality of Educational Opportunity: Creating the Conditions for all Students to Succeed", *Journal of Social Issues* 72(4):696-719, 2016.

5 Lora, C.C. & Volante, L., "The Education and Integration of Immigrant Children in Ontario: A Content Analysis of Policy Documents Guiding Schools' Response to the Needs of Immigrant Students", *Canadian Journal of Education Administration and Policy*, 191, 2019.

6 Estrada, V. L., Gómez, L., Ruiz-Escalante, J. A., "Let's make dual language the norm", *Educational Leadership*, 66(7), 2009.

7 https://www.utas.edu.au/__data/assets/pdf_file/0020/194150/SMILE_InterculturalClassroom.pdf (2023년 1월 9일 검색).

참고문헌

마르틴 압달라-프렛세이 지음, 장한업 옮김, 『유럽의 상호문화교육』, 한울, 2010.

강준식, 『다시 읽는 하멜표류기』, 그림씨, 2020.

교육부·국가평생교육진흥원·중앙다문화교육센터, 『2020 다문화교육 정책학교 운영 가이드라인』, 2020.

국립국어원, 『숫자로 살펴보는 우리말』, 2010.

김기영, 「한국 다문화 교육 정책의 변화과정에 관한 연구」, 『입법과 정책』 9(1), 2017.

김지혜 외, 『한국사회의 인종차별 실태와 인종차별철폐를 위한 법제화 연구』, 국가인권위원회, 2019.

김효선, 「교사의 다문화교육 운영 경험에 관한 질적 메타분석」, 『미래교육연구』 12(1), 2022.

동효관, 「공감 능력 신장을 위한 학교 교육, 어떻게 할 수 있을까?」, 『서울교육』 243호, 2021.

마달레나 드 카를로 지음, 장한업 옮김, 『상호문화 이해하기』, 한울, 2011. (M. de Carlo, 1998, *L'interculturel*, CLE International)

마우로 기엔 지음, 우진하 옮김, 『2030 축의 전환』, 리더스북, 2020. (M. Guillén, *2030: How Today's Biggest Trends Will Collide and Reshape the Future of Everything*, St. Martin's Press, 2020).

박노자, 『당신들의 대한민국』 1, 한겨레출판, 2001.

박정은, 『다문화사회에서 생각하는 모어교육: 이주가정과 국제결혼가정을 중심으로』, 일지사, 2007.

배주미 외, 『2010년 전국 청소년 위기 실태조사』, 한국청소년삼담복지개발원, 2010.

백성현, 「중등학교 한국사교과서에 서술된 단일민족 의식과 서술 방식의 변화에 대한 연구」, 안동대학교 교육대학원 석사학위논문, 2016.

사이먼 사이넥 지음, 이영민 옮김, 『나는 왜 이 일을 하는가?』, 타임비즈, 2013. (S. Sinek, *Start with why*, Portfolio, 2009).

서종남, 『다문화교육: 이론과 실제』, 학지사, 2010.

손소연, 『다문화 친구들, 울끈불끈 사춘기가 되다』, 팜파스, 2015.

손소연, 『살아있는 다문화교육 이야기』, 테크빌교육, 2013.

송륜진 · 주미경, 「다문화수학교육의 원리와 방법」, 『교육과정평가연구』 14(2), 2011.

양미진 외, 『다문화 청소년 상담매뉴얼 개발』, 한국청소년상담원, 2011.

오은순, 2012, 다문화교육을 위한 교수-학습의 방법, 『다문화교육의 이해와 실천』, 학지사.

유네스코 아시아 · 태평양 국제이해교육원, 『세계시민교육: 정책 개발을 위한 가이드』, 2017.

이지은, 「상호문화의사소통능력 함양을 위한 교수학습지도안 개발: 고등학교 영어교육을 중심으로」, 『커
　　뮤니케이션학 연구』 29-1, 2021.

장인실 외, 『다문화교육의 이해와 실천』, 학지사, 2012.

장한업, 『상호문화교육』, 박영사, 2020.

제니퍼 케르질 지음, 장한업 옮김, 『상호문화: 학교의 원칙과 현실』, 교육과학사, 2013. (J. Kerzil, G.
　　Vinsonneau, 2004, L'interculturel: principes et réalités à l'école, SIDES, 2004)

제임스 A. 뱅크스 지음, 모경환 외 옮김, 『다문화교육 입문』, 아카데미프레스, 2008. (J. Banks, An
　　Introduction to Multicultural Education, 4/E, Pearson Education, 2008)

조형숙, 『多문화 톨레랑스』, 나노미디어, 2015.

질 베르분트 지음, 장한업 옮김, 『상호문화사회』, 교육과학사, 2012.

콜린 베이커 지음, 정부연 옮김, 『이중언어 교육 가이드』, 넥서스, 2006. (C. Baker, A Parents' and Teachers'
　　Guide to Bilingualism, Clevedon: Multicultural Matters, 2000).

피터 버크 지음, 강상후 옮김, 『문화혼종성』, 이음, 2012. (P. Burke, Cultural Hybridity, Polity Press, 2009)

홍성수, 『말이 칼이 될 때』, 어크로스, 2018.

황상심, 『다문화아동의 언어발달 특성』, 이담, 2011.

Alberta Teachers' Association, 2010, Here Comes Everyone: Teaching in the Intercultural Classroom.

Augustyniak, J., "Irish Intercultural Education", General and Professional Education, 3/2013, 2013.

Bennett, M., Basic Concepts of Intercultural Communication, Intercultural Press, 2nd ed., 2013.

Bonwell, C., Eison, J., Active learning : Creating Excitement in the Classroom, ERIC, 1991. (https://files.
　　eric.ed.gov/fulltext/ED336049.pdf, 검색일 : 2022년 6월 20일).

Council of Europe, 1995, Education Pack, European Youth Centre, 1995.

Council of Europe, Developing Intercultural Competence through Education, Council of Europe
　　publishing, 2014.

Erickson, E., Identity Youth and Crisis, New York: W.W. Norton & Company, 1968.

Estrada, V. L., Gómez, L., Ruiz-Escalante, J. A., "Let's make dual language the norm", *Educational Leadership*, 66(7), 2009.

European Council, *Study on Education Support for Newly Arrived Migrant Children*, 2013.

Fantini, A., Tirmizi, A., "Exploring and Assessing Intercultural Competence", *World Learning Publications*, Paper 1, 2006.

Haskell, E., *Lance: A Novel about Multicultural Men*, The John Day Company, 1941.

Gay, G., *Culturally Responsive Teaching: Theory, Research, Practice*, New York: Teacher College, Columbia University, 2000.

Lora, C.C., Volante, L., "The Education and Integration of Immigrant Children in Ontario: A Content Analysis of Policy Documents Guiding Schools' Response to the Needs of Immigrant Students", *Canadian Journal of Education Administration and Policy*, 191, 2019.

Martineau, S., *Quelques principes pour intervenir dans l'esprit de l'éducation interculturelle*, Québec: Presses de l'université Laval, 2006.

Meunier, O., *Approches interculturelles en éducation,* Institut national de recherche pédagogique, 2007.

National Council for Curriculum and Assessment, *Intercultural Education in the Primary School*, 2005.

Nigris, E., *La didattica interculturale nella scuola italiana*, 2003.

Palaiologou, N. et al., *Diversity within the school context: Valuing diversity and committing to it*, 2015. (https://www.researchgate.net/publication/281100957_Diversity_within_the_school_context_Valuing_diversity_and_committing_to_it (검색: 2022년 6월 25일).

Phinney, J.S., A Three-Stage Model of Ethnic Identity Development in Adolescence, in *Ethnic Identity: Formation and Transmission Among Hispanics and Other Minoritie*s, M.E. Bernal & G.P. Knight (ed.), State University of New York Press, 1993.

UNESCO, *UNESCO Guidelines on Intercultural Education*, UNESCO, 2006.

Victorian Curriculum and Assessment Authority, *Navigating Intercultural Issues in the Classroom : Teacher Guide*, 2019.